복 있는 사람

오직 여호와의 율법을 즐거워하여 그 율법을 주야로 묵상하는 자로다.
저는 시냇가에 심은 나무가 시절을 좇아 과실을 맺으며 그 잎사귀가 마르지 아니함 같으니
그 행사가 다 형통하리로다.(시편 1:2-3)

우리는 죄와 악을 일상에서 실제로 경험한다. 삶은 죄로 인해 안팎으로 깨어져 슬픔과 고통으로 가득하다. 그럼에도 불구하고 오늘날 죄에 관한 설교는 물론이요 깊이 있는 논의도 접하기 쉽지 않다. 이런 상황에서 코넬리우스 플랜팅가는 그 기피 대상인 죄를 용기 있게 다루며, 성경적인 관점에서 죄의 본질과 역학을 꿰뚫어 보여준다. 이 책의 참된 매력은 구체적인 예들을 제시하여 죄의 윤곽을 누구나 볼 수 있게 분명히 그린다는 데 있다. **신국원** 총신대학교 신학과 교수

이 책『우리의 죄, 하나님의 샬롬』은 전통적인 조직신학적 관점이 아니라 문화적·윤리적 관점으로 죄를 분석한 독특한 책이다. 저자 코넬리우스 플랜팅가는 죄를 종교적·도덕적 개념, 즉 하나님을 슬프시게 하고 사물의 마땅한 존재 양식을 깨뜨리는 것으로 보는 아우구스티누스의 이해에서 출발한다. 그리고 죄가 중독, 중상, 희생양 만들기, 인종차별과 같은 구체적인 행동과 문화의 모습으로 나타나는 과정을 신선하게 풀어 나간다. 이 책은 우리 문화와 삶에 스며 있는 죄의 모습을 인지하고 대처하기를 원하는 이들에게 올바른 방향을 제시할 것이다. **신원하** 고려신학대학원 기독교윤리학 교수

죄를 말하고 듣기를 거부하는 오늘의 문화에서 코넬리우스 플랜팅가는 담대하게 죄를 논한다. 이 책『우리의 죄, 하나님의 샬롬』은 영화, 문학, 철학, 사회 문제 등의 다양한 소재들을 활용하여 죄의 본질과 양상을 명료하게 드러낸다. 그리하여 창조의 본래 모습과 은혜의 고귀함을 깊이 있게 제시한다. 저자의 이러한 신학적 안목과 방대한 지식을 통해 독자들은 죄에 대한 인식을 새롭게 할 것이다. **김병훈** 합동신학대학원대학교 조직신학 교수

코넬리우스 플랜팅가의 책은 독자들의 높은 기대감에 언제나 부응한다. 저자는 우주 전체의 질서와 조화라는 의미에서 '샬롬'을 주제어로 삼아 죄의 포괄적인 양상과 본질을 논한다. 동시에 인간을 향한 하나님의 끈질긴 은혜를 설파하여 죄 논의에 관한 신학적인 균형을 이룬다. 저자가 감미롭고 정교하며 구성진 언어로 죄를 서술하는 것은 이 책의 가장 큰 묘미다. **한병수** 전주대학교 교목

이 책은 정말 경이롭다. 그리스도인이 아닐지라도 명확히 규정되지 않은 악의 문제로 고민하는 이들이라면 큰 유익을 얻을 것이다. 양심을 지닌 사람이라면 이 책을 꼭 읽어야 한다.

「크리스채너티 투데이」

이 책은 포괄적이고, 명료하며, 게다가 잘 쓰여졌다. 정통적이고 신정통적인 죄론을 조화시켜 이 시대 사건들을 소재로 죄를 조명한 이 책은 죄의 복잡함과 평범함을 이해하도록 돕는다. 저자는 죄의 본질을 세심하게 밝혀 죄의 여러 가지 측면이 현대인의 삶과 어떻게 연관되는지 알아듣기 쉽게 설명해 준다.

「크리스천 센츄리」

한 권의 책이 기독교 세계에 죄 개념을 새로 소개해 주는 멋진 도구가 될 수 있다.

「인터프리테이션」

주요한 죄를 요약하여 다룬 이 책은 전통적인 지혜를 재정리하여, 그 지혜가 적막하리만큼 상상력이 결핍된 채 죄 이상으로 우쭐해하는 문화의 어리석음이나 변덕과 어떻게 연관되는지를 보여준다. 기분을 상쾌하게 해주는 책이다. 죄와 관련한 난해한 문제들로 고민하는 이들에게 강력하게 추천한다.

「퍼스트 싱」

신랄한 주제를 다룬 생생하고 매력적인 책이다. 코넬리우스 플랜팅가는 우리의 어리석음을 기록하는 역사가요, 우리 사회의 관습을 그리는 풍자화가인 동시에 우리의 불행과 비탄을 기록하는 다큐멘터리 작가다. 죄를 다루는 책을 감히 큰 기쁨이라고 불러도 될까?

진 베스키 엘시테인 전 시카고 대학교 사회·정치 윤리학 교수

우리의 죄, 하나님의 샬롬

Cornelius Plantinga Jr.

Not the way it's supposed to be
A breviary of sin

하나님의 샬롬

코넬리우스 플랜팅가 Jr. 지음 | 오현미 옮김

복 있는 사람

우리의 죄, 하나님의 샬롬

2017년 3월 9일 초판 1쇄 인쇄
2017년 3월 17일 초판 1쇄 발행
지은이 코넬리우스 플랜팅가 Jr.
옮긴이 오현미
펴낸이 박종현

도서출판 복 있는 사람
주소 서울특별시 마포구 연남동 246-21(성미산로23길 26-6)
전화 02-723-7183, 7734(영업·마케팅) 팩스 02-723-7184
이메일 blesspjh@hanmail.net
등록 1998년 1월 19일 제1-2280호

ISBN 978-89-6360-216-5 03230

이 도서의 국립중앙도서관 출판예정도서목록(CIP)은
서지정보유통지원시스템 홈페이지(http://seoji.nl.go.kr)와 국가자료공동목록시스템(http://
www.nl.go.kr/kolisnet)에서 이용하실 수 있습니다. (CIP 제어번호: 2017002974)

주께서……우리의 죄악으로 말미암아

우리가 소멸되게 하셨음이니이다

이사야 64:7

독자이자 이야기꾼, 가정적인 남자요 용기 있는 스포츠 경기자, 변호사,

그리스도인 그리고 어릴 때부터 친구인 피터 J. 코크에게 이 책을 바친다.

그는 이 책의 주제인 죄에 대해 나에게 많은 것을 가르쳐 주었다.

내 부족함으로 그가 가르쳐 준 것을 제대로 다 담아내지 못했다.

차례

책머리에

이 책에서 나는 최근 수십 년 어간에 느슨해지고 변화된 한 가지 오래된 인식을 되살리고자 한다. 죄에 대한 인식은 우리의 그림자와 같았다. 그리스도인은 죄를 미워했고, 죄를 두려워했으며, 죄에서 도망쳤고, 죄를 슬퍼했다. 우리 조상들은 죄 때문에 고뇌했다. 평상심을 잃고 화를 내고 나서는 내가 이렇게 행동해 놓고도 성찬을 받을 수 있을까 고민했다. 자기보다 더 예쁘고 똑똑한 여동생을 수년 동안 시기하며 살던 여인은 혹 이 죄 때문에 구원이 위태로워지는 건 아닌지 걱정했다.

그러나 그림자는 점차 옅어졌다. 오늘날엔 흔히들 빙긋 웃는 얼굴로, 이건 우리끼리만 아는 농담이야, 라는 말투로 "너 죄 지었어"라고 말한다. 한때 이 말에는 상대방을 충격에 빠뜨릴 만한 위력이 있었다. 가톨릭교도들은 줄지어 서서 죄를 고해했다. 개신교 설교자들은 분연히 떨치고 일어나 '우리의' 죄를 고백했다. 한두 번 그러고 마는 게 아니라 규칙적으로 그렇게 했다. 50년대에 서부 미시건 칼뱅주의자들 틈에서 자란 나는 은혜에 관한 설교 못지않게 죄에 대한 설교도 많이 들었다. 그 당시 그 사람들 사이에는 죄를 이해하지 못하면 은혜도 이해하지 못하고, 은혜를 이해하지 못하면 죄도 이해하지 못한다는 전제가 있었던 것 같다.

미국 그리스도인들 중에는 설교자가 설교 중에 회중의 죄에 대해 눈에 확연히 드러날 정도로 분노하던 모습을 기억하는 이들이 많다. 죄에 대해 열변을 토할 때 이 설교자들은 얼굴이 시뻘개져서 삿대질을 해가며 2인칭 복수 주어를 써서 회중을 고발했다. "여러분은 죄인입니다. 더럽고, 뒤가 켕기고, 가련한 죄인들입니다!" 때로는 2인칭 단수에 가까운 어법으로 설교 중에 죄를 고발하는 무서운 상황이 벌어지기도 했다.

물론 과거의 설교자들은 청중 가운데 진실하고 성숙한 신자들도 있다는 점을 깜박한 듯했다(청중은 그 설교자들이 히틀러나 스탈린에게도 할 말을 다 했을지 궁금해했을 것이다). 그런 설교자들은 또 자기 자신은 언제나 옳은 것처럼 말하는 재주가 있었다. 말만 들어 보면 이들은 마음이 청결했고, 사람들이 믿음을 갖기를 원했으며, 청년 때에도 섹스보다는 주일학교를 더 좋아했다.

그래도 어쨌든 이 설교자들이 무엇에 대해 말하는지는 분명했다. 이들은 죄에 대해 말했다. 하지만 오늘날 여럿이 모여 죄를 고백하는 모임에서는 입을 떼기가 어렵다. 그런 모임에서 이 시대의 신앙 용어로 죄를 고백한다면 아마 이런 식일 것이다. "인간관계 적응 역학과 관련된 우리의 문제점, 특히 네트워크 형성 취약성에 대해 고백해 봅시다." "저는 우리가 성장해야 할 영역으로서 거룩함을 목표로 삼을 필요가 있다는 점을 말하고 싶습니다." 죄에 관한 한 사람들은 이제 우물거리기만 할 뿐 명확히 말하지 않는다.

왜 죄에 대해 소리 높여 말해야 할까? 왜 죄 인식을 되살려야 할까? 왜 기독교의 죄론罪論을 다시 이야기해야 할까? 전통 기독교가 참이긴 해도, 그 기독교의 진리는 당대 문화의 결을 가로질러 톱질을 해야 할 경우가 많고, 그래서 계속해서 그 진리의 톱날을 예리하게 벼릴 필요가 있기 때문이다. 기독교의 주요 교리는 사람들이 믿을 수 있도록, 혹은 새롭게 믿을 수 있도록 규칙적으로 재진술할 필요가 있다. 기독교의 전통적인 인식들은 사람들이 그 인식을 가질 수 있도록, 혹은 그 인식을 새로이 할 수 있도록 환기할 필요가 있다. 자기 죄를 기억하고 고백하는 건 쓰레기를 내다 버리는 것과 같다. 한 번으로는 부족한 것이다.

그러나 오늘날 누구든 죄 인식을 회복하고자 하는 사람은 전혀 예상치 못했던 일을 극복해 내야 할 것이다. 온건하게 표현해서, 현대인들의 의식은 도덕적인 책망을 권장하지 않는다. 특히 자책은 더더욱 권장하지 않는다. 설교자들은 죄에 대해 우물쭈물 얼버무린다. 설교자뿐만 아니라 전통적으로 도덕의식 관리자 역할을 해온 이들도 죄 문제를 무시하거나, 사소하게 취급하거나, 회피하는 경우가 흔하다. 사회학자 제임스 데이비슨 헌터James Davison Hunter가 관측했듯이, 학교 선생님들은 이제 "그만하렴! 수업 분위기가 흐트러지잖니!"라고 콕 집어 말하지 않는다. 이는 학생을 비판하는 말이기 때문이다. 덩치 큰 학생이 테니스 공으로 교실 창문을 달그락거리고 있을 때, 교육적으로 올바른 선생은 위와 같이 비판하는 말을 하지 않고 대신 이렇게 학생을 배려하는 질문을 던진다. "지금 뭐

하고 있니? 왜 공으로 창문을 두드리지? 그렇게 하면 어떤 기분이 드는데?"

이제 '죄'라는 말이 가장 편안하게 어울리는 건 디저트 메뉴뿐이라고 헌터는 덧붙인다. 디저트로 '피넛 버터 빈지'와 '초콜릿 챌린지'를 먹는 건 죄다. 거짓말은 죄가 아니다. 죄의 새로운 척도는 칼로리다.

하지만 1990년경, 오래 묵은 논쟁에 새 바람이 불기 시작했다. 한 주류 특약 칼럼니스트가 "이 시대에는 왜 '잘못된' 게 없는가"라고 의문을 표했다. 1992년 미국 부통령은 TV 시트콤 '머피 브라운'Murphy Brown 때문에 자발적 편부모로 사는 게 단순히 우리가 선택할 수 있는 또 하나의 (그리고 당시로서는 매력적인) 라이프 스타일로 비춰지고 있다고 발언해서 유명 토크쇼 진행자들의 비웃음을 샀다. 다른 한편, 이 발언은 평소 돈키호테식 행동거지 때문에 부통령을 못마땅해했던 사람들(「뉴스위크」Newsweek와 「월간 애틀랜틱」The Atlantic Monthly 커버스토리 담당 기자를 포함)에게서 널리 지지를 이끌어 내기도 했다(1992년 대통령 선거 캠페인 당시 부시의 러닝메이트 댄 퀘일 부통령은 '머피 브라운'에서 TV 앵커우먼인 주인공이 아버지 없는 아이를 낳은 것을 비난하면서, 편부모 가정 아이들이 나중에 사회적으로 문제가 된다고 했다. 이에 자니 카슨, 데이비드 레터맨 등 심야 토크 쇼 진행자들이 연일 댄 퀘일을 조롱거리로 삼았다. 이 발언의 파고는 커져 갔고, 이 때문에 증폭된 가족에 대한 논의는 그해 선거의 중요한 이슈가 되었다―옮긴이).

1993년 여름 「뉴욕 타임스 북 리뷰」The New York Times Book Review는 존 업다이크,John Updike 고어 바이덜,Gore Vidal 메리 고든Mary Gordon 같은

이들로 필진을 구성해 일곱 가지 치명적인 죄를 주제로 시리즈 기사를 실었고, MTV에서도 같은 주제로 특별 영상을 제작해 방송했다. 존 리오[John Leo]가 「U. S. 뉴스 앤드 월드 리포트」[U. S. News and World Report]에서 논평했듯이, 「타임스」 기사는 예술가연하며 불가사의한 분위기를 풍길 때가 많고 MTV 프로그램은 너무 단편적이고 변변치 않아서 담당자가 사실은 이런 주제를 다룰 수 있을 만큼 견실한 어휘와 준거 기준을 갖추지 못한 게 아닌가 하는 생각이 들기도 하지만, 어쨌든 이 자료들이 죄라는 주제에 대해 말했다는 사실 자체는 놀랍기도 했고 뉴스거리가 될 만했다.

그 여름, 계간지 「현대 신학」[Theology Today]은 여름호 한 권 전체를 다 할애해 통회,痛悔 국가의 죄, 죄에 관한 설교론을 포함해서 이 주제를 깊이 있게 다뤘다. 편집자인 토머스 롱[Thomas G. Long]은 우리 사회가 죄 관련 문제를 수십 년 동안 너무 사소하게 다루어 왔다는 점을 염두에 두고 편집인 서문에 이런 제목을 붙였다. "하나님이여, 불쌍히 여기소서. 나는 판단 착오자로소이다"(누가복음 18:13을 패러디해서, "죄인"을 단순히 "판단 착오자"로 바꿨다―옮긴이).

90년대에 도덕성을 주제로 한 사설 중 가장 많이 알려졌고 사람들의 입에 가장 널리 오르내린 글은 1991년 12월 12일자 '월스트리트 저널'[Wall Street Journal]에 실린 '무슨 즐거움?'[The Joy of What?]인데, 이 사설에서는 대중에게 알려진 여러 건의 섹스 스캔들을 열거했다. 애니타 힐이 대법원 판사로 지명된 클래런스 토머스를 상대로 제기한 성희롱 고소 사건, 자신이 HIV에 감염된 건 운동하는 열정으로 성생활 또한 난잡하게 한 것에 따른 부산물이라고 매직 존슨이 고백한 것, 팜비치에서 벌어진 성폭행 사건 재판 때 윌리엄 케네디 스미스가 한 더러운 증언 등. 당시 '저널'에서는 이런 말을 했다. "미국에는 마약 문제, 고등학생들의 성 문제, 복지 문제, 에이즈 문제 그리고 성폭행 문제가 있다. 책임 있는 위치에 있는 사람들이 대중 앞에 나와 오늘날 사람들이 저지르는 이런 일들은 잘못된 거라고 솔직하게 도덕적 용어로 설명하지 않는 한 이런 문제들은 사라지지 않을 것이다." 주목할 만한 점은, '저널'이 지금이 바로 골방에서 '죄'라는 단어를 끄집어 내 다시 사용하고 그 의미를 되살릴 적기임을 강력하게 암시했다는 것이다.

시인 새뮤얼 존슨^{Samuel Johnson}은 사람은 배우기만 할 것이 아니라 배운 것을 되새기는 게 훨씬 중요하다고 말했다. 죄도 예외가 아니다. 대다수 사람들의 경우, 죄와 죄책을 명료하게 밝혀 주고 심지어 확신까지 하게 해주는 건전한 신호가 있다. 인간에게 있는 다른 여러 문제들을 규명하는 것과 달리, 죄와 죄책을 진단하면 희망이 생긴다. 죄와 죄책이라는 이 병폐를 위해 뭔가 조치를 취할 수 있다. 그리고 뭔가 조치가 취해져 왔다.

그러나 죄와 죄책을 알려 주는 신호도 시기가 맞아야 한다. 오늘날 죄를 다루는 책들은 이 시대 사람들의 관심사에 부응해야 하고 아우구스티누스^{Augustinus}와 칼뱅^{calvin}에게는 전혀 걱정거리가 아니었던 매듭들을 풀어야 한다. 근대 자연주의는 인간의 존엄을 깨부수고 계몽 시대의 인본주의는 인간의 타락 개념을 때려눕혔지만, 아우구스티누스와 칼뱅은 그런 문제에 대해 염려할 필요가 없었다. 캘리포니아 사람들이 구원과 자존감을 하나로 융합시키는 경향이 있는 걸 보고 놀랄 필요가 없었다. 그 두 사람은 인간 악의 근원적인 원인을 탐구하기에 적당한 영역은 심리학이나 사회학 분야라고 하는 이 시대의 광범위한 문화적 전제에 맞닥뜨릴 일이 없었다.

교만을 더 이상 놀라운 시선으로 바라보지 않는 환경, 오히려 가끔은 교만을 칭송하고 조장하는 환경에서 죄론을 어떻게 가르쳐야 할까? 사도 바울이 미덕과 악덕을 겁날 만큼 상세히 나열한 목록이 각각 관용과 편협으로 치부되는 환경에서는? 민주주의에 대한 욕망이 평등의 원리를 거스르는 죄에 대한 민감성을 고조시키는 한편 과거에 초월적인 거룩함만을 위한 영역으로 유보되었던 공간을 침범하는 환경에서는? 하나님을 민주화하는 경향을 포함해 기독교회 자체가 그런 경향에 크게 기여하고 있는 환경에서 교회는 죄에 대해 무엇을 말할 수 있을까?

근대 사회는 인간이 어떤 존재인지, 심지어 그리스도인이 어떤 사람들인지 규정하면서 아주 의미 있는 방식으로 죄를 이해했는데, 그 방식 중에는 우리가 환영할 만한 것도 있고 그렇지 못한 것도 있다. 그래서 기독교가 죄를 어떻게 이해하는지 재진술하려면 근대가 인간을 그리고 그리스도인을 어떤 모양으로 빚어 놓았는지 주목해야 한다.

근대가 빚어 놓은 인간과 그리스도인에게 주목하되 필자는 의도적으로 신학자가 아닌 사람들을 대상으로 이 글을 쓰고 있다. 단지 신학자가 아닌 그리스도인들만을 위해 이 책을 쓰는 게 아니다. 타종교 신자들도 죄를 짓는다. 세속주의자들 또한 죄를 짓는다. 세속주의자들은 그릇된 행동을 하면서도 그게 살아 계신 하나님을 모욕하는 것이라 생각하지도 않고 그 행동을 일컬어 죄라고 하지도 않을 것이다. 하지만 이들도 다른 모든 인간과 마찬가지로 불의·불법·시기·비열함·기타 인간의 품격을 실추시키는 행동에 주목하고, 분개하고, 그런 행위들을 확산시키기도 한다. 그러므로 이들도 그런 행위에 어떤 결과가 따르는지 다 보고 알 수 있다. 설령 그런 결과가 생겨나는 맥락과 전제는 거부할지라도 말이다.

그리스도인의 경우를 말하자면, 우리는 할아버지 세대만큼 교회에서 죄론을 많이 배우지 않는다. 부족한 부분을 메우려고 칼 바르트^{Karl Barth}나 라인홀트 니부어,^{Reinhold Niebuhr} 폴 리쾨르^{Paul Ricoeur} 같은 20세기 대학자들의 책을 읽으며 이들은 죄 문제를 신학적으로 어떻게 다뤘는지 알아보는 이들도 별로 없다. 죄 문제를 다루는 책들, 특히 칼 메닝거^{Karl Menninger}와 M. 스콧 펙^{Scott Peck} 같은 정신과 의사들이 아주 능숙한 솜씨로 이야기하는 글을 읽어 보면, 죄의 몇 가지 측면에만 과장되게 초점을 맞춘 것 같다. 예를 들어 우리는 죄 의식을 잃었으며 이는 특히 자기기만 때문이라고 하면서 말이다. 이런 책들을 비롯해, 스탠포드 라이먼^{Stanford Lyman} 솔로몬 쉬멜,^{Solomon Schimmel} 헨리 페어리^{Henry Fairlie} 같은 사회학자, 심리학자, 저널리스트들이 일곱 가지 대죄를 세련되게 논한 글들은 죄 영역을 전반적으로 그려 낸 개념 지도를 제공해 주지 못한다.

우리는 기독교의 전통적인 죄 이해 안에서 생겨나는 주요 주제들을 주기적으로 소개받을 필요가 있다. 이 시대에 통용되는 현대적인 죄 개념 앞에 이 오래된 주제를 가져와서, 문학이나 신문 잡지, 그 밖에 다양한 일반 자료를 기반으로 이 시대 사람들에게 익숙한 관용어를 사용해 그 주제를 새롭게 제시해야 한다. 그래서 이 책은 죄에 대한 신학을 간략하게 다루되(죄론 '요약본') 이 시대 고유의 사례와 설명을 곁들였다.

이 책에서 내 목표는, 우리 안에 두려움과 증오와 슬픔을 불러일으키곤 하는 끈질긴 현실에 대한 앎을 새롭게 하는 것이다. 많은 이들이 이 앎을 잃었으며, 우리는 그 상실을 아쉬워해야 한다. 현대인들이 저지르는 대다수의 어리석은 행동과 마찬가지로, 죄에 대한 인식을 잃으면 기분은 좋을지 모르나 그 결과는 참담하다. 죄와 관련한 자기기만은 우리의 영적 중추 신경계를 마취시키고 진정시키며 방향 감각을 잃게 하면서 억제하는 효과가 있다. 무엇보다 치명적인 것은, 우리 삶에서 틀린 음이 들릴 때 이를 듣는 귀가 없으면 옳은 음을 제대로 연주할 수 없을 뿐만 아니라 다른 사람의 연주에서도 옳은 음이나 틀린 음을 알아들을 수 없다는 점이다. 결국 우리는 신앙적으로 음치가 되어 하나님께서 인간의 삶을 통해 연주하시는 주요 주제의 제시부와 재현부를 둘 다 놓치고 만다. 창조라는 음악 그리고 은혜라는 더 위대한 음악이 우리의 두개골 사이로 헛소리를 내고 지나가며 한 순간 호흡이 멈추게 만들지도 못하고 아무런 여운도 남기지 못한다. 도덕적인 아름다움이 지루해지기 시작한다. 인간에게 구주가 필요하다는 말이 별나게 들리기 시작한다.

그래서 좀 더 넓은 의미에서 이 책의 목적은, 창조의 고결함에 대한 우리의 기억을 새롭게 하고, 은혜의 아름다움을 알아보는 우리의 시각을 날카롭게 하는 것이다.

감사의 말

이 책이 세상에 나오기까지 방향타가 되어 준 로널드 핀스트라와 마크 놀, 필자의 스승이자 벗으로서 원고 전체를 읽고 거듭 교정해 주신 케네스 W. 카이퍼 그리고 더할 나위 없는 동료들로서 동일한 도움을 준 칼빈 신학대학원 멤버들에게 특별히 감사드린다. 관련 학부 동료로서 목회학과 성경신학 분야에서 필자의 질문에 답변해 준 멜빈 휴겐과 에어리 레더에게도 감사한다.

책의 견본을 읽고 논평해 준 락포트 앤 윈터파크 콜로키아 회원들, 대니얼 밀리오리, 개브리얼 패커, 리처드 마우, 루이스 스메디스, 로버트 로버츠, 지난 4년 동안 학생 조교로 수고해 준 존 제벌킹, 짐 밴 톨른, 데이비드 라일러스덤, 데이비드 덴 한 그리고 특별히 원고를 쓸 수 있도록 너그러이 휴가를 허락해 준 퓨 채리터블 트러스트에도 감사를 전한다.

그리고 이제, 필자가 죄 문제에 관심이 높아져 갈 때 이를 묵묵히 감당해 주었고, 한때 내가 죄에 깊이 빠졌었다는, 또다시 그런 일이 생기면 도저히 빠져나올 수 없을 그런 죄에 빠졌었다는 심상

찮은 증거를 애써 저지해야 했던 내 아내 케이틀린에게 감사를 전한다. 여보, 당신의 참을성, 당신의 반어법, 당신의 신앙 그리고 당신의 싹싹함에 감사를 표하오. 당신의 그런 자질 덕분에 아름다움과 강함이야말로 최종 결정권을 가진다는 사실을 거듭거듭 되새길 수 있었다오.

사람은 누구나 날마다 성가신 일을 처리한다. 좌회전을 알리는 초록색 화살표에 불이 들어왔건만 백일몽에 빠진 앞 차 운전자는 종종 화살표에 불이 깜빡거리기 시작한 후에야 마치 깜짝 놀란 하마처럼 꿈틀거리며 앞으로 나간다. 치과에 갔더니 위생사가 자기보다 나이도 많고 삶의 경륜도 깊은 환자의 이름을 함부로 부른다. 건조기에 양말 열여섯 짝을 넣었는데 나온 건 열다섯 짝뿐이다. 이런일들은 그냥 좀 짜증이 날 뿐이다. 그래서 건강한 사람들은 어느 날수돗물에서 염소 냄새가 좀 심하게 나도 그냥 마셔 버리듯 그렇게삭여 넘긴다.

짜증의 단계를 넘어가면 이제 후회스러운 일들이 기다리고 있다. 사람들은 일찍이 특정 직업 영역의 공부에만 자신을 가둬 두기로 했던 결정을 유감스러워 한다. 이들은 젊은 시절의 어리석음과경솔함을 후회한다. 친구와 가족을 오랫동안 소홀히 했던 것을 뉘우친다. 대개는 너무 때늦게. 사실 과거의 기억이 우리 마음을 아프게 하는 건, 그때 놓쳤던 길이 이제는 가로막혀 다시 가려야 갈 수 없다는 오로지 그 이유 때문인 경우도 있다.

가장 가슴 아픈 건, 사려 깊은 사람들이 나이 먹는 것 때문에 상심한다는 사실일 것이다. 이들은 시간이 갖가지 보화와 기회와 젊은이다운 민첩함을 안겨 주지만, 그 흐름은 언제나 일방통행이어서 지난 시간은 절대 다시 돌아오지 않으리라는 것을 가슴 아프게 의식한다. 게다가 이들은 인생이 어떻게 끝나는지 너무도 잘 알고 있다. 루터교 신학자 조셉 시틀러Joseph Sittler는 시편 23편을 묵상하다가 한번은 이런 말을 했다. 우리가 사망의 골짜기는 단 한 번 지나지만, 죽음의 그늘이라는 골짜기에서는 평생을 산다고. 중년에 접어들면 그 그늘이 전보다 훨씬 더 자주 눈에 띈다.

사망 경보가 울릴 때가 점점 가까워지면, 온갖 환난 질고의 연속 그 끝에는 신학자들이 불행이라고 부르는 어떤 고통이 기다리고 있다. 예를 들어, 사람들은 고독에 에워싸인 듯한 기분이 된다. 향수병을 느끼든, 집착에 가까울 만큼 과거를 동경하든, 추방당했든, 낭만적인 쓸쓸함을 느끼든, 스스로 세상을 멀리 하든, 이렇게 자기 본연의 모습에도 편안함을 느끼지 못할 만큼 외로운 사람들은 세상과 동떨어져 있다는 사실 때문에 고통스러워한다.

사람들은 또 지루함으로 괴로워한다. 작가 워커 퍼시Walker Percy는 이를 가리켜 "자아가 자아 자체로 가득 차는 상태"라고 한다.[1] 사람들은 또 두려움으로 고통스러워한다. 암을 두려워하고, 실직을 두려워하고, 사랑의 종말을 두려워한다. 전쟁을 두려워하고, 하나님을 두려워하고, 세무서를 두려워한다. 불안, 곧 아무 때나 불쑥불쑥 모습을 드러내는 끈질긴 두려움과 싸우는 사람도 있다. 특히 어떤 계기로 자기 삶의 형편을 뒤돌아보게 될 때, 이를테면 스물다섯 번째 고등학교 동창회에서 사람들은 일종의 허무함, 특히 일 영역에서 느끼는 허무함으로 괴로워하기도 한다. 예를 들어, 광고회사 중역으로 일하는 사람이 그 나이가 되면, 좋은 머리와 반생의 에너지를 다 바쳐 전자식 카드 셔플러^{card shuffler}(카드를 뒤섞는 기계 장치—옮긴이)에 대한 욕망을 불러일으키는 일을 하는 게 무슨 의미가 있는지 잠시 걸음을 멈추고 생각하게 된다.

수치와 죄책감에서 비롯되는 불안과 소외감에서부터 낮 시간 TV 드라마 주인공들의 고민에 이르기까지, 인간의 모든 불행은 인생사가 생각과는 다르다는 사실을 우리에게 말해 준다.

우리는 다 유한한 존재로서, 들판의 꽃처럼 덧없고 자연의 위력 앞에 무력하다. 어느 땅 어느 계절이든 자연 자체가 불이나 바람이나 물로, 혹은 갑작스런 눈사태나 산사태로 사람의 생명을 가혹하게 거둬 간다. 선천적 장애, 질병, 기계 사고가 앗아 가는 인명은 더 많다. 이런 일을 한 번도 겪어 본 적이 없을지라도, 측은지심이 있는 사람이라면 피해자 앞에서 마음이 숙연해진다. 그리고 때로는 어쩔 줄 몰라 한다. 인사치레일 뿐일지라도 말이다.

짜증·후회·불행이 그 모든 오래되고 낯익은 방식으로 우리를 괴롭힌다. 하지만 그 어떤 괴로움도 죄만큼 중요하지는 않다. 죄는 우리의 성품, 우리 인간성의 중심되는 특징을 왜곡시키기 때문이다. 죄는 인간의 강력한 능력, 즉 생각과 감정과 말과 행위의 능력을 오염시키고, 그래서 이 능력들은 타인을 공격하고 배신하고 무시하는 언행의 중추가 된다. 예를 들어, 무례할 정도로 타인의 감정에 둔감하거나 일종의 자기만족에 빠져 주변을 멀리함으로써 본의 아니게 타인을 불쾌하게 만드는 것만으로도 이미 짜증스럽다. 우리는 자기 성격에 이런 결함이 있기를 바라지 않는다. 그런데 사실 우리는 자기에게 이런 결함이 있는 줄 아예 모르고 있을 수도 있다. 그런데 이 때문에 피해를 입은 사람이 만약 내가 의식적으로, 일부러, 심지어 담담하게 자신에게 상처를 주는 걸 알면, 그 사람은 내가 어쩌다 우연히 자기 마음을 아프게 했을 경우에 응당 그러는 것처럼 단순히 유감스럽다는 태도로 나를 대하지 않는다. 그 사람은 자연의 섭리상 살다 보면 누구나 겪을 수 있는 그런 일을 겪을 때 보통 그러듯 그냥 슬퍼하지만은 않는다. 그 피해자는 분개한 얼굴로 나를 마주 본다. 왜냐하면 내가 강력하고 각별히 인격적인 무언가로 자기를 모욕했다는 걸 알기 때문이다. 나는 고의적으로 그 사람에게 상처를 주었다. 나는 의도적으로 그런 행동을 했다.

죄는 인간 특유의 탁월함을 악용한다는 점에서 인간이 겪는 다른 고민들을 능가한다. 고매한 정치적 사기를 고안해 내고 옹호하는 사람들, 동료의 연주회에 대한 신랄한 비평 글을 읽고 한바탕 뿌듯한 만족감을 느끼는 음악가, 새 고객을 낚으려고 꿍꿍이셈을 꾸미는 마약상, 정신이 맑지 못한 할머니에게 욕설을 퍼붓는 손자, 남에게는 엄격한 도덕적 잣대를 들이대면서도 자기에게는 한없이 너그러운 우리……. 이런 행동을 할 때 우리는 생각과 감정과 의도와 말과 성향이 죄로 오염되었음을 드러낸다. 두렵고도 놀랍게 창조된 우리, 특별한 존엄성과 책임을 지닌 피조물인 우리는 우리에게 있는 지고의 능력을 이렇게 오용함으로써 슬픔과 경악뿐만 아니라 비난까지 불러일으킨다.

더 나아가 고독·불안·소외·수치·무의미함 같은 큰 불행의 근저에도 죄가 자리 잡고 있다. 죄가 인간의 주된 두통거리인 두 번째 이유가 바로 이것이다. 실제로 죄는 일반적으로 인간 불행의 원인이기도 하고 결과이기도 하다. 자기 딸을 성적으로 학대하는 아버지는 딸을 오염시킨다. 딸이라는 인물을 지탱하는 자존감의 뼈대를 마디마디 다 부러뜨린다. 신뢰를 배반한 아버지와 못 본 체하는 엄마에 대한 분노와 수치감으로 가득한 채, 순정純情한 자아를 잃어버린 것을 슬퍼하는 이 더럽혀진 아이는 나중에 자기 아이를 학대하거나, 다량의 알코올로 자기의 중추 신경계를 공격하거나, 혹은 이 남자 저 남자와 쉽게 결혼해 황폐한 결혼 생활을 하다가 쉽게 헤어질 가능성이 매우 높다.

죄의 혈맥은 선천적인 장애·질병·사고 등 우리 삶에서 벌어지는 그 외 나쁜 일들 대다수와도 얼기설기 얽힌다. 제3세계 아이들은 대부분 예방 가능한 질병으로 하루에도 몇천 명씩 죽어 나간다. 게으름 혹은 자기 일만 아니면 된다는 태평함으로 일부 어른들은 이 죽음을 막지 못한다. 서방 선진국의 수많은 아이들은 날 때부터 마약 중독자로 태어난다. 엄마가 태胎 속에서부터 아이를 그 구렁텅이로 끌어들이기 때문이다. 전염성 성병을 앓는 이들은 자기에게 그런 병이 있는 걸 알면서도 새 파트너를 위태로운 지경에 빠트린다. 이런 일은 날마다 벌어진다. 돌이켜 생각해 보면, 우발적이고 예방 가능한 사고들이 많다. 타인을 보호하기 위해 자기 일에 집중해야 하는 사람들(예를 들어 조종사나 인명 구조원 혹은 선장)이 술에 취하거나 부주의하거나 혹은 다른 일에 온통 신경을 빼앗긴다. 이런 요인들이 치명적이고도 복잡하게 얽혀 인간의 행복을 파괴하는 경우가 많다.

도로에서 짜증을 유발하는 행위들도(이를테면 갑자기 끼어들어 놓고는 일부러 그랬다는 걸 보여주기라도 하려는 듯 세상 사람들이 다 아는 어떤 제스처를 보여준다든가 하는) 그렇게 잘못 살아가는 삶이 일상이 된 데서 나오는 것일 수 있다. 나를 불쾌하게 만드는 그 운전자는 화를 억제하는 귀찮은 일 따위는 한 번도 해본 적이 없는, 혹은 화를 억제할 줄 알아야 한다는 암시만으로도 어쩔 줄 모르고 격노하는 사람일지 모른다.

하지만 토네이도나 지진·홍수·산불·상어의 습격 같은 일을 당할 때는 어떤가? 이런 일은 도덕적인 악에 대비되는 순전히 자연적인 일에 해당하고, 따라서 이런 일에 대해 인간이라는 행동 주체를 비난하듯 말하는 건 무의미하지 않은가?

그렇기도 하고 아니기도 하다. 이런 일들에는 자연적인 원인이 있는 경우가 많다. 하지만 자연적 사건 자체와 어쩌다 보니 그런 일을 당하게 된 사람들이 짊어지는 인간적 고통은 구별해야 한다. 홍수에 집터까지 깨끗이 쓸려 나가는 사건은 통상 나쁜 일이다. 하지만 홍수 자체만을 놓고 봤을 때, 그게 반드시 나쁜 일인가? 전체적으로 선한 창조 세계에서 홍수가 아무 역할도 하지 못한다고 말할 수 있는가? 자연의 힘 때문에 겪는 모든 고통은 전적으로 인간의 통제권 밖에 있는가?

사실 '하나님의 어떤 행위'가 반드시 인간에게 재앙이 되라는 법은 없다. 자연 재해는 예측할 수 있고, 그래서 대책을 세워 피해를 최소화할 수 있다. 그중엔 사람이 충분히 대비할 수 있는 일들이 있다. 교량과 건물을 조잡하게 짓는다든가, 감리인에게 뇌물을 건넨다든가, 허리케인이 통과하는 길목 혹은 홍수가 자주 나는 평지인 줄 알면서 탐욕에 눈이 멀어 그곳에 주택 단지를 개발한다든가, 해발 3,500미터 산에서 몰아치는 폭풍우의 위력을 무지스럽게 멸시한다든가 하는 행위, 그리고 인간의 기타 실책이 자연 재해의 원인이 되기도 하고 자연 재해로 인한 고통을 가중시키기도 한다. 죄는 우리가 흔히 윤리 도덕과는 아무 상관없다고 생각하는 사건들 때문에 겪는 피해에서도 그 유형과 규모 면에서 어느 정도 역할을 하는 게 보통이다.

성경의 중심인 사복음서는 죄와 죄의 삯을 물리치려고 하나님께서 어떤 수고를 하시는지 설명한다. 이 복음서의 모양 자체가 그 수고가 얼마나 중요한지 이야기해 준다. 복음서는 루터교 신학자 마르틴 퀼러^{Martin Kähler}의 저 유명한 표현처럼, 긴 서론을 곁들인 그리스도의 수난 서사다. 따라서 그리스도인들은 어떤 죄를 속하는 데 어느 정도의 고난이 필요한가를 기준으로 그 죄의 크기를 가늠하기도 했다. 십자가에 달린 사람의 몸이 창에 찔려 뒤틀리는 광경, 죽음을 이용해 죽음을 물리치는 기이한 형이상학적 묘책, 인간이 그리스도 사건 및 그 사건의 인물과 연합해야 하며 그분과 그 사건을 삶의 중심으로 삼아야 한다는 긴박한 부름 등, 이런 일들은 인간의 골칫거리인 죄 문제를 해결한다는 게 하나님에게도 지독히 힘든 일이었으며 죄는 인간이 가장 오랫동안 겪어 온 위기라는 사실을 우리에게 말해 준다.

성경은 죄를 몇 가지 주요 개념을 통해 제시하는데, 주로 불법과 믿음 없음이라는 개념을 일련의 이미지로 보여준다. 예를 들어 죄란 과녁을 맞히지 못하는 것, 길에서 벗어나 방황하는 것, 우리에서 나와 길을 잃고 헤매는 것이다. 죄는 마음이 완악한 것, 목이 굳은 것이다. 죄는 앞을 보지 못하는 것, 귀로 듣지 못하는 것이다. 죄는 선을 넘어가는 것이기도 하고 선에 미치지 못하는 것이기도 하다. 둘 다 범죄요 부족함이다. 죄는 문 앞에 웅크리고 있는 짐승이다. 죄 가운데서 사람들은 거룩한 소명을 공격하거나 회피하거나 소홀히 한다. 이와 같은 이미지들은 일탈 개념을 암시한다. 친숙하게 여겨진다고 해도 죄는 결코 정상적인 상태가 아니다. 죄는 하나님께서 창조하신 조화로운 상태가 붕괴되는 것이요, 하나님께서 그 조화로운 상태를 회복하시려 할 때 이에 저항하는 것이다. 무엇보다도 죄는 하나님과의 관계라는 가장 중요한 것을 붕괴시키고 이에 저항하며, 이 붕괴와 저항은 얽히고설킨 수많은 방식들로 이루어진다. 역사신학자 제프리 브로마일리 Geoffrey Bromiley가 관측했듯이, 죄악 된 삶은 일부 우울하기도 하고 일부 우습기도 한, 진정한 인간 삶의 풍자화다.[2]

이 책에서 필자의 계획은, 이런 사실들을 보여주고, 이에 대해 논하며, 몇 가지 각도에서 이를 바라보고, 이웃한 개념들 두어 가지와 비교해 봄으로써 죄의 윤곽을 날카롭게 다듬어 보는 것이다. 간단히 말해 죄의 본질과 역학을 제시해 보는 것이다.

이를 위해서 먼저 죄를 정의해 보고, 죄가 어떻게 선한 것을 오염시키고 그 오염이 어떻게 확산되는지를 설명하고, 죄의 기생적^寄生的 특성 및 그 특성이 발생시키는 아이러니와 가식에 대해 이야기하고, 죄를 어리석음 및 중독과 비교해 보고, 죄의 이 고전적 '자세' 혹은 동작 몇 가지(공격하고 도망치기)를 설명함으로써 결론을 내리겠다. 짧막한 맺음말에서는 우리가 죄에 대해 무슨 말을 하든 그 내용은 우리가 은혜에 대해 하는 모든 말을 다 한정한다는 사실을 일깨우고자 한다.

계획 자체로 보면 좀 이론적으로 보일 수 있지만, 실제 내용에 들어가면 그런 부분은 일부일 것이다. 아니 조금 다르게 표현하자면, 이 연구는 전통적인 신학적 상차림이지만, 음식은 성경과 아우구스티누스뿐만 아니라 범죄와 중독 관련 서적, 게리 윌리스^{Gary Willis}(퓰리처상을 수상한 미국의 작가, 언론인, 역사가—옮긴이)와 윌리엄 맨체스터^{William Manchester}(미국의 저술가, 전기 작가, 역사가—옮긴이)와 대니얼 액스트^{Daniel Akst}(미국의 언론인, 평론가, 소설가—옮긴이)의 저서, 「뉴스위크」, 영화, NBC의 '투데이'^{Today} 프로그램 등에서도 나온다. 이 책은 죄에 관한 책이지만, 책 속의 단락들도 다 죄에 관한 내용이다.

물론 이 정도 두께의 책으로는 떠들썩한 죄에서부터 경미한 죄에 이르기까지 수많은 개별적인 죄들을 다 다루기에는 턱없이 부족하다. 그래서 필자는 일곱 가지 치명적인 죄, 죄인들에게 익숙한 습관, 오늘날 신문에 자주 등장하는 타락의 몇 가지 양상에 대해서만 이야기할 것이다.

서두와 결말 그리고 기회 있을 때마다 죄란 무엇을 대항하는 것인지 설명해 보겠다. 기독교의 시각에서 죄는 어떤 독자적인 실체

나 주제가 아니다. 그래서 죄를 말하는 올바른 방식은 창조 및 구속
과 함께 제시하는 방식뿐이다. 따라서 이 책은 기독교의 샬롬 스케
치로 시작하고 샬롬 스케치로 끝난다.

— **01**

샬롬이 파괴되다

"원래 이게 아니거든."
　　　— 영화 '그랜드 캐니언'에서 맥

영화 '그랜드 캐니언'Grand Canyon의 한 장면. 한 이민 전문 변호사가 교통 체증을 피해 우회로로 접어든다. 갈수록 길은 어두컴컴하고 인적도 드물어진다. 예상했던 대로 소설 『허영의 불꽃』The Bonfire of the Vanities(톰 올프의 소설. 신분 상승 의지가 강한 부자 증권맨 셔먼 맥코이는 정부情婦와 함께 차를 타고 가다가 흑인 청년을 차로 치어 치명적인 부상을 입힌다. 이 사건으로 셔먼은 기소되어 재판을 받으면서 몰락한다—옮긴이)에서 와 같은 악몽이 펼쳐진다. 변호사가 몰던 호화로운 승용차는 낯설고 두려운 도로 어딘가에서 오도 가도 못하는 상태가 되어 버린다. 그리고 값비싼 총과 스니커즈 운동화를 신줏단지 모시듯 하는 그 동네 건달들이 모여든다. 핸드폰 배터리까지 방전된 변호사는 이러저러해서 간신히 견인차를 부르지만, 다섯 명의 길거리 불량배들은 이미 동작 불능인 차를 에워싸고 변호사에게 위해를 가하겠다고 위협하기 시작한다. 그런데 바로 그 순간 견인차가 등장하고, 성실하고 다정한 견인차 기사는 멈춰 서 있는 변호사의 승용차를 견인차에 연결하기 시작한다. 건달들은 항변한다. 견인차 기사가 자기들 밥을 가로채 간다고 말이다. 그러자 기사는 패거리 중 우두머리인 듯한 녀석 하나를 따로 불러내서는 단 몇 마디 말로 형이상학의 세계로 이끌려고 한다. "이봐, 세상이 네 말처럼 돌아가게 되어 있지는 않아. 잘 모르나 본데, 원래 이게 아니거든. 할 수만 있다면 난 너한테 허락 같은 거 받지 않고 내가 할 일을 하게 돼 있어. 그리고 저 멋쟁이 신사는 너희한테 돈을 뜯기는 일 없이 여기서 저 차와 함께 나를 기다릴 수 있게 되어 있고 말이야. 원래 모든 게 지금 네 생각하고는 다르게 되어 있단 말이지."

이 말을 하는 견인차 기사는 아우구스티누스 계승자다. 인간이 처한 곤경을 요약 정리한 그의 말은 신학 책마다 실려야 할 내용이다.[1] 기독교의 고전적인 세상 이해의 중심에는 원래 세상일이 어떻게 돌아가야 하는가 하는 개념이 자리 잡고 있기 때문이다. 세상은, 창조는 물론 그 창조 세계를 은혜로 회복시키는 일에서도 하나님께서 원래 계획하시고 의도하신 대로 되어야 한다. 세상일은 원래 정의, 상호 존중 그리고 공공선에 대한 의도적이고 광범위한 관심을 아름답게 하고 완결하는 평화를 포괄하게 되어 있다.

물론 세상일이 늘 그렇지는 않다. 인간의 그릇된 행동 혹은 그릇되게 행동할 조짐은 일터에서 일하는 사람들, 학교에서 공부하는 아이들, 휴가지에서 휴가를 즐기는 사람들의 매순간을 훼손한다. 잠깐만 곰곰이 생각해 봐도 우리가 순간순간 어떤 그릇된 행동을 하는지 줄줄이 목록을 만들 수 있다. 그중엔 우리에게 너무도 친숙한 나머지 이제 잘못된 행동이라는 생각조차 들지 않는 것도 있다. 누아르 영화에 등장하는 40대 범죄자는 공중전화 수화기를 내려놓고 좀 전에 자기에게 도움을 준 전화번호부 한 페이지를 북 찢어 주머니에 넣고 전화 부스를 나간다. 학교에서는 3학년의 한 학생이 같은 반 학생 스물다섯 명 중 열다섯 명에게만 파티 초대장을 나눠 준다. 나머지 열 명을 향해 "너희는 초대받지 못했다"는 걸 분명히 보여주려는 듯 철저히 계산된 태도로. 선생님은 이를 알아차리지만, 누구에겐 초대장을 주고 누구에겐 주지 않는 이 구도에 어떤 사회 동역학social dynamics이 담겨 있는지 결코 깊이 생각해 보지 않는다. 학창 시절 불같이 사랑했던 두 연인이 졸업 후 처음으로 만나 옛 생각에 잠기다가 만취하여 만약 이 사람과 결혼했더라면, 하며 자기 연민에 빠지기 시작한다. 두 사람 모두 다른 누군가를 만나 행복한 결혼 생활을 하고 있음에도 어찌된 일인지 그날 저녁 이 두 동창생의 만남은 한 호텔방에서 절정을 맞고 만다.

우리는 흔히 죄를 창조 세계를 망쳐 놓는 것으로 생각한다. 사람들은 결혼의 순결함에 불순물을 섞고, 시냇물을 더럽히고, 뛰어난 두뇌를 활용해 교묘한 탈세 수법을 고안해 낸다. 그러나 구속救贖에 저항하는 것 또한 죄로 간주되며, 흔히 이는 특별히 더 도착倒錯된 모습을 보여준다.

1973년 여름, 조너선 딤블비Jonathan Dimbleby라는 영국의 한 기자가 에티오피아의 기아 상황을 보여주는 참담한 보도 영상을 제작했다. 이 기자는 이 참상의 배경을 설명하려고 굶주린 에티오피아인들의 모습과 하일레 셀라시에Haile Selassie 황제가 벌이는 호화 연회 광경을 나란히 보여주었다. 이 영상이 방영되자 곧 전 세계의 보도 관계자들이 아디스아바바로 모여들어 에티오피아 국민들의 기아 상과 공식 원조 상황을 한데 묶어 전하기 시작했다. 이어서 또 한 무리의 외국인들이 각국에서 보내오는 엄청난 원조 식량 꾸러미와 함께 몰려들었다. 선물 꾸러미가 도착하자 에티오피아 재무 장관은 기회를 엿보기 시작했다. 장관은 전 세계 사람들이 기증한 이 비상식량 더미에 무거운 관세를 부과했다. 물론 기증 국가들은 어이가 없어 할 말을 잃었고, 이를 항변하는 공식 입장을 밝혔다. 그리고 이들 나라의 항변에 이제 에티오피아 황궁이 어이없다는 듯 할 말을 잃었다.

"돕고 싶다고요?" 장관은 물었다. "부디 도와주십시오. 하지만 돈을 내야 합니다." 그러자 기부자는 말했다. "무슨 말입니까. 돈을 내야 한다니? 우리는 돕는 겁니다! 그런데 돈을 내야 한다고요?" "그렇습니다. 규정이란 게 있지 않습니까? 우리 제국에 아무 이득도 없는 방식으로 도울 생각입니까?"[2]

샬롬(shalom)

위대한 문서 선지자들이 알고 있었다시피 죄에는 천 개의 얼굴이 있다. 인간의 삶이 얼마나 여러 가지 방식으로 엇나갈 수 있는지 선지자들이 알았던 것은, 인간이 삶이 얼마나 여러 가지 방식으로 바로 갈 수 있는지를 알고 있었기 때문이다(벽이 다림줄을 따라 수직으로 서지 않았음을 알려면 다림줄을 따라 수직으로 서는 게 어떤 모양인지 그 개념을 알아야 하는 것과 마찬가지다). 이 선지자들은 하나님께서 만사를

다시 바로 세워 주실 날을 늘 꿈꾸었다.[3]

선지자들은 인간의 비뚤어진 모습이 곧아지고 울퉁불퉁한 곳이 평탄해지는 새 시대를 꿈꾸었다. 그날이 되면 어리석은 자가 지혜로워지고, 지혜로운 자는 겸손해질 터였다. 선지자들은 사막에 꽃이 피고, 산에 포도주가 흐르고, 울음이 그치고, 사람들이 머리맡에 무기를 챙겨 놓지 않고도 잠들 수 있는 날을 꿈꾸었다. 그날이 되면 사람들은 평화롭게 일할 것이고, 일해서 풍성한 결실을 맺을 터였다. 어린양이 사자와 함께 누울 것이다. 자연 세계에는 온갖 열매가 넘칠 것이고, 기후는 온화하여 경이 위에 경이로 충만할 것이며,[4] 모든 인간은 형제자매로 맺어질 것이다. 자연 만물과 모든 인간이 하나님을 바라고, 하나님과 동행하며, 하나님께 의지하고, 하나님을 기뻐할 것이다. 서로를 알아보는 기쁨의 함성이 골짜기와 바다에서, 거리의 여자들과 선상(船上)의 남자들에게서 솟구칠 것이다.

하나님, 인간 그리고 모든 피조물이 정의와 충만과 기쁨으로 한데 어우러지는 것을 일컬어 히브리 선지자들은 '샬롬'이라고 한다. 우리는 이것을 평화라 부르지만, 이는 단순한 마음의 평화나 두 적군 사이의 정전(停戰)보다 훨씬 더 많은 의미를 담고 있다. 성경에서 샬롬은 '보편적인 번영, 온전함 그리고 기쁨'을 뜻한다. 본성적인 필요가 다 충족되고 타고난 은사가 충실하게 활용되는 풍성한 상황, 창조주이자 구주께서 문을 여사 당신께서 기뻐하시는 피조물들을 환영하심에 따라 즐거운 경이감이 고취되는 그런 상황이다.[5] 다시 말해 샬롬은 '만사의 당위적 존재 양식'the way things ought to be이다.

'만사의 당위적 존재 양식'을 기독교식으로 이해하면 여기엔 수

많은 실체적 존재들의 성질과 내적 관계가 포함된다. 그 실체적 존재들로는 성삼위 하나님, 충만함 가운데 있는 물질세계, 인간, 인간이라는 종족 안에 있는 특정 집단(고대 이스라엘 백성이나 신약 시대 교회 혹은 미국 음악인 연맹 같은), 가족, 부부, 친구 집단, 개별적인 인간 등이 있다. 샬롬 상태에서는 각 존재마다 고유의 무결하고 흠 없는 상태 혹은 조직화된 온전함을 지닌다. 또한 저마다 다른 존재들과 더불어 덕을 세워 주는 여러 가지 관계를 맺고 유지한다. 예를 들어, 산악 오토바이 스포츠클럽은 숲속 시냇물의 생태를 보존하려는 노력으로 회원들에게 시냇물 접근을 금지시킴으로써 시냇물과 관계를 맺을 수 있다. '만사의 당위적 존재 양식'이란 개별적인 인간이 다른 피조물에게—더 나아가 다른 피조물과의 관계에서도—전폭적인 지적 반응을 보이는 것을 말하기도 한다. 즉, 상대에게 적절한 생각, 욕구, 감정, 말, 행동, 성향을 펼쳐 보이는 것이다. 예를 들어, 감사는 과분한 친절에 대한 정서적 반응으로 적절하고, 기쁨은 강아지의 매끄러운 털이나 11월에 저공 비행하는 야생 기러기의 울음소리나 벌 등에 업혀 가는 어린 딱정벌레의 히치하이킹 같은 피조 세계의 탁월함에 대한 적절한 반응이다.

물론 히브리 선지자들의 샬롬에 대한 꿈은 환상이다. 문자 그대로 산속의 시냇물 바닥에 샤르도네 와인이 흐르는 건 모든 사람이 꿈꾸는 이상 세계의 본질적인 특징이 아니다. 에덴을 "다채로운 풍경을 자랑하는 행복한 전원"으로 묘사하는 존 밀턴^{John Milton}의 생각이나 유토피아를 공산주의 동일과정설^{communist uniformitarianism}로 보는 토머스 모어^{Thomas More}의 시각에 모든 이들이 동의하지도 않을 것이다. 하지만 이 세상이 원래 어떠해야 하는가에 대해서는 누구나 하나씩 나름대로의 개념을 가지고 있다. 그리고 우리가 성경이 '선'善이라 일컫는 것을 각자 이해한 개념에 따라 이 세상을 대하고 세상일을 각자 다르게 판단하긴 하지만(예를 들어, 이 세상이 완벽하다면 헤비메탈 음악이 할 역할이 있겠는가? 적어도 헤비메탈 팬들의 귀에는 그 음악이 들릴까?), 그럼에도 세상이 달라진다면 어떻게 달라져야 할지 그 명백한 골자와 주요 요소에서는 의견이 일치할 것이다.

예를 들어, 달라진 세상에서는 결혼이 견고할 것이며 어린아이들이 안전할 것이다. 이 멋진 신세계에서는 다른 나라와 다른 인종을 매력적이고, 중요하며, 상호 보완적인 존재로 여겨 그 차이점을 소중히 여길 것이다. 의사 결정 과정에서 남자는 여자를 존중할 것이고 여자는 남자를 존중할 것이다. 심지어 그러다가 위기가 발생할 정도까지. 그러면 좌중에 한바탕 웃음이 터지는 훈훈한 분위기 가운데, 타고난 위기 해결 능력을 지닌 사람이 남자와 여자 양측 모두 흡족해할 만한 해결책을 제시할 것이다.

정부에는 여전히 공무원들이 있어야 하겠지만(화요일에는 어느 거리를 청소하고 목요일에는 어느 거리를 청소할지 누군가는 결정해야 하므로), 이들이 진실을 말하고 또 다른 공직자들의 장점을 거리낌 없이 칭송하는 모습에 누구도 경악하지 않을 것이다. 공중전화 부스의 전화번호부는 찢겨 나가지 않고 원래 모습 그대로일 것이다. 고가도로 벽에 낙서도 없을 것이다. 견인차 기사도, 판단을 잘못한 운전자도 도심 도로에서 경적을 울리지 않을 것이다.

직장인들은 동료의 승진을 기뻐해 줄 것이다. 중부 출신의 하버드 학생들은 후플 시에 있는 서던 노스 다코다 대학에서 온 피 베타 카파회[Phi Beta Kappa](미국 대학 우등생들로 구성된 친목 단체—옮긴이) 회원들을 존중할 것이며 이들에게서 배우려고 할 것이다. 대륙 간 탄도 미사일 발사 기지는 스쿠버 다이빙 훈련장으로 변모할 것이다.[6] 온 세상 사람들이 다 서로의 장점을 북돋고 격려할 것이다. 신문은 위대한 도덕적 아름다움을 드러내는 행위들을 보도하는 명문의 기사로 도배될 것이고, 하루가 저물 무렵 사람들은 현관 앞에서 이 기사를 읽고 음미하며 서로를 불러내 이 기사 이야기를 할 것이다.

무엇보다도, 그리스도인을 비롯해 다른 유신론자들의 생각 속에서 하나님은 인간이 갈망하는 말로 다할 수 없는 아름다움 가운데, 그리고 마치 자석처럼 인간을 끌어들여 경배하게 만드는 거룩함의 신비 가운데 좌정하실 것이다. 이에 각 사람은 자신의 성품과 본질의 모방할 수 없는 자질에서 하나님 임재의 빛을 반영하고 채색할 것이다. 인간 집단[human community]은 하나님의 이름으로, 하나님 역시 서로를 후대하는 찬란한 성삼위의 교통[community] 가운데 있다는 기쁜 인식과 함께 다른 집단에게 자기의 인종적·지역적 특수성을 제시할 것이다. 이들 집단은 자기 고유의 억양으로 찬사와 예의와 경의를 표할 것이며, 함께 모였을 때 이 소리는 결코 바닥나지 않는 열정의 물결처럼 계속 고조될 것이다.

죄: 한 가지 정의

성경적으로 생각해 보면, 샬롬도 죄도 하나님을 언급하지 않고서는 말할 수 없다. 죄는 단순히 도덕적인 개념이 아니라 신앙적인 개념이다. 예를 들어, 신앙적으로 생각해 볼 때 어떤 상점 주인이 손님을 속여 부당한 이득을 취하는 건 단순히 불법이 아니라 신실치 못함의 한 예이기도 하다. 그래서 우리는 이 사기 행위를 고객뿐만 아니라 하나님께도 신실하지 못한 행위로 여긴다. 형사 사건과 도덕적 사건을 죄로 여기는 건, 이 사건들이 하나님을 거스르고 배반하는 행위이기 때문이다. 죄는 법을 어기는 것일 뿐만 아니라 구주와의 언약을 파기하는 것이다. 죄는 관계를 더럽히는 것이요, 거룩한 아버지요 은혜 베푸시는 분을 슬프게 하는 것이며, 거룩한 띠로 연합한 동반자를 배신하는 것이다.[7]

그래서 전통적으로 다윗이 밧세바와 간음한 뒤 지은 것으로 보는 가장 유명한 회개 시편에서 시인은 자기 죄를 주로, 어쩌면 배타적으로 하나님께 지은 죄로 여기고 있다.

> 하나님이여, 주의 인자를 따라 내게 은혜를 베푸시며 주의 많은 긍휼을 따라 내 죄악을 지워 주소서. 나의 죄악을 말갛게 씻으시며 나의 죄를 깨끗이 제하소서. 무릇 나는 내 죄과를 아오니 내 죄가 항상 내 앞에 있나이다. 내가 주께만 범죄하여 주의 목전에 악을 행하였사오니……(시 51:1-4).[8]

모든 죄는 일차적으로 그리고 최종적으로 하나님을 향한 힘을 가진다. 죄란 하나님을 불쾌하게 하고 그래서 책망을 받아 마땅한 어떤 행위, 즉 어떤 생각·욕망·감정·말·행동 혹은 이런 것들의 부재 상태라고 하자.[9] 그리고 죄를 범하려는 성향 또한 하나님을 불쾌하게 하고 그래서 책망받아 마땅하므로 죄를 행위와 성향 두 가지를 다 뜻하는 말로 써 보자.[10] 죄는 한 인격이 인격적인 하나님께 저지르는, 유책성有責性 있는 모욕 행위다.

그러나 우리가 일단 샬롬 개념을 갖게 되면, 죄에 대한 이런 이해가 확장되고 구체화된다. 따지고 보면, 하나님은 아무 때나 독단적으로 우리의 행위를 불쾌히 여기시는 게 아니다. 하나님께서 죄를 미워하시는 것은 단지 죄가 당신의 율법을 어기는 것이기 때문이 아니라 좀 더 실질적으로 죄가 샬롬을 거스르고 화평을 깨뜨리기 때문이며, 세상의 당위적 존재 양식을 훼방하기 때문이다(사실 이것이 바로 하나님께서 상당수의 죄에 대항하여 율법을 세우신 이유다). 하나님은 샬롬을 지향하시고, 그러므로 죄에 대항하신다.[11] 사실 악이 무엇인지를 말할 때 물리적으로든(예를 들어 질병), 도덕적으로든, 영적으로든 기타 어떤 형태로든 샬롬이 훼손되는 것으로 규정하면 안전하기는 하다.[12] 도덕적·영적 악은 행위자가 있는 악이다. 즉, 대략적으로 말해 오직 사람만이 행하는, 혹은 사람에게만 있는 악이다. 그러므로 행위자가 있는 악은 악한 행위와 악한 성향으로 이루어진다. 따라서 죄는 어떤 사람(혹은 어떤 집단)에게 과실이 있는, 동작의 주체가 있는 악이다. 간단히 말해 죄는 샬롬을 파괴하는 중대한 과실이다.

죄를 이렇게 정의하면 어떤 이들은 너무 틀에 박힌 정의 아니냐며 실망할 수도 있다. 이런 정의는 한 행위가 어떻게 해서 죄로 불리는지를 말해 줄 뿐, 과연 어떤 행위가 이런 식으로 죄의 조건을 갖추는지 알려 주지 않는다. 물론 특정 행위가 죄로 여겨지는지에 관한 질문은 상투적이기도 하고 다양하기도 하다. 친근한 예를 하나 들어 보겠다. 아주 명랑한 그러나 요리 실력이 좀 미심쩍은 어떤 여성에게 저녁 초대를 받아서 갔다고 가정해 보자. 식사가 진행되면서 그 여자의 취향이나 음식 맛이 실망스러울 정도로 형편없다는 것을 알게 된다. 식사 중에 그 여자는 치즈와 햄, 리마 콩 찜 요리가 입맛에 맞느냐고 다른 손님 여섯 명 앞에서 나에게 묻는다.[13] 식탁은 일순간 침묵에 잠기고, 모두의 시선이 나에게 향한다. 그 여주인은 기대에 찬 얼굴로 내 대답을 기다린다. 이제 어떻게 할까? 그 순간 나는 선택을 해야 한다. 잔인한 진실을 사실대로 말하지 않는 걸로 나는 선택한다. 그렇다고 답변을 회피하지도 않는다. "이런 찜 요리가 가능하다는 것조차도 몰랐습니다!" 나는 거짓말을 한다. 정말 애교 있는 거짓말이다.

나는 샬롬을 어지럽혔는가, 아니면 유지했는가?

이런 유의 질문은 흔히 어떤 행위에 한 가지 이상의 도덕 법칙이 적용될 때, 그리고 한 가지 법칙을 지키면 다른 법칙을 어기게 되는 경우에 하게 된다. 나를 저녁 식사에 초대한 이 여성의 사례에서, '진실을 말하기'와 '예의 지키기'는 서로 반대 방향으로 가는 것 같다.

하지만 이는 그 장면을 지나치게 극적으로 묘사한 것일지도 모른다. 어떤 상황에서는 도덕 법칙의 적용 가능성을 고민하기보다는 그냥 풍습을 따르는 게 샬롬을 위해서 더 좋을 수도 있다. 반대로 어떤 사회적 상황에서는 애매한 맛의 찜 요리를 두고 맛있다고 대충 웅얼거리는 건 하나의 형식이요 관습적인 예의일 뿐일 수도 있다. 이런 경우 이 관례적인 말은 국세청에 보내는 편지 서두에 "친애하는"이라고 쓰는 것 정도의 도덕적 혹은 선언적 힘밖에 지니지 못할 것이다.

분명한 건, 많은 도덕적 딜레마가 이보다는 훨씬 더 심각한, 그리고 때로는 고뇌스러운 수준으로 발생한다는 점이다. 하나님의 뜻을 알면서 이를 무시하는 것도 이미 잘못인데, 하나님을 기쁘시게 하고 샬롬을 이루어 가는 법을 아예 모른다면 어찌할 것인가? 우리 그리스도인들은 성경에서, 일반 계시에서, 샬롬에 대한 수 세기에 걸친 묵상에서, 그리고 하나님께서 우리에게 허락하시는 그 모든 지혜에서 샬롬에 대한 비전을 이끌어 낸다. 이런 자료에서 산출해 내는 결과들은 흔히 아주 평이하다. 일반적으로 말해 강도질·폭행·악의적인 험담·사기·신성 모독·시기·우상 숭배·위증은 화평을 깨뜨리는 반면, 자선·포용·칭송·생산·감사·칭찬·진실대로 말하기·하나님 예배하기 등은 화평을 이루어 간다.

하지만 사람이 사람을 죽이는 것은 어떤가? 모든 이들이 한마음으로 불의한 살인은 악이요 샬롬을 어지럽히는 행위라고 말한다. 하지만 과연 어떤 살인을 불의한 살인이라고 할 것인가? 유산 상속 과정을 앞당기려고 부모를 죽이는 게 이에 해당할 것이다. 하지만 새벽 3시에 집 전화선을 끊은 뒤 뒷문을 따고 가족들이 잠자고 있는 집안으로 들어와 아홉 살짜리 내 딸을 성폭행하려고 하는 무법자를 죽인다면? 말하자면, 가족을 보호하고 침입자를 물리치려고 폭력을 사용한다면 하나님께서 괜찮다 하시겠느냐는 것이다. 또한 폭력은 어느 정도나 사용해야 하는가? 예를 들어 총으로 침입자를 쏴 버려도 되는가? 처음에는 경고만 하고 그런 다음에만 쏴야 하는가? 그럴 틈이 없을 때는? 총을 쏠 경우, 상반신이나 머리가 아닌 다른 부분을 겨냥해야 하는가? 그 침입자가 술에 취해 있거나 정신이 나간 상태인지의 여부도 문제가 되는가? 침입자가 세 명이나 되고, 나는 공포에 질려 있다고 가정해 보자. 내가 총을 쏠 경우 이런 사실들은 하나님 앞에서 내가 책망을 받아야 할지의 여부와 관계가 있는가? 집안의 가장으로서 나는 치명적이지 않은 방어 수단을 미리 준비해 두고 유사시 이를 사용해야 할 도덕적 의무가 있지 않은가?

가족들을 보호하는 것 외에 낙태나 안락사, 의로운 전쟁 논쟁 등에서 생기는 어려운 사례는 어떻게 판단해야 하는가? 이런 논쟁에서 내가 어떤 입장인지와는 상관없이 말이다.

이런 종류의 질문 그리고 이 질문을 규명하고 답변하려는 시도는 윤리와 법을 다루는 책에서 찾아볼 수 있고, 그래서 이런 문제를 연구하고자 하는 독자들은 그런 책으로 시선을 돌려야 할 것이다. 그런데 죄에 관해 신학적으로 고찰하는 것은 뭔가 좀 다른 문제다. 이 책에서 앞으로 특정한 죄에 대해 거듭 논할 기회가 있겠지만, 이 책의 첫 번째이자 주된 과제는 일반적인 현상을 찾아내고 면밀하게 살피며, 죄의 위치를 정하고 죄를 설명하는 것이다.

그렇게 하면 자연스레 죄를 정의하게 된다. '유책성 있는 샬롬 훼방'이라는 정의는 죄가 그 성격상 독창적이지 않다는 것, 죄는 선하고 조화로운 무언가를 붕괴시킨다는 것, (집안에 무단으로 침입한 자처럼) 죄는 침입자라는 것 그리고 죄를 짓는 사람은 책망받아 마땅하다는 것을 시사한다. 우리가 어느 방향으로 가야 할지 정하려면 먼저 죄는 악의 한 형태(행위자가 있는 과실의 형태)라는 점, 그래서 악은 하나님께서 계획하신 것을 붕괴 혹은 훼방하는 것이라는 점을 먼저 알아야 한다.

물론 하나님의 이 계획에는 사람과 사람, 사람과 자연, 자연과 하나님 사이의 바람직한 관계뿐만 아니라 사람과 하나님 사이의 올바른 관계도 포함된다. 인간은 어린아이가 당연히 부모를 사랑하고 부모에게 순종하듯 하나님을 사랑하고 하나님께 순종해야 한다. 인간은 하나님을 경외해야 한다. 이를테면, 적어도 바이올린 전공 1년 차 학생이 이차크 펄만^{Itzhak Perlman}을 경외하는 수준으로 말이다. 인간은 하나님의 위대하심을 경이로워해야 하고, 하나님의 선하심을 찬양해야 한다. 이렇게 하지 못하면 이는 방종하여 하나님을 노골적으로 멸시하는 행위요, 당위적 존재 양식을 거스르기 때문에 죄이기도 하다. 하나님이 계시지 않는 듯 행동하는 것은 반^反샬롬이다. 하나님이 계시지 않는 듯 행동하는 건 인간이 창조주이자 구주이신 분과 당연히 맺어야 할 올바른 관계를 망친다.

죄가 하나님의 진노를 사는 것은 죄가 불경건 혹은 신성 모독 행위로 하나님의 존재를 부인하거나 하나님을 직접적으로 공격하기 때문일 뿐만 아니라, 하나님께서 창조하신 것들을 우리에게서 앗아 가고 공격하기 때문이기도 하다. 예를 들어, 성차별과 인종차별은 사람의 다양성과 하나님의 생각을 다 경멸하는 태도를 보여준다. 하나님은 인류^{humankind}뿐만 아니라 인간의 여러 부류^{human kinds}까지 원하시고 음미하신다. 그런데 성차별주의자와 인종 차별주의자는 작은 세상의 비좁고 갑갑한 경계 안에서 사람들 사이에 있는 차이점을 경멸한다.

요컨대, 샬롬은 창조와 구속을 위한 하나님의 계획이다. 그리고 죄는 인간이 이 위대한 현실을 파괴하는 책망받을 만한 만행이며, 그러므로 이는 세상을 고안하신 분이자 만들어 내신 분에 대한 모욕이다.

물론 이렇게 말하면 어떤 사람들은 짜증을 낸다. 좋든 싫든 사람이라면 누구나 다 순응해야 할 어떤 기획 개념이 있다는 사실이 어떤 이들에게는 터무니없어 보이고, 심지어 이를 불쾌히 여기는 이들도 많다. 예를 들어, 자연주의적 진화론을 믿는 사람들은 인간이 지니고 있는 여러 가지 개념·가치·욕구·종교적 믿음은 인간의 생명 그 자체와 마찬가지로 어떤 초월적인 목적에 형이상학적으로 매어 있지 않다고 생각한다. 인간의 생명과 가치는 무작위의 유전학적 돌연변이와 자연선택 같은 무계획한 메커니즘의 산물이라는 것이다.[14] 자연주의 신자들이 생각하기에 "원래는 이런 식이어야 한다"라든가 하나님 같은 어떤 존재가 이런 상황을 보증하고 확증한다는 건 있을 수 없다. 그러므로 당위적 존재 양식을 거스르는 것, 혹은 하나님을 모독하는 행위 따위는 없고, 따라서 죄의 정의에 딱 들어맞는 것도 없다. 특히 인간의 죄의 핵심은 인간의 목적을 거스르는 것이요, 그 목적은 샬롬을 이루는 것이며 그리하여 하나님을 영원히 영화롭게 하고 즐거워하는 것인데, 자연주의자들이 생각하는 것처럼 인간의 삶이 대체적으로 볼 때 아무 목적도 없다면 죄 개념은 말이 안 된다. 버트런드 러셀[Bertrand Russell]이 언젠가 말했듯 그저 "원자의 우연한 배열의 결과"일 뿐이다.[15]

더 나아가, 진화론적 자연주의를 믿든 안 믿든, 인간을 세상의 중심이요 법수여자로 생각하는 사람들은 인간이 어떤 초월적인 존재에 의존한다는 개념을 거부한다. 이 사람들은 이런 개념을 정말 밥맛없다고 여긴다. 우리보다 더 훌륭한 누군가를 경배해야 한다고, 그분의 뜻을 연구해서 그 뜻에 우리의 삶을 굴복시켜야 한다고, 우리가 잘못한 점을 그분에게 고백하고 인생의 모든 복은 다 그분 덕분인 걸로 알아야 한다고 말하는 것, 다른 누군가를 향해 이런 자세를 취해야 한다는 개념이 그들에게는 굴욕스러울 만큼 비민주적이요 인간의 존엄과 자부심을 침해하는 개념이다.

하나님과 하나님의 우월함에 저항하는 교만이 객관적인 도덕적 진리에도 저항하는 건 우연이 아니다. 그런 진리, 즉 우리가 어떻게 생각하든 상관없이 어떤 행위는 옳고 어떤 행위는 그르다는 주장은 인간이 자기 나름의 가치를 창조하고 자기가 살아가면서 도덕적 진리를 형성해 나갈 자유에 배치된다.

진지한 그리스도인이라면 이런 종류의 자유를 보며 이것이 바로 옛적부터 사람을 기만해 온 죄의 능력임을 쉽게 알아본다. 인간은 자기가 싫어하는 진리를 억압하고 은폐하는 걸로 악명 높다고 사도 바울은 말한다.[16] 성경적으로 생각할 때, 우리는 무지하기 때문에 죄를 지을 뿐만 아니라 죄를 짓기 때문에 무지하기도 하다. 우주에서 인간의 위치를 오해하고 하나님 대신 인간의 위치에 신성을 부여하는 게 여러 모로 편리하다는 걸 알게 되기 때문이다(물론 그리스도인들도 이렇게 인간의 위치를 잘못 이해하고 거기에 신성을 부여하는 오류에 동참한다. 시종일관 그런 오류를 저지르는 세속 인본주의자들에 비해 빈도만 덜할 뿐이다).

내외적 구별점

죄는 유책성 있는 샬롬 훼방을 말한다. 즉, 하나님의 눈으로 보기에 과실이 있다는 것이다. 죄는 이를 비롯해 몇 가지 다른 면에서, 이웃한 다른 많은 개념들과 구별된다. 예를 들어, 일부 겹치는 부분이 있긴 하지만, 죄는 범죄와 구별된다. 구별되는 주된 이유는 분명하다. 범죄는 법규와 관련되어 있지만 죄는 방식이 좀 다르다. 그래서 어떤 죄, 이를테면 가짜 수표를 발행해서 복권을 구입하는 행위는 은행이나 복권이 존재하는 어떤 사법 관할 지역에서든 다 형법에 저촉된다. 그러나 죄 중에는 완벽히 합법적인 것도 많고(예를 들어 시답잖은 일들에 하루하루 인생을 낭비하는 것), 심지어 어떤 죄는 일부 사법 관할권에서는 시민의 의무가 되기도 한다(예를 들어 하나님의 존재를 부인하는 것).

반면, 대부분의 범죄는 하나님을 거스르는 것이요 따라서 죄로 여겨지지만, 대의를 위한 일부 형태의 시민 불복종 행위는(예를 들어 차별 정책에 항의하는 의미의 연좌시위) 세상 권력자를 불쾌하게 할지언정 하나님을 거스르는 행위는 아니다.

죄와 부도덕의 관계는 어떠한가? 관대하고 대중적인 관례를 따라 부도덕의 범위를 대략 피조물과 피조물 사이의 행위·태도·권리·의무로 한정한다면, 도덕적인 옳고 그름은 말하자면 수평적 차원에서 파악되고 판단된다(이런 관례에서 영적인 일, 영적인 악은 도덕과 부도덕을 수직적으로 보완하는 요소다). 이 관점에서 중대한 부도덕 행위는 다 죄다. 예를 들어, 도둑질은 부도덕하기도 하고 죄이기도 하다. 그러나 모든 죄가 다 부도덕하지는 않다. 예를 들어, 안식일을 범하는 사람 혹은 최고의 신학교에서 오래 수학했음에도 예수 그리스도께 그저 정중하게 존경만 표하는 사람은—그것도 정치적 용기를 냈을 때만—영적인 죄를 저지른 것이고 과실이 좀 중할 경우 죄책을 지긴 하지만 부도덕하다고는 하지 않는다.

그러나 이는 어쩌면 올바른 구별 방식이 아닐 수도 있다. 도덕이란 보편적으로 판단할 수 있는 보편적 의무를 적용하는 것으로 여기고,[17] 죄와 의義 개념은 특정한 사람이나 집단에 해당하는 특별한 의무로 다루는 게 더 좋을 수도 있다. 그럴 경우, 모든 우상 숭배는 다 죄일 뿐만 아니라 부도덕한 행위가 된다. 모든 인간에게는 하나님에 대한 인식이 내장되어 있어, 그 인식을 존중하고 그 인식을 예배로 전환할 의무가 있(다고 주장할 수 있)기 때문이다. 반면, 요나와 이스라엘 백성이 하나님께서 부여하신 구체적인 사명에 불순종한 것은 죄로 여길 수는 있지만 부도덕은 아닐 것이다.

죄와 부도덕을 구별하는 문제는 여러 면에서 복잡하게 얽혀 있지만, 이 때문에 이야기 진행을 늦출 필요는 없기에 이 책에서는 더 이상 왈가왈부하지 않겠다.[18]

우리는 죄를 범죄 및 부도덕과 구별해야 할 뿐만 아니라 질병과도 구별해야 한다. 사실 죄 된 행위는 때로 질병을 옮기기도 하고 심지어 질병의 원인이 되기도 한다. 간음이 매독을 퍼뜨리고 폭행이 뇌손상을 일으키는 것처럼 말이다. 반대로, 질병이 죄의 계기가 되기도 하고 심지어 죄 쪽으로 마음이 기울게 만들기도 한다. 병자가 건강한 사람에게 악의를 품는 경우처럼 말이다. 더 나아가, 질병은 전통적으로 죄를 나타낼 때 즐겨 차용되는 이미지다. 그래도 죄와 질병이 여전히 구별되는 것은, 죄는 영적이고 도덕적인 악인 반면 질병은 신체적인 악이기 때문이다. 죄는 우리를 죄책이 있는 자로 만드는 반면 질병은 우리를 불쌍한 병자로 만든다. 그러므로 죄에 대해서는 은혜가 필요하지만 질병에 대해서는 자비와 치유가 필요하다.[19]

더 나아가, 죄를 단순한 오류(예를 들어 "만취자, 폭력VIOLENCE 사건으로 9개월 형"이라고 해야 할 것을 "만취자, 바이올린 케이스VIOLIN CASE에 9개월 감금"이라고 신문 헤드라인을 무심코 잘못 인쇄한다든지)와 혼동하지 말아야 하고 순수한 바보짓(고속도로 중간에 "주의: 이 표지판이 수면에 잠길 경우 이 도로는 통행 불가입니다"라는 표지판을 세우는 것 같은)과도 혼동하지 말아야 한다.[20] 또한 죄를 유한함과 혼동하지도 말아야 한다. 유한함에 대한 단순한 인식은 말할 것도 없고 말이다. 왜 신이 아니고 인간이냐고 비난해서는 안 되고, 그 차이를 아는 건 대변란에 기입되어야지 차변란에 기입되어서는 안 된다.

죄는 개념상 죄와 같은 부류로 여겨지는 것들, 이를테면 대외전의 맞수로 간주되는 개념들과 구별해야 할 뿐만 아니라, 몇 가지 내부적인 구별도 필요하다. 즉, 죄 개념 자체 안에서 특정한 이슈들을 명확히 설명해 주는 구별점을 알아야 한다.

죄 중에는 객관적인 죄도 있고 주관적인 죄도 있다. 어떤 행위가 만약 샬롬을 훼방하고 그 행위자를 유죄로 만들 경우, 그 행위는 객관적으로 볼 때 죄다. 어떤 행위의 주체가 만약 자신의 행위를 객관적으로 죄라 여기고(실제로 그렇든 안 그렇든) 의도적으로(혹은 책임져야 할 다른 어떤 방식으로) 그 행위를 하면 이는 주관적인 죄다. 즉,

술을 마시는 행위는 객관적으로 죄가 아니지만, 양심에 따라 금주를 실천해 온 사람이 술을 마시는 건 아주 잘못된 행위일 것이다. 전시에 자원입대하는 건 객관적으로 죄가 아니지만, 양심적 평화주의자가 자원입대하는 건 아주 잘못일 것이다. 두 경우 모두 자기 양심의 공식 의견을 멸시하여 따르지 않음으로써 하나님을 상대로 의무를 저버렸기 때문이다. 자기 스스로 잘못되었다고 생각하는 행동을 한다는 건 그 행동이 하나님을 슬프게 할 것을 알면서 그렇게 행동하는 것이며, 자기 행위로 기꺼이 하나님을 슬프시게 한다는 건 그 자체가 슬픈 일이다.[21] 게다가 자기 양심에 반하는 행동은 양심을 무디게 하고 둔감하게 만든다. 그렇게 자꾸 양심을 훼방하다가는 정말로 양심을 죽일지도 모른다. 그러므로 주관적인 죄인은 도덕적 자살의 위험을 무릅쓰는 것이다.

하지만 도덕적 자살의 위험을 무릅쓰거나 실제로 도덕적 자살을 저지르는 건 객관적으로 죄다. 그래서 주관적 죄인은 이런 식으로 모두 객관적 죄인이기도 하다. 말하자면, 양심 속에서 자꾸 자기 자신에게 총질을 해대는 사람들인 것이다. 이런 구별을 한다는 건 어떤 한정적 의미에서 도덕적 주관주의를 지킨다는 뜻이다. 어떤 행위가 어떤 사람에게는 정말로 나쁜 행위인데(객관적으로는 그렇지 않을지라도) 또 어떤 사람에게는 그렇지 않다. 당사자가 그 행동을 어떻게 생각하느냐에 따라 나쁜 행동이 될 수도 있고 나쁜 행동이 아닐 수도 있는 것이다. 이런 구별을 한다는 것 또한 어떤 한정적 의미에서 도덕적 절대주의를 지킨다는 뜻이다. 즉, 자기 양심에 반하는 행위는 언제나 나쁜 행위인 것이다.

죄는 똑같이 다 잘못이지만, 모든 죄가 똑같이 나쁘지는 않다. 인간의 행위는 옳든지 그르든지 둘 중 하나고, 하나님의 뜻에 일치하든지 일치하지 않든지 둘 중 하나다. 하지만 선한 행위에도 비교적 더 선한 행위가 있고, 나쁜 행위에도 비교적 더 나쁜 행위가 있다.[22] 그리스도인은 의도적으로 간음을 생각하는 건 실제 간음을 저지르는 것과 다름없이 악하며 종류상 다를 바 없는 범죄라고 믿는다.[23] 하지만 그는 마음속에서 벌어지는 간음은 모텔 방에서 실제로 행해지는 간음에 비해 타인에게 피해가 덜하며, 그래서 '나쁨'의 정도를 따질 때 비교적 덜 심각한 수준으로 분류된다는 것 또한 안다.[24]

다른 범죄도 마찬가지다. 선택이 가능할 경우, 이웃집 여자는 내가 자기 집을 빼앗는 건 원하지 않을 테지만 자기 집을 몹시 탐내는 모습은 보고 싶을 것이다. 자기 아이를 제대로 먹여 키우기를 소홀히 하는 건 아이가 순수 미술을 접할 수 있도록 신경 쓰지 못하는 것에 비해 확실히 더 큰 잘못으로 보인다(후자도 충분히 잘못이지만). 어떤 죄가 얼마나 잘못된 죄인지, 얼마나 심각한 죄인지는 그 죄가 죄인 자신을 포함해 주변 사람들에게 어떤 종류의 피해를 얼마만큼 끼쳤는지, 그리고 죄인이 개인적으로 그 일에 시간과 노력을 얼마나 쏟았으며 어떤 동기에서 그렇게 했는지에 달려 있다. 가톨릭 전통에서는 이것이 바로 치명적인 죄와 사소한 죄를 구별하는 핵심 차이점이며, 이 부분이 바로 법정적 사고와 신학적 사고가 겹치는 부분이다. 대다수 형법은 동기의 타당성을 따져서 범죄의 경중을 가늠한다. 본의 아닌 과실 치사보다는 계획 살인에 더 무거운 형벌을 내린다. 그 범죄로 어떤 피해가 얼마나 발생했는지 그 관련성도 인정한다. 그래서 살인 미수보다는 살인에 더 무거운 형벌을 내린다. 물론 두 경우 모두 피해 규모도 따진다. 사전 계획에 따라 식당 화장실에 비치된 종이 타월 한 뭉치를 훔치는 행위보다는 비록 본의가 아니더라도 자동차로 사람을 치어 죽이는 게 더 심각한 잘못인 것이다.

범죄든 죄든, 본의가 아니었다는 점이 그 범죄나 죄의 심각성을 완화시킬 수 있지만, 그 점이 반드시 면책의 이유가 되지는 않는다. 예를 들어, 도무지 은혜를 모르는 사람은 어쨌든 그렇게 선택하지 않았음에도 은혜를 모르는 사람일 수 있다. 심지어 자기가 은혜를 모르는 사람이라는 걸 전혀 모를 수도 있다. 영적으로 건강한 사람이라면 하나님·가족·친구들에 관한 한 나는 복 받은 사람이요 빚진 자라는 복합적인 감정을 느껴야 할 텐데, 이 사람은 그런 감정을 전혀 못 느낀다. 적어도 이런 면에서 이 사람이 고마움을 느끼지 못하는 건 자신도 어쩌지 못하는 문제고, 따라서 본의가 아니라고 말할 수 있다. 그러나 그렇다고 해도 이런 태도가 죄인 건 분명하다. 이 배은망덕한 사람이 자기의 결함을 알아차리고 그런 태도가 얼마나 밉상인지를 깨닫는다면, 이를 고백하고 회개해야겠다는 생각이 들어야 옳을 것이다.[25]

본의 아닌 죄는 놀라우리만치 흔하다. 예를 들어, 전통적인 일곱 가지 치명적인 죄(교만·시기·분노·나태·탐욕·탐식·정욕)는 대개 본의 아니게 짓는 죄다. 이 일곱 가지 죄는 사람이 거의 통제할 수 없는, 혹은 때와 장소에 따라 통제의 수준이 일정하지 않은 것들에 대한 욕구와 믿음과 태도다. 그래서 열심히 이 죄에 맞서 싸우는 사람은 익숙한 패배, 약간의 발전, 퇴보, 고통스럽게 정복당하는 것, 상처뿐인 승리, 깨어진 협정, 굴욕스러운 타협 등을 경험한다. 성경은 인간이 자신의 결함을 제어하고 마침내 그 결함을 정복하려면 강력한 외부의 간섭이 필요하다고 주장한다. 죄와의 전쟁에 참여했던 베테랑들은 개인적인 경험으로도 이를 알고 있다. 치명적인 죄에 관한 한, 사람은 위와 같은 정서 상태를 원하지 않을 것이고(누가 남을 시기하고 싶겠는가), 그런 상태를 선택하지도 않을 것이며, 그런 상태가 될 마음을 먹거나 그런 상태가 되려고 하지도 않을 것이다.[26] 아니, 오히려 그 반대일 것이다. 하지만 현실에서 우리는 그런 상태가 된다. 그래서 본의가 아닐 경우에도 그런 상태를 일컬어 죄라고 하는 게 옳다.

물론 어떤 이들은 이런 죄들을 저지르고 싶어 한다. 예를 들어 어떤 이들은 정욕을 원하고, 정욕을 자극할 만한 행동을 한다. 단순히 섹스만을 원하는 게 아니라 섹스에 대한 욕구를 원한다. 그렇게 하면서도 이들은 자기 기대를 충족시키지 못한다. 아우구스티누스가 알고 있었다시피, 포만 상태에서는 뭔가를 신선하게 느끼기 어렵다. 사실 우리는 정욕이란 걸 그다지 잘 제어하지 못한다. 정욕을 원하는 사람들도 대개는 이를 충족시키지 못한다. 아니, 적어도 그 욕구를 표현하지 못한다.[27] 분노와 나태 그리고 그 외 치명적인 죄에 대해서도 똑같은 말을 할 수 있다. 이 죄들은 우리의 지시에 따라 등장하거나 사라지지 않는다.

본의 아닌 죄도 우리의 명령에 따라 나타나거나 사라지지 않는다는 점에서 사람의 제어 아래 있지 않다. 하지만 이를 죄라 칭하려면 그 행위자가 자기 잘못을 통해 이 죄를 지었다는, 행위자가 이 행위에 책임이 있다는 요건이 충족되어야 한다. 간단히 말해, 이 행위자에게 과실이 있다는 말이다. 그리고 바로 이 지점에서 문제는 좀 애매해진다.

1850년대 미시시피의 인종 차별주의자 가정에서 자란 한 백인 소년의 예를 들어 보자. 편의상 그를 짐 밥Jim Bob이라고 하겠다. 짐 밥이 받는 교육, 역할 모델이 되는 어른들의 모습 그리고 예절 훈련에는 온통 백인 우월주의라는 지역 문화의 전제가 깔려 있다. 그 소년은 이런 전제에 강력한 대안이 될 만한 것을 한 번도 접해 본 일이 없다. 그는 남부의 괴짜들과 일부 '양키'들 중에 '검둥이를 사랑하는 사람'도 있다는 걸 어렴풋이 알고 있다. 한번은 동네의 존경받는 어른들에게 이런 특이한 사람들에 대해 질문을 하니 그들은 그 사람들이 미쳤거나 그냥 그런 척하는 것일 뿐이라고 그를 안심시킨다. 허클베리 핀의 경우처럼, 별난 상황 덕분에 방랑자의 독립적 심성을 키워 가지 않는 한, 짐 밥은 자신을 둘러싼 환경에서 인종 차별주의를 그대로 흡수할 게 뻔하다. 주변에서 보고 배우는 것들이 한데 어우러져 밥의 인식을 오염시킬 것이고, 그리하여 그는 이의를 제기하거나 몸부림치는 일 없이 잠깐의 생각만으로, 우월감과 조심스러움과 통제와 차별 대우를 적절히 섞어 짐짓 생색을 내는 게 백인이 흑인을 대하는 올바른 자세라는 전제를 채택하게 될 것이다.[28]

성경적으로 교육받은 그리스도인이라면 인종 차별적인 사고방식은 전적으로 잘못된 것이요 권리를 침해당한 인종에 대한 범죄이자 하나님께 대한 범죄라는 것을 이제 알고 있다. 인종 차별은 샬롬을 위반하는 행위이자, 언뜻 보기에 죄의 탁월한 사례다. 그러나 어떤 특정한 사람이 본의 아니게 이런 사고방식을 갖게 되었고, 그래서 그 사람도 어쩔 수 없이 그런 태도를 습득했으며 이제 그런 태도를 피할 수 있는 현실적인 방법이 전혀 없다고 말하는 게 옳다면, 그래도 우리는 이 문제에 대해 그 사람이 유죄라고 할 수 있을까? 그럴 수 없다면, 그 사람의 사고방식이 죄라고 해야 할까?[29] 짐 밥의 인종 차별주의는 죄인가? 짐 밥은 이런 사고방식을 가졌다는 이유만으로도 죄인인가?

물론 이런 질문을 하다 보면 더 깊은 철학적·신학적 늪으로 빠져들게 된다. 다행히, 우리가 들어선 경로를 그대로 유지하기 위해 물이 목 높이까지 차오를 때까지 늪으로 걸어 들어갈 필요는 없다. 하지만 필자는 이제 막 제기한 이 질문에 대해 적어도 뭔가는 말하고 싶다. '죄'라고 하는 영향력 있는 단어의 실용적인 용도를 확보하고, 앞으로 이 책에서 이어질 이야기들을 준비하기 위해서다. 그래서 필자는 다음 세 가지 의견을 내놓는다.

1. 짐 밥이 인종 차별주의를 습득할 수밖에 없었다는 의견은 너무 이론적이다. 문화적 영향, 개인적 지력知力과 통찰, 인간의 자기기만 기능, "인간의 마음에 새겨진 하나님의 율법"(롬 2:15 참조), 그 외 다양한 요인들이 복잡하게 얽혀 우리는 다른 사람의 태도는 말할 것도 없고 자기 자신의 태도가 비난받아 마땅한지에 대해서조차 정확한 판단을 내릴 수 없다. 그러므로 유책성이 어느 정도냐 하

는 판단은, 부모나 판사 혹은 배심원 같은 특별한 역할을 하는 사람들이 아닌 한 하나님의 손에 맡기는 게 현명할 것이다.

2. 기독교는 '죄'라는 말을 전통적으로 유책성 악에 대해서만 따로 적용해 왔으며, 또한 그게 이치에 맞다. 유책성이라는 기준이 있으면 어떤 자연적인 악, 단순한 오류와 어리석음, 특히 비난할 여지 없이 습득된 도덕적인 악(이를테면 병적 도벽이나 시체 성애 같은) 등에서 죄를 구별할 수 있게 된다. 즉, 짐 밥이 인종 차별주의를 습득한 것에 대해 비난을 받아서는 안 된다면, 그의 잘못된 사고방식은 도덕적 악으로 규정해야지 엄격히 말해 죄로 규정할 수는 없다는 것이다. 하지만, 그래도 여전히 우리는 짐 밥의 인종 차별주의를 죄라고 칭하는 경향이 있는데, 이는 1) 한 사람의 도덕적 악은 대개 죄일 경우가 많은데, 짐 밥의 도덕적 악은 그렇지 않은지 우리가 알 수 없기 때문이고, 2) 아무 결함 없는 문화에서 살 경우 죄상의 뻔뻔스러움보다는 자기기만의 관대함이 더 무섭기 때문이다.

3. 짐 밥의 인종 차별주의에 대해 그 자신을 비난해서는 안 된다 해도, 다른 누군가는 비난을 받아야 한다. 짐 밥의 인종 차별주의에까지 연결되어 있는 영향력의 고리 안에 있는 누군가는 이 사태를 더 잘 파악하고 있었다. 그 고리를 거슬러 올라가 우리의 첫 조상, 곧 하나님의 손에서 선하고 무구하게 창조된 그 조상들에게까지 가야 한다 해도 마찬가지다.[30]

짐 밥의 인종 차별주의가 우리에게 알려 주는 사실은, 도덕적 악은 개인적인 악일 뿐만 아니라 사회적이고 구조적인 악이라는 점이다. 밥의 인종 차별주의는 거대한 역사적·문화적 모형母型으로 이루어지며, 이 모형에는 전통, 관계와 처신의 낡은 패턴, 주변에서 기대하는 분위기, 사회적 습관 등이 포함된다. 물론 사회적이고 구조적인 악의 유책성은 쉽게 평가할 수 없는 것으로 악명 높다.

그렇긴 해도, 인간의 교만·불의·완악함이 씨실 날실로 얽혀 사회적 악이라는 그물망을 만들어 내 짐 밥 같은 사람들이 그 그물에 걸려든다는 점, 과연 누구의 교만·불의·완악함이 그런 끈적끈적한 망을 만들어 냈는지 정확히 말할 수 없다 해도 이는 사실이라는 점을 우리는 너무도 잘 알고 있다. 우리가 말할 수 있는 건, 어디든 인종 차별주의를 발생시키는 이런 잘못들에 대해 사람들 탓을 하는 곳에서는 그 사람들의 인종 차별주의 자체가 그 사람들에게 책임을 돌리고, 그리하여 그들을 죄인으로 만들기까지 한다는 점이다. 다른 사람에게(예를 들어, 자기 자녀나 자기가 가르치는 학생) 인종 차별주의를 전염시키는 경우, 그 파생적이고 새로운 인종 차별주의도 흔히 죄라고 불린다. 이는 죄의 열매이기 때문이고, 도덕적으로 악하기 때문이다. 따라서 대다수 그리스도인은 짐 밥의 인종 차별주의를 죄라 일컬을 것이다. 그가 그것을 어떻게 습득했든 말이다.[31]

그렇게 함으로써 그리스도인들은 오랜 전통을 따를 것이다. 이에 대한 표준 사례는 원죄 교리다. 전통적인 그리스도인이라면 모두 동의한다. 인간에게 죄의 성향이 있으며 이는 성경이 확증하는 동시에 경험으로도 논증될 수 있는 사실이라는 점을 말이다. 우리는 우리 동족 인간의 악에 모두 연루되어 있기도 하고 그 악에 괴롭힘당하고 있기도 하다. 우리는 악을 밝혀내기도 하고 악을 창안해 내기도 한다. 우리는 악을 승인하기도 하고 악을 확장시키기도 한다.[32] 그러나 어떤 독창적이고 실제적인 도덕적 악이 자행된 특정한 경우(물론 우리 자신도 예외가 아닌), 그 악의 수준이 어느 정도이며 어떤 유형의 책임을 묻는 게 적절한지는 오직 하나님만 아신다.[33]

어떤 악에 대해 유책성 정도를 언제나 정확하게 측정할 수는 없지만, 죄에 소름끼치는 위력이 있다는 건 우리 모두가 알고 있다. 죄를 지을 때 우리가 선한 것을 왜곡하고, 불순하게 만들며, 파괴한다는 것을 우리는 알고 있다. 우리는 도덕적 악의 모형과 분위기를 만들어 내 그것을 후손에게 물려준다. 습관적인 행위를 통해 도덕적이고 영적인 악의 거대한 회전 운동력이 한 세대에서 다음 세대로 쉬이 전달되게 만든다. 그렇게 함으로써 우리는 신학자들이 타락이라 부르는 것에 스스로 깊이 연루된다.

— **02**

영적 청결과 부패

나의 창의적인 성장을 가로막는 완전함은 원하지 않는다.

　　　— 올리버 스톤

'부패'corruption라는 말을 들을 때 대다수 사람들이 가장 먼저 떠올리는 광경 중 하나는 시정市政이다. 예를 들어, 1930년대 뉴욕에서 피오렐로 라 과디아Fiorello La Guardia 시장이 전임인 지미 워커에게서 물려받은 타마니Tammany 시스템을 들 수 있다. 워커 재임 때 시 당국은 도시 건설 프로젝트의 입찰가를 조작하고, 수영도 할 줄 모르는 사람을 인명 구조원으로 고용하고, 민주당을 지지하는 정치 모리배들을 위해 없던 직책을 만들어 내고(담당 기밀 감찰관, [냉동] 시험 엔지니어), 배가 들어가지도 못하는 부두를 건설하고, 죄 없는 10대 청소년들을 감옥에 가두어 부모들로 하여금 담당 판사에게 뇌물을 건네게 만들었다. 시청에서는, 갖가지 허가를 내준 대가로 받는 뇌물이 평범한 관료들의 주머니를 불렸다. 시청 밖에서는, 비열한 경찰관들이 승진하려고 부패 공무원에게 상납금을 바쳤다가 그 사기꾼이 돈만 챙겨 사라진 것을 알고 분개했다. 타마니 시스템은 공공의 신뢰를 더럽혔고, 정의를 왜곡시켰으며, 미국에서 가장 부유한 도시의 신용을 무너뜨렸다. 이 모든 일들이 한꺼번에 만연해서 무슨 공포의 정원처럼 숨 막히는 분위기를 연출했다.[1]

하지만 이런 일들이 교부 아타나시우스Athanasius에게는 전혀 놀라운 일이 아니었을 것이다. 그의 말에 따르면, 에덴 동편의 인간들은 손대는 것마다 족족 부패시키면서 서로 경쟁하듯 불법을 저지르고 "온갖 모양의 악을 궁리해 냈다."[2] 아타나시우스, 아우구스티누스, 루터, 칼뱅의 저작을 비롯해 개신교의 고전적인 신앙고백서를 보면, 부패 곧 영적 도착·오염·붕괴가 기분 나쁘게 뒤엉킨 이 상태는 원죄의 두 가지 요소 중 하나를 나타낸다(다른 하나는 '죄책'이다). 이런 문서들을 보면, 부패와 죄책이 문제를 일으키고 성화와 칭의라는 선물이 친절하게 이 문제들을 처리하는 것을 알 수 있다.

성경에 따르면, 하나님의 원래 계획에는 구별과 연합 그리고 연합 안에서의 구별 패턴이 포함되어 있었고, 이것이 창조 세계에 힘과 아름다움을 부여하게 되어 있었다. 창세기 1-2장을 보면, 하나님께서는—거기서 가끔 1인칭 복수로 말씀하셔서 초대교회 그리스도인들에게 성삼위일체의 '연합 안에서의 구별'에 대한 관심을 불러일으키시는—대양大洋을 파고, 언덕을 돋우며, 숲을 일구고, 호수와 시내에 물을 채우기 시작하신다. 그런데 이런 작업의 배경은 "혼돈스러운 공허"다.[3] 우주 만물이 다 뒤범벅이다. 그래서 하나님께서는 뭔가 창의적인 분리 작업을 시작하신다. 하나님은 빛과 어둠을, 낮과 밤을, 물과 물을, 바다 생물과 땅에 돌아다니는 생물을 나누신다. 하나님께서는 분류하고 분리시키심으로써 만물이 제자리를 찾게 하신다.

그와 동시에 하나님께서는 묶을 건 묶으신다. 인간을 청지기요 돌보는 자로서 다른 피조물들과 묶으시고, 하나님의 형상을 지닌 존재로 하나님 자신과 묶으시고, 완전한 상호 보완자로서 서로에게 묶으신다. 남자와 여자 한 쌍으로 이루어진 이 짝은 서로에게 딱 들어맞고, 이들이 어울려 이루어 내는 하모니는 그 자체가 하나님의 형상이다(조금 오래된 성경 역본은 창세기 2:24에서 남자가 여자와 "합한다"cleaving고 표현하는데, 이는 구별과 연합을 아주 멋지게 함축한다).

구별과 결합에 원래 이런 배경이 있음을 고려할 때 우리는 타락을 반反창조로, 곧 구별을 흐릿하게 하는 것이요 결합을 찢는 것으로 보아야 하며, 구별이 흐릿해지는 건 결합이 찢어진 결과로 보아야 한다. 따라서 "하나님과 같이 되어 선악을 알"고 싶어 하는 인간은 하나님에게서 그리고 서로에게서 자신을 소외시킬 때만 그렇게 될 수 있다. 선하고 기름진 땅조차도 인간의 적이 된다(창 3:17-18; 4:12-14 참조).

성경 초반부에 등장하는 죄는 심상치 않게 강도가 세진다. 아담과 하와의 유치한 교만과 불신앙은 불순종, 책임 전가, 하나님에게서의 도피를 유발시킨다(창 3:4-5, 10, 12-13). 이어서 두 사람의 첫 아이는 부모가 지나온 길을 더 확장한다. 가인은 동생 아벨을 탓하고 급기야 죽여 버림으로써 인간의 가정에 시기와 형제 살해의 역사가 시작되게 한다. 자기 부모를 비롯해 다른 동족들과 마찬가지로 가인은 에덴 동편 방랑의 땅을 헤매는 도피자 신세가 된다. 그곳에서는 사람을 죽이고 남자다움을 뽐내는 라멕의 자랑이 가축 먹이는 자와 악기 연주하는 자와 구리와 쇠로 기구 만드는 자들의 원시 문명을 가로질러 메아리친다. 문명이 발전하지만, 악이 증식한다. "아다와 씰라여, 내 목소리를 들으라. 라멕의 아내들이여, 내 말을 들으라. 나의 상처로 말미암아 내가 사람을 죽였고 나의 상함으로 말미암아 소년을 죽였도다. 가인을 위하여는 벌이 칠 배일진대 라멕을 위하여는 벌이 칠십칠 배이리로다 하였더라"(창 4:23-24).

창세기 7장의 대홍수, 곧 온 땅에 악이 만연한 결과인 대홍수가 하나님께서 창조하신 궁창 위 물과 궁창 아래 물, 땅과 뭍의 구별을 흔적도 없이 지워 버린다. 홍수는 피조물들이 물과 물 사이를 지나다닐 수 있도록 하는 안전한 공간을 뒤덮는다. 그래서 홍수는 반창조요, "에덴에서 시작된 우주 붕괴 과정의 최종 단계일 뿐"이다.[4]

타락 이야기는 죄가 세상을 부패시킨다는 사실을 우리에게 말해 준다. 죄는 하나님께서 한데 묶으신 것을 산산이 흩어뜨리고, 하나님께서 흩으신 것을 한데 묶어 버린다. 창조 세계를 지독하게 왜곡시키는 다른 것들과 마찬가지로 부패는 창조 세계의 안팎을 파열시켜, 그 출처인 "혼돈스러운 공허" 쪽으로 다시 밀어붙인다.

세대를 거듭하면서 인간 본성 자체가 생각하고, 느끼고, 관리하고, 사랑하고, 창조하고, 반응하고, 덕스럽게 행동할 수 있는 거대하고 신비로운 복합적 능력, 즉 하나님의 형상을 생생하게 표현할 수 있는 그 능력을 이용해 부패를 전달하고 부패를 드러내 증거하는 역할을 하게 되었다. 루터교의 일치신조Formula of Concord에서는 인간 본성이 원죄 때문에 그 능력을 빼앗겼다고despoiled 말한다. 이 말이 암시하는 이미지는 벗겨짐, 제거됨이다. 나무껍질을 벗기고, 짐승 가죽을 벗기며, 적군에게서 무기와 식량을 빼앗는 것이다. 이것은 외부 침입자들에게서 보호해 주고 내부의 장기가 쏟아져 나오지 않게 해주는 피부를 없애는 것이다. 다시 말해, 빼앗는다는 건 온전함을 보존해 주는 것을 없앤다는 말이다.[5]

우리 인간은 고통스러운 방식으로 서로를 약탈한다. 피에르 반 파센Pierre Van Paassen의 『그날뿐』*That Day Alone*을 보면, 나치 부대가 한 랍비를 붙잡아서 옷을 다 벗게 하고 심지어 결혼반지까지 빼게 한 뒤 물통 위로 엎드리게 하고는 온몸의 감각이 없어질 때까지 채찍질을 한다("몇 대는 아브라함에게, 몇 대는 이삭에게, 또 몇 대는 야곱에게"). 그리고 나서야 군인들은 랍비를 묶었던 끈을 풀고 탁자 위에 그를 널브러뜨린다.

돌격대원들은 탁자 주위로 반원을 그리며 늘어섰다. 병사 하나가 다가오더니 가위로 랍비 워너의 왼쪽 옆머리를 싹둑 잘랐다. 이어서 그는 랍비의 턱수염을 쥐더니 이번엔 오른쪽 터럭을 잘라 냈다. 그리고 그는 뒤로 물러섰다. 대원들이 웃음을 터뜨리며 포복절도했다.

"히브리어로 뭐라고 좀 해봐." 돌격대장이 말했다.

"마음을 다하여 주 너의 하나님을 사랑하라." 랍비는 히브리어 단어들을 천천히 발음했다. 그러나 그때 또 한 장교가 랍비의 말을 가로막으며 물었다. "오늘 아침에 설교를 준비하고 있지 않았나?"

"그렇습니다."

"그럼 여기서 우리한테 한번 해봐. 이제 회당은 두 번 다시 못 볼 테니까 말이야. 우리가 방금 다 불태워 버렸거든. 자, 어서 설교해 봐." 장교가 큰 소리로 말했다. "이제 모두 조용히 해. 야곱께서 이제 우리한

테 설교하신다."

"모자를 써도 될까요?" 랍비가 물었다.

"모자 안 쓰면 설교 못하나?" 장교가 물었다.

"모자 갖다 줘라!" 장교가 명령하자 병사 하나가 랍비에게 모자를 건네 줬고, 랍비는 받아서 머리에 썼다. 그 광경에 돌격대원들은 큰 소리로 웃어 재꼈다. 벌거벗은 몸으로 덜덜 떨고 있던 랍비가 이윽고 입을 열었다.

"하나님께서 자기 형상과 모양으로 사람을 창조하셨습니다. 이 말씀이 이번 안식일 제 설교 본문입니다."[6]

조롱은 우리의 가장 견고한 본성의 방어막을 무감동하게 겨냥하여 날려 버리려고 한다. 조롱은 인간의 존엄을 갈가리 조각내고, 그리하여 특별히 파괴적인 방식으로 그 피해자를 약탈하려고 한다. 따라서 나치 군대가 조롱이라는 방법을 쓴 것은 자신들의 재미를 위해서였을 뿐만 아니라 피해자의 사기를 꺾기 위해서이기도 했다. 작가 윌리엄 스타이런William Styron이 『소피의 선택』Sophie's Choice에서 훌륭하게 보여주고 있듯이, 나치는 가장 악마적인 모습으로 사람의 몸뿐만 아니라 영혼까지 죽이려 했고, 영혼을 죽일 뿐만 아니라 부패시켜서 그 영혼이 스스로를 비난하고 스스로를 죽이게 만들려 했다.

빼앗는다는 건 온전함 혹은 완전함을 망가뜨리는 것이요, 어떤 존재를 유지시켜 주던 것과 환대와 정의와 기쁨의 분위기 가운데 그 존재를 다른 존재와 연합시켜 주던 것을 벗겨 없애는 것이다. 아우구스티누스가 『하나님의 도성』The City of God에서 보여주듯, 죄는 개인과 집단과 전 사회를 약탈한다. 부패는 샬롬을 훼방한다. 특정한 존재에 온전함을 부여하고 그 존재를 다른 존재와 묶어 주는 수많은 유대를 왜곡시키고 약화시키고 뚝 끊어 버린다.

이렇게 부패는 기독교가 죄를 이해할 때 하나의 역동적인 주제가 된다. 부패는 어떤 특정한 죄라기보다 모든 죄의 증식 능력이 선한 창조 세계를 망치고 침입자를 막는 방어막을 무너뜨리는 것을 말한다. 부패는 영적 AIDS다. 신비하게, 조직적으로, 전염성 있게 그리고 점진적으로 우리의 영적 면역 체계를 공격하여 마침내 그 체계를 무너뜨려서, 그 체계가 무너지기만을 기다리고 있는 죄 군단에게 문을 열어 준다. 이렇게 되면 우리의 삶은 조금씩 조금씩 더 비참해진다. 예를 들어, 자만심은 전형적으로 경쟁 상대에게 시기심과 심술궂은 적개심을 불러일으켜, 급기야 그 사람을 먹어 치우게 만든다. 아우구스티누스가 말한 것처럼 "죄는 죄에 대한 처벌이 된다."[7]

종교개혁 문헌을 보면 부패를 나타내는 이미지들을 많이 볼 수 있다. 오염된 본성, 병든 뿌리, 오염된 샘, 더러운 마음 등.[8] 이런 기록들에 따르면, 우리는 뼛속까지 잘못되어 있다. 나쁜 성질이 우리의 가계 안으로 들어와, 이제 우리는 죄 짓기 위해 태어난 사람처럼 쉽고도 신속하게 죄를 짓는다. 타락 후 우리는 두 번째 본성에 의해 죄를 짓는다. 태어날 때부터 운동선수로 태어나는 사람이 있듯이 우리는 "태어날 때부터 죄인으로 태어난 사람들"이다. 이는 성경에서 말하고 있을 뿐만 아니라 경험으로도 확인되는 사실로서, 원죄에 관한 광범위한 의견 일치 뒤에는 바로 이 사실이 자리 잡고 있다. 신학적인 지향점이 다양하고 또 성경이 침묵하고 있기도 한 탓에, 그리스도인들은 원죄 교리에 관한 핵심 이슈에서 의견을 달리하기도 한다. 예를 들어, 어린아이가 어떻게 치명적인 죄성을 습득하는가(이 죄성 자체가 죄든지 아니든지), 죄성에 수반되는 의지의 속박을 어떻게 설명하고 평가해야 하는가 하는 문제에서 그리스도인들마다 의견이 다르다.[9] 하지만 죄의 보편성, 연대성, 완악함 그리고 인간 역사에서 죄가 얼마나 가속도를 내며 힘을 불려 왔는지에 대해서는 모두 의견이 일치한다. 바꿔 말하면, 그리스도인들은 포괄적인 부패 교리에 동의하며, 인간은 중요한 부분에서 선할 때조차도 완전하지 않다는 주장이 그 교리의 주요 특징이라는 것이다.

영적 청결

그런데 영적으로 건강한 사람은 어떤 사람일까? 부패는 어떤 종류의 온전함을 공략할까?

영적으로 건전한 사람은 우주의 구도에 딱 들어맞는 사람이다. 이 사람은 적절하게 제 기능을 한다. 하나님과의 관계, 타인과의 관계, 자연 세계와의 관계 그리고 자기 자신과의 관계에 샬롬이 인상적으로 현시되는 것을 볼 수 있다. 아니, 신약성경의 한 관용적 어법을 따르자면, 우리는 이를 영적 위생 상태가 인상적으로 드러난 것이라고 말할 수 있다.[10]

이는 악의 작은 티끌 하나까지 다 털어 내고 닦아 낸다는 말 비슷하게 들릴 수도 있지만, 영적 청결이란 사실상 영혼의 온전함을 말한다. 즉, 우리에게 생기를 불어넣어 주고 우리를 특징지어 주는 것의 온전함을 말한다. 영적 청결이란 어떤 사람 특유의 자원, 행동의 동기, 목적, 성품이 온전해서 샬롬을 위한 하나님의 계획에 편안하게 딱 들어맞는 것을 말한다. 영적으로 청결한 사람은 강점과 약점, 기강과 자유를 조화시켜, 늘 새로워질 수 있는 활력의 원천을 바탕으로 이 모든 것을 합력하는 사람이다. 이 사람은 의지할 만한 시냇가에 뿌리내린 어린 묘목처럼 무성하게 자라는 사람이다.

이 무성함의 특징은 무엇인가? 그리스도인의 눈으로 볼 때 영적으로 건강한 사람은 어떤 고전적인 방식으로 뭔가를 간절히 바란다. 이 사람은 하나님과 하나님의 아름다움을 갈망하고, 그리스도와 그리스도를 닮기를 갈망하며, 성령과 영적 성숙함이라는 굉장한 것을 갈망한다. 이 사람은 부유해지지 못하고 그래서 남들의 부러움을 살 수 없을 때, 영적 청결이 위로의 상으로 대신 주어지기를 갈망하는 게 아니라 영적 청결 그 자체를 갈망한다.[11] 이 사람은 타인을 갈망한다. 타인을 사랑하고 싶어 하고, 타인에게 사랑받고 싶어 한다. 이 사람은 사회 정의를 갈망한다. 이 사람은 자연을 갈망하고, 자연의 아름다움과 호의를 갈망하며, 다람쥐가 알밤을 찾는 단순한 꼼꼼함을 갈망한다. 예상할 수 있듯, 이 사람의 갈망은 시시때때로 강도가 약해진다. 그럴 때면 이 사람은 다시 갈망하기를 갈망한다.

이 사람은 성품이 일관된 사람, 두드릴 때마다 진실한 소리를 내는 사람이다. 이 사람은 우는 사람과 함께 울되 어쩌면 더 진지하게 울고, 기뻐하는 사람과 함께 기뻐한다. 이 사람은 이 모든 일을 자기의 개성과 문화가 드러나는 방식으로, 뿐만 아니라 교차 문화적으로 오류의 여지가 없는 "그리스도의 마음"이라는 보편적인 마음이 드러나는 방식으로 한다.

이 사람의 행동 동기에는 신앙도 포함된다. 여기서 신앙이란, 하나님께 대한 그리고 자기를 주시는 예수 그리스도의 사역에서 퍼져 나오는 하나님의 자비에 대한 잠잠한 확신을 말한다. 이 사람은 하나님이 선하시다는 걸 안다. 또한 하나님이 자신을 선대하신다는 사실을 확실히 느낀다. 자기 존재의 동굴 안에 피난처를 정하고 성취라는 둔덕 아래 모든 불안감을 다 묻어 버리려는 이들은 교만과 절망 사이를 쉼 없이 익숙히 오가지만, 이 사람은 신앙 덕분에 그런 요동에서 자신을 안전하게 지킬 수 있다. 신앙이 비틀거릴 때 이 사람은 성령 곧 그 임재하심으로 날마다 새 힘을 공급해 주시는 분이 어느 날 자신의 신앙을 다시 확실하게 해주실 것을 믿을 수 있을 만큼의 신앙은 유지한다.

믿음은 하나님의 은총에만 매달린다. 그래서 믿음은 은혜를 아는 마음을 낳고, 은혜를 아는 사람은 위험을 감수하면서까지 남을 섬기게 된다. 은혜를 아는 사람은 남을 섬기는 일을 감행하고 싶어 한다. 신실한 사람은 담대히 남을 섬기고자 한다. 믿음으로 하나님께 매인 사람은 위험한 일을 감행할 수 있다. 그 일을 마치고 돌아올 수 있음을 알기 때문이다.

은혜를 아는 사람은 마음이 풍요롭다. 이 사람의 마음은 특히 감사로 흘러넘치며, 자기가 친절히 대접받은 만큼 남을 친절히 대접한다. 그렇다고 해서 무절제하지도 않다. 사실 무절제는 감사를 억압하는 경향이 있고, 절제는 감사를 낳는 경향이 있다. 폭식이 치명적인 죄인 건 바로 그 때문이다. 기묘하게도 폭식은 욕구 억제제다. 어떤 사람의 식욕은 다른 무언가와 연계되어 있다는 게 그 이유다. 배가 불러서 먹을 것에 물리면 정의에 대한 갈망과 허기가 무뎌진다. 급기야 하나님을 바라는 욕구까지 빼앗아 간다.

전형적인 갈망들은 건전한 삶의 동기가 된다. 믿음과 감사도 마찬가지다. 물론 때때로 그렇지 못할 때도 있다. 영적으로 건강한 사람들은 나태와 의심이라는 장애물에 대해 아주 잘 알고 있다. 이들은 영적 침체에 대해서도 잘 안다. 세상이 하나님 없이 텅 비어 있음을 예리하게 감지하는 게 어떤 기분인지 잘 안다. 영적으로 건전한 사람이 기도·금식·죄 고백·예배를 통해 그리고 묘지를 찾아 죽음을 묵상하면서 자기 삶을 연단하는 이유가 바로 그것이다. 영적으로 건강한 사람은 삶을 지루해하는 사람들을 찾아가 그 사람들에게 관심을 가지려 애쓰며, 옛 성도들의 삶을 묵상하고 그 삶을 자신의 삶과 비교해 보며, 의로운 일과 사랑을 베푸는 일에 시간과 돈을 들인다. 영적 위생 상태가 좋은 사람은, 바울이 늘 높이 평가했던 그리스도인다운 덕목과 성품, 예를 들어 남을 긍휼히 여기는 마음과 참을성 같은 것을 선망한다. 영적 위생 상태가 좋은 사람은 이외에도 다른 탁월한 덕목들, 이를테면 인내·소망·겸손·정직·후대 같은 것을 추구한다. 그리고 이런 덕목들을 일상 속에서 규칙적으로 실천하고자 하며, 이런 탁월한 덕목들을 성숙시키기 위해서는 이를 위해 애써야 할 뿐만 아니라 때로는 그 노력이 실패하는 경험도 필요하다는 것을 늘 잊지 않는다.[12] 거치는 것 없이 기쁘게 샬롬에 기여하는 사람이 되려면, 노력하고 실패하고 그리하여 성숙하는 과정을 꾸준히 이어 갈 필요가 있다.

스포츠와 음악 분야에서와 마찬가지로 영적 청결에서도 훈련이 중요하다. 누구라도 운동할 수 있고 음악을 연주할 수 있지만, 훈련을 거친 사람만 거침없이 경기하고 연주할 수 있다. 훈련은 자유롭게, 능력 있게 무언가를 할 수 있는 토대요 기본 전제다.

스핀 무브spin move 동작을 하는 농구 선수, 포르티시모로 몇 옥타브를 오가며 통쾌하게 건반을 두드리는 피아니스트에게는 힘도 필요하지만 물 흐르듯 하는 유려함도 필요하다. 이 사람들에게 필요한 것을 일컬어 우리는 힘 있는 이완 혹은 이완된 힘이라고 할 수 있을 것이다. 이 사람들에게는 강한 유려함 혹은 유려한 강함이 필요하다. 이들은 경기(연주)를 하되 "자기 자신 안에서 경기(연주)를 한다." 능숙한 솜씨로 힘과 자유를 아우르는 실력 이면에는 땀과 고통이 스민 수많은 훈련과 연습의 시간들이 자리 잡고 있다. 이는 숙달된 경기(연주)를 위한 수고다. 스핀 무브를 연습한 사람은 마침내 그 동작을 자기 게임의 한 부분으로 녹여 낸다. 수년 동안 음계와 아르페지오를 연습한 사람은 어느 날 음악을 연주하기 시작한다.

오랜 연습을 거쳐 마침내 자유로워진 삶은 우리가 부모와 스승에게, 친구와 가족에게 그리고 동료들에게 헌정하는 일종의 음악이다. 그 사람들에게 음악을 바침으로써 우리는 하나님께도 음악을 바친다. 방금 암시했듯이 이 삶은 사람마다 다르고 문화마다 다르다. 이 삶은 바이올린이 색소폰과 다른 만큼, 오케스트라가 피아노 두 대 합주와 다른 만큼 다르다. 어느 경우든, 이 삶이 음악이 되는 건 이 삶이 평화를 안겨 주고 기쁨을 허락하며, 하나님을 기쁘시게 하고 "영화롭게" 하기 때문이다.

웨스트민스터 소요리문답 서두에서는 인간의 삶의 목적이 "하나님을 영화롭게 하고 영원히 그분을 즐거워하는 것"이라고 말한다. "군더더기 없이, 힘 있게, 철 세공품 같이 명징한"[13] 언어로 제시된 이 유명한 주장은 인생이 어떤 방향을 향해야 하는지 어린아이들에게 미리 가르쳐 주는 일종의 사전 교육으로 기록되었다. 이와 같은 문서를 만듦으로써 교회는 어린아이의 인생에 구획을 정하고 버팀줄로 고정시켜서 그 인생이 하나님을 지향할 수 있게 하고자 했다. 그렇게 되어야만 그 인생이 견고하고, 향기롭고, 많은 열매를 맺을 수 있을 터였다. 어린아이는 하나님의 말씀을 배워야 하고, 그 말씀을 친절하게 이야기하며, 하나님의 명성을 존중하고, 그 명성을 고양시키려 노력해야 한다. 아이는 자기의 삶 자체를 하나님의 손에 맡기고, 그 손이 앞으로 자기 삶에 하실 일을 신뢰해야 한다. 아이는 정서적·신앙적 정크푸드를 멀리함으로써 그 음식이 하나님께 대한 욕구와 의에 대한 굶주림과 목마름을 없애는 일이 없도록 해야 한다.

영적 청결에는 다음과 같은 결말, 즉 목표, 목적, 가장 기본적으로 의도한 결과 등이 포함된다. 우리 삶의 요체는 더 똑똑해지는 것도, 더 부유해지는 것도, 심지어 더 행복해지는 것도 아니다. 중요한 것은 우리를 위한 하나님의 목적을 알아내고 그 목적을 우리의 목적으로 삼는 것이다. 중요한 것은 하나님을 다른 무엇보다 사랑하고 이웃을 자기 자신처럼 사랑하는 법을 배워서, 마치 골프 선수가 일정한 체크포인트를 이용해 드라이브를 셋업하는 것처럼 그 사랑을 활용하는 것이다. 중요한 것은 모든 일의 순서를 바로 정해서, 먼저 하나님의 나라를 구하고(마 6:33) 세상의 샬롬을 증진하는 일에 무엇보다 힘쓰는 것이다.

하나님을 영화롭게 한다는 건 바로 이와 같이 하는 것이며, 이렇게 함으로써 세상에서 하나님의 의도가 더 밝히 드러나게 하고 하나님의 명성이 더 찬란히 빛나게 하는 것이다. 하나님을 영원히 즐거워한다는 것은 위와 같은 일에 대해 취향을 키워 가고, 날이 갈수록 하나님과 함께하는 영원한 삶을 천국 그 자체로 여기는 그런 사람이 되어 가는 것이다.[14]

기독교의 한결같은 전통적 교훈에 따르면, 인간의 번영이란 하나님을 영화롭게 하고 그분을 영원히 즐거워하는 것과 동일하고, 인간의 지혜는 그런 번영에 따르는 필연적인 결과이며, 인간의 행복도 그런 번영에 빈번히 따르는 부산물이다. 하나님의 섭리라는 신비 가운데서는 하나님의 나라를 구하지 않는 사람들에게도 여러 가지 번영이 뒤따르는 것을 볼 수 있다. 직접적으로 그런 번영을 목표로 하지 않았는데도 말이다. 우리는 행복하기를 바라고 지혜롭기를 바라며 전반적으로 자기를 실현할 수 있기를 바란다. 하지만 이들 대부분은 우리가 노력한다고 해서 얻어지는 게 아니다. 용의주도하게 자기실현을 시도한다는 것은 억지로 잠이 들려고, 혹은 억지로 즐거워하려고 애쓰는 것과 같다. C. S. 루이스Lewis가 일깨우듯, 행복이나 지혜나 자기실현은 다음과 같은 방식으로 이루어질 필요가 있다.

실제의 새 자아(그리스도의 자아이자 당신의 자아이기도 한, 바로 그리스도의 자아이기에 당신의 자아인)는 내가 그 자아를 기대하고 바라는 한 내 것이 되지 않을 것이다. 그 자아는 내가 그리스도를 바랄 때에 내 것이 된다. 기이하게 여겨지는가? 일상사에서도 똑같은 원리를 볼 수 있다. 사람들과의 사귐을 예로 들면, 내가 타인에게 어떤 인상을 주고 있는지 자꾸 의식하면 절대 남에게 좋은 인상을 줄 수 없다. 문학과 예술에서도, 독창성에 대해 자꾸 신경 쓰는 사람은 절대 독창적인 작품을 만들어 낼 수 없다. 반면, 그냥 진실을 말하고자 하면(지금까지 진실을 과연 얼마나 자주 이야기했는지 조금도 신경 쓰지 않고), 자기도 의식하지 못하는 사이 십중팔구 독창적인 작품을 창작할 수 있게 된다. 이는 우리 삶의 모든 부분을 관통하는 원리다. 자기 자신을 포기하라. 그러면 자신의 참된 자아를 발견하게 될 것이다. 자기의 생명을 내주라. 그러면 그 생명을 얻게 될 것이다.[15]

— **03**

전도, 오염, 붕괴

엉뚱한 것에 대한 헌신은 그 양상이 복잡하며, 무한한 변용을 허용한다.

— 세네카

구걸이 금지되는 이는 거지뿐이다.

— 아나톨 프랑스

성경에 따르면 공직에 있는 사람은 하나님의 임명을 받은 일꾼들이다. 하나님께서는 정의를 시행하고 공공의 선을 증진해야 할 엄숙한 의무를 그 직분에 부여하셨다(롬 13:1-7). 기독교 사상의 주류는 전통적으로 다음과 같이 주장했다. 시민의 샬롬을 보호하고 고양해야 할 소명의 무게를 고려해 이런 부류의 직분자들은 마땅히 존경을 받아야 하며 그와 동시에 엄정한 감시를 받아야 한다고.

그러나 유권자라면 누구나 다 알고 속이 끓듯이, 공직자들은 흔히 자신의 직업에 대해 나름의 개념을 가지고 있다. 그 개념 때문에 이들은 때로 정치 시스템과 유권자들의 천박한 기대에 부응하는 일에 쳇바퀴 돌듯 매달리게 되며, 당연한 수순대로 이들의 직분은 정도를 벗어나 왜곡되고 만다. 예를 들어, 미국의 경우 지방 검사는 보통 선출직 공무원이다. 이런 시스템에서 지방 검사들은 정치인이 되고 만다. 검사 생활의 경험 덕분에 이들은 아주 노련한 정객政客이

된다. 대다수 유권자들은 유무죄를 멋지게 구별하는 것보다는 형량을 부풀리는 걸 더 좋아한다. 그래서 선거라는 장터에서 검사를 구매할 때 유권자들은 일련의 인상적인 유죄 판결을 받아 낸 검사에게 표를 던진다는 사실을 이들은 알게 된다.

예상대로 검사들은 유권자들의 기대에 맞추려 애쓴다. 이들은 형법 정의를 갈망하는 게 아니라(법의 정의라는 주제를 놓고 선거운동을 벌일 수 있는 사람이 누구겠는가?) 유죄 평결을 받아 내는 데 골몰하기 시작한다. 실제로 이들은 유죄 선고를 받을 확신이 드는 사건만 맡으려 할 수도 있다. 특히 선거철이 가까울 때는 더욱 그렇다. 피고의 죄를 입증하는 데는 훌륭한 검사가 필요하고 무고한 사람에게 유죄를 선고하는 데는 대단한 검사가 필요하다고 할 때, 부당하게 유죄 판결을 받았다는 사실이 밝혀져 매년 석방되는 사람들의 숫자로 판단해 보면 대중은 이 나라에 대단한 검사들이 얼마나 많은지 알게 된다.[1] 그런 전도顚倒를 정당화하는 이데올로기는 단순하기 짝이 없다. 검사로 선출되고 싶으면 사람들에게 잘 팔리는 걸 팔아야 한다는 것이다.

전도는 목표와 목적에 관한 질환이다. 대다수 사람들이 널리 알고 있듯이, 전도란 하나님과 이 세상에서 하나님의 계획으로 향해야 할 충성과 에너지와 욕구가 다른 방향을 향하는 것이다. 전도란 하나님의 도성을 짓는 데 써야 할 건축 자재를 우리 자신의 부수적인 계획에 유용하는 것을 말하며, 흔히 여기엔 그 유용 행위를 정당화하려는 엉성한 이데올로기가 동반된다.

구체적으로 말해 무언가를 전도한다는 것은(이를테면 검사 직분)

그것을 뒤틀어, 가치 있는 목표(형법 정의 성취)가 아니라 가치 없는 목표(단순히 유죄 판결을 받아 내는 것), 혹은 완전히 잘못된 목표(이를 테면 자신의 정적에게 수모를 안기는 것)를 추구하는 것을 말한다. 사례는 얼마든지 있다. 기자는 어떤 사건을 더 논쟁적인 일로 만들어 뉴스의 가치를 높이려고 사건을 왜곡한다. 성직자는 직분과 권위를 이용해 어린아이를 휘둘러 자기의 성적 욕구를 채운다. 배심원은 자기 생활 양식의 기호를 드러내는 쪽에 표를 던진다. 어떤 중학생은 친구들 무리에서 힘을 가지려고 우정을 이용한다. 어떤 국가 원수는 경기를 부양하고 여론 조사에서 지지율을 높이며 국내 정치에 대한 비판을 잠재우려고 약소 국가를 상대로 짧지만 치명적인 피해를 안기는 전쟁을 벌인다.

때로 우리는 자기 자신의 갈망을 전도해 그릇된 목표를 향하게 만들기도 하고(성적 도착 행위에서처럼), 그 갈망에 불균형을 허용해 하나님과 믿음이 관련된 일에서는 둔감해지고 돈이나 지식이나 권력처럼 순수하기는 하되 유사 선proximate goods일 뿐인 것이 관련된 일에서는 예민해지기도 한다. 우리의 갈망은 마치 자연의 힘처럼 우리 안에서 생겨나는 경우가 많다. 그중에는 자연의 위력으로 보이는 것도 있다. 다리에 쥐가 나는 것처럼 도저히 우리가 제어할 수 없는 어떤 것으로 말이다.[2] 그런데 다이어트에 성공한 사람이라면 누구나 알듯, 욕구를 제어하는 건 그냥 좀 어려운 일일 뿐 아주 불가능한 일은 아니다. 성공 여부는 사회 전반을 포함해 주변 사람들이 이를 얼마나 장려하고 힘을 북돋아 주느냐에도 달려 있다. 물론 당대 사회는 우리가 과연 어떤 욕구를 제어해야 하는지 고르고 선별해 준다. 많은 경우, 사회는 이웃집 아내나 남편에 대한 욕구보다는 예를 들어 담배 같은 것에 대한 욕구를 제어하는 데 도움이 되는 갖가지 프로그램이나 금지 사항을 더 선뜻 제공해 주는 것 같다.

영적으로 청결한 상태는 선한 것을 판단할 수 있는 숙련된 능력에다(선한 것이 겉에 얼마나 선하다고 쓰여 있는 경우는 드물다) 적당한 관심으로 그 선을 추구하고 적절한 수준의 즐거움으로 그 선을 즐길 수 있는 의지력까지 포함한다. 불행히도 우리는 무의식적인 갈망에 상당히 많이 이끌리기도 하고, 무엇이 우선적으로 가치 있는 갈망인지에 대한 우리의 판단이 무지와 자기기만 때문에 왜곡될 때도 많다.

이러한 판단의 전도에는 여러 가지 형태가 있다. 1978년 하버드 대학 졸업식에서 알렉산드르 솔제니친Aleksandr Solzhenitsyn이 한 연설은 20세기 문화 전쟁을 규정하는 것으로서, 서양 사회의 불경건과 물질주의 그리고 그 결과인 피상성을 정죄했다. 솔제니친은 서양 사회가 하나님을 멀리 던져 버렸고, 하나님을 믿는 믿음에 수반되는 책무와 깊은 목적의식도 던져 버렸다고 말했다. 그리고 그런 중량감 있는 것들이 빠져나간 빈자리는 자유와 행복에 대한 추구가 변덕스럽게 변용된 것들이 대신 채웠다고 했다. 어떤 시도든 위대한 것을 되찾고자 한다면 인간 삶의 목표를 재검토하고, 인간 삶의 영적 본질을 인식하며, 하나님께 대한 그리고 타인을 위한 책임의식을 회복하는 것으로 시작해야 한다고 했다.

연설에 대한 언론의 반응은 어마어마했다. 기분 나쁘다는 투의 방어적인 반응이 대다수였다. '워싱턴 포스트'Washington Post 사설에서는 솔제니친이 미국 사회를 바로잡을 "통합의 영감"으로 자기 자신을 내세우고 있다고 해석했다![3] 이 경우, 사설 담당 기자가 연사의 의도를 너무도 심히 왜곡해 완전히 반대 방향을 향하게 만들었다.

미국인들의 삶에서 가장 흔한 판단 전도 현상은 대학 스포츠 현장에서 볼 수 있다. 대학교의 운동 프로그램, 특히 남자 풋볼과 농구는 흔히 고등 교육과는 아무 상관없는 그 나름의 생명을 전개해 나간다. 어떤 프로그램은 대학이 아니라 정육 가공 공장에 적용해도 자연스러울 정도다. 주요 스포츠 프로그램의 유명 코치들은 자기 제자들에게 팀워크를 가르치고 성품을 함양시켜 선량한 시민으로서의 이력을 준비시킬 것이라고 호언한다. 하지만 지혜로운 교육가들은 묻는다. 선량한 사회에서 다른 선량한 시민의 헬멧을 쳐서 벗겨 내는 걸로 영웅이 되는 경우가 얼마나 많으냐고. "신념의 용기 대신 맹목적 순종을 가르치는 경우가 얼마나 많은가? 끈기를 가장해 협박을 가르치는 경우는 얼마나 많은가? 조작과 고의적인 규칙 위반을 전략이랍시고 가르치는 경우는 얼마나 많은가? 침착함과 스포츠맨십이 노력의 부족으로 오해되는 경우는 또 얼마나 많은가?"[4]

스포츠가 전쟁이 되는 건 목표가 전도된 것이다. 전쟁이 스포츠가 되는 것도 마찬가지다. 벤베누토 첼리니^{Benvenuto Cellini}(16세기 이탈리아의 조각가, 음악가, 군인―옮긴이)는 어느 날 교황 클레멘트 7세 앞에서 총을 다루는 솜씨를 입증했다. 밝은 옷을 입은 적군 하나를 탐지해 낸 벤베누토는 무엇으로 그를 처치할까 생각하다가 가장 적절한 의례를 떠올렸다.

총을 발사해 놈의 몸 한가운데를 정확히 맞췄다. 놈은 거드름을 피우느라 저 스페인 사람들이 그러하듯 몸 앞쪽에 칼을 차고 있었는데, 내가 쏜 총알이 놈의 몸에 맞는 순간 총알은 칼날을 쪼갰고, 그 순간 놈의 몸이 정확히 두 쪽 나는 걸 볼 수 있었다. 교황은 이런 종류의 일은 전혀 기대하지 않고 있다가 이 광경을 보고 크게 즐거워하고 재미있어 했다. 그 정도 거리에서 목표물을 겨냥해 명중시킨다는 건 불가능해 보이기 때문이기도 했고, 그 놈의 몸이 두 조각 난 데다가 어떻게 그런 일이 일어나는지 도무지 이해할 수 없기 때문이기도 했다. 교황은 내 쪽으로 사람을 보내 도대체 어떻게 한 것이냐고 물었다. 나는 총을 발사할 때 사용한 장치를 다 설명해 주었고, 다만 놈의 몸이 왜 두 쪽 났는지는 놈도 모를 것이고 나도 모른다고 말했다. 그리고 나는 교황 앞에 무릎을 꿇고 앉아 간곡히 청했다. 그 살인 행위에 대해, 그리고 교회를 섬기는 과정에서 그 성 안에서 저지른 다른 모든 살인 행위에 대해 사면의 은혜를 베풀어 달라고. 그러자 교황은 한 손을 들어 올려 내 얼굴 앞에서 큼지막하게 십자 성호를 그으며 말했다. 나를 축복하며, 내가 지금까지 자행한 모든 살인 행위에 대해, 아니 사도적 교회를 섬기는 과정에서 저질렀을 모든 살인 행위에 대해 사면을 내린다고.[5]

오염

전도는 때로 부패가 한 걸음 더 나아간 차원인 도덕적·영적 오염의 구성 요소가 되기도 한다.[6] 예를 들어 교회가 찬송을 주로 오락 용도로 쓰면, 이는 찬송을 전도시킴과 동시에 예배에 오락을 도입함으로써 예배를 오염시킨다. 아버지가 자녀를 상대로 하는 근친 강간은 그 자녀를 망가뜨릴 뿐만 아니라 성性이라는 선물을 전도시키고 자신의 결혼을 오염시키기까지 한다.

오염시킨다는 건 더럽힌다는 것이다(이 단어의 라틴어 어원을 보면 무언가를 진흙 사이로 질질 끌고 다닌다는 의미다). 예상할 수 있듯이, 기독교 전통에서 오염이라는 개념에는 성경이 말하는 불결 개념의 잔재가 담겨 있다. 이는 어떤 특정 질병과 물질에(예를 들어 나병, 피, 정액, 심지어 곰팡이) 오염시키는 힘, 그리하여 어떤 사람이나 사물이 온전히 거룩하신 하나님의 임재 앞에 설 자격을 잃게 하는 힘이 있다고 하는 오래되고 신비한 개념이다. 이런 맥락에서 볼 때, 거룩함은 단순히 다름otherness이나 초월성뿐만 아니라 온전함, 단일성, 정결의 의미까지 담고 있다. 고대 근동 세계에서 몸에서 뭔가가 유출된다는 것은 활력을 잃는 것, 생명 자체를 잃고 따라서 사람으로서의 온전함을 잃는다는 의미를 함축했다. 동물이나 식물의 잡종에도 그런 의미가 담겨 있었다. 레위기의 한 유명한 본문을 보면(19장), 이런 종류의 규례적 불결과 도덕적 불결(우상 숭배·비방·두 마음 품기)이 오염의 예로 함께 등장한다.[7] 여기서 드러난 개념은, 죄는 특정한 개인과 집단을 오염시킬 뿐만 아니라 이 개인이나 집단이 하나님과 맺는 올바른 관계를 더럽히기도 한다는 것이다.

오염시킨다는 것은 건강한 특정 실체, 이를테면 건전한 관계 같은 것에 어떤 이질적인 요소를 도입함으로써 그 실체를 약화시키는 것이다(이런 점에서 오염은 하나님께서 따로 떨어져 있기를 바라시는 것들을 하나로 모아들인다). 예를 들어 '(외간 남자 혹은 여자와) 놀아나는 행위'는 예배와 결혼 둘 모두를 오염시킨다. 실제로 성경에서 말하는 오염 사례의 패러다임은 우상 숭배와 간음으로, 이 둘은 서로가 서로의 상징이다. 우상 숭배에서든 간음에서든, 기존의 관계 속으로 어떤 새로운 몰두 대상이 서서히 개입되어 그 관계와 타협한다. 우상 숭배의 경우, 하나님과 인간 사이에 제3자가 끼어들어 하나님께만 독점적으로 바쳐야 할 충성의 질을 떨어뜨린다.[8] 우상 숭배는 소극적 율법과 적극적 율법, 우상 숭배를 금하는 첫 번째 계명("나 외에는 다른 신들을 네게 두지 말지니라"[신 5:7])과 신명기 법전에서 사랑을 명하는 법의 결론("너는 마음을 다하고 뜻을 다하고 힘을 다하여 네 하나님 여호와를 사랑하라"[신 6:5])까지 다 범한다.

물론 우상 숭배는 단순히 율법을 범하는 것이 아니다. 출애굽기를 보면, 하나님께서 이스라엘을 노예 생활에서 구해 내시고 시내산에서 이스라엘과의 관계를 재가하심으로 이스라엘이 말하고 행하는 모든 것을 중심으로 하는 언약의 배경이 형성된다. 자격 있는 언약 파트너로서 이스라엘은 하나님의 율법에 순종해야 한다. 율법에 순종할 때도 있고 그렇지 않을 때도 있지만, 하나님의 언약의 기대에 미치지 못할 때 이스라엘의 이 실패는 흔히 "배은망덕", "패역", "불만", "완악함" 같은 단어로 표현된다.[9] 이런 부적절한 태도는 하나님께 대한 사랑이라는 법을 어기는 것이지만, 좀 더 근본적으로는 지극히 중요한 언약 관계를 위협한다(그것이 바로 이런 태도를 금하는 일반 율법이 있는 이유다). 불만, 배은망덕, 패역, 완악함 같은 태도와 성향은 이스라엘을 창조하신 분이요 구원하신 분이며 지키시는 분께 자녀로서 바쳐야 할 충성을 오염시킨다. 불평하며 말 안 듣는 사람들은 자신의 성품 및 하나님과의 관계를 한꺼번에 오염시 킨다. 이 사람들은 어린아이와 같다. 제멋대로이고, 저항하고, 다양 한 율법주의에 호소함으로써 자기를 방어하는 데 능숙하다. 화가 난 부모는 이런 아이에게 마침내 이렇게 말한다. "그렇게 하지 마!"

오염이라는 이미지는 따로 떨어져 있어야 할 것을 한데 모으는 걸 시사한다. 토양, 공기 혹은 물을 오염시킨다는 것은 토양이나 공 기나 물에 이물질을, 예를 들어 기계유 같은 것을 섞어서 이 천연자 원이 이제 더는 풍요로워지거나 우리에게 많은 기쁨을 주지 못하 게 된다는 것이다. 비슷한 예로, 부부 사이에 제3자가 끼어들거나 인간과 하나님 사이의 자연스러운 관계에 우상이 끼어드는 것은 이 관계에 낯선 동인動因을 더하는 것이며, 이 더함으로 인해 결혼이 나 관계가 부패한다.

나뉨과 붕괴

더할 뿐만 아니라 나눔을 통해서도 그런 결과가 나올 수 있다. 간음 은 결혼을 오염시키고 나눈다. 우상 숭배는 인간의 신앙적 충성심 을 오염시키고 분할한다. 실제로 이와 같은 관계에 제3자가 접근하 지 못하도록 울타리를 쳐야 하는 이유는, 이 제3자가 양 당사자 중 한 쪽의 충성심을 둘로 나눔으로써 이 관계를 붕괴시키기 때문이 다. 이 사례에서 제3자가 지니는 위험은 그 형태가 늘 쐐기 모양이 라는 점이다.

따라서 성경을 비롯해 대부분의 기독교 전통에서 "정결한" 마 음은 곧 나뉘지 않은 마음이다.[10] 성경 기자들이 "두 마음"을 두려

위하는 건 단순히 이것이 불충성과 배은망덕을 드러내기 때문이 아니라 두 마음을 품은 자들이 그 마음의 피해자가 되기 때문이다. 나뉜 예배는 예배자를 파멸시킨다. 나뉜 사랑은 사랑하는 사람들을 파멸시킨다. 참으로 중요한 갈망과 충성을 여러 개로 쪼갠다는 것은 그 사람이 딛고 선 토대를 무너뜨리는 것이요, 삶 자체를 산산조각내서 마침내 붕괴시키는 것이다.

그렇게 된다면 사람이 고상한 삶은 고사하고 야만스럽지 않은 삶이라도 살 수 있겠는가? 따지고 보면 사람은 누구나 나뉨으로 고통당한다. 전적으로 청결하고 나뉘지 않은 마음으로 하나님을 사랑하는 사람은 없다. 누구도 이웃을 온전히 사랑하지 못한다. 어떤 사람의 결혼도 오염물에서 완전히 자유롭지 못하다. 나뉨이 이렇게 우리를 무너뜨리는 경향이 있다면 우리는 어떻게 계속 버텨 나가는가?

이상적인 해결책은 회개 및 마음과 생각을 새롭게 하는 것이다. 즉, 영적인 연단과 타인의 지지를 통해 역사하시는 하나님의 은혜로 지탱해 나가는 것이다. 그러나 실제로 우리는 문제를 처리하는 게 아니라 그저 문제를 구별해 낼 뿐인 대처 메커니즘coping mechanism에 의지할 때가 많다. 그런 메커니즘 중 가장 주된 것은 '구획화'compartmentalization이다. 온전함을 잃은 인물은 정신적으로 잘 격리된 구획에 갈등의 구성 요소들을 쌓아 두는 피해 대책 프로그램에 착수한다. 그런 프로그램은 부분적으로 효과가 있을 수도 있다.

실비아 프레이저Sylvia Frase(캐나다의 소설가, 언론인—옮긴이)는 자신의 어린 시절을 다룬 저서에서 아버지 장례식 때 바친 헌사 이야기를 한다. 실비아의 아버지는 철저하고도 규칙적인 습관이 있는 사람이었다. 아버지는 "담배도 안 피우고 술도 안 마시는……장 보는 걸 도와주고, 주님의 이름을 망령되이 일컫지 않는" 그리스도인 남성이었다. 예의 바르고 친절한 이웃집 아저씨 프레이저 씨는 "집 앞에 쌓인 눈을 치우고, 낙엽을 쓸며, 각종 고지서의 요금을 꼬박꼬박 내는"[11] 사람이었다. 그러나 그는 딸 실비아를 네 살 때부터 열두 살 때까지 성적으로 학대한 사람이기도 했다. 처음에는 장난감을 주지 않겠다고(그는 장난감을 벽난로에 던져 버렸다), 그다음엔 실비아가 아끼는 고양이를 죽여 버리겠다고, 그리고 나중엔 실비아를 고아원에 보내 버리겠다고 으름장을 놓으며 그 짓을 했다. 이 모든 건 둘만 아는 비밀이어야 했다. 만약 드러날 경우 아버지를 분열시킬 뿐만 아니라 딸까지도 두 인격으로 쪼개 놓는 비밀이었다. 평범하고 착한 딸 그리고 아버지의 욕망에 순복하는 나쁜 딸로 말이다. 실비아는 거의 40년 동안 그 기억을 잘 억제하며 살았으나, 심도 있는 정신 분석 과정에서 이 기억은 마침내 수면으로 떠올랐다.

존 헨리 뉴먼John Henry Newman이 언젠가 말한 것처럼 "성품의 어느 한 측면이 고결하다는 사실이 다른 측면의 고결함을 보증하지는 못한다."[12] 프레이저 씨가 우리 대다수와 똑같은 사람이라고 할 때, 그가 자신의 성격 부조화와 더불어 살 수 있는 길은 그 부조화 부분을 서로에게 봉인하는 방법뿐이었을 것이다. 대양을 오가는 배의 어느 한 부분이 설령 파손되더라도, 바닷물이 쏟아져 들어오는 구획을 승무원이 봉인하기만 하면 항해를 계속할 수 있는 것처럼 말이다. 두 경우 모두, 비상 상황에서도 한동안 용무를 계속 볼 수 있다.

붕괴는 부패의 주요 이벤트다. 붕괴란 인격적·사회적 온전함이 무너져 내리는 것이며, 어떤 존재를 온전한 실체로 만들어 주고 그 존재를 지금의 이 실체로 만들어 주는 형태와 힘과 목적을 상실하는 것이다.[13] 실비아 프레이저의 이야기가 일깨워 주듯, 죄는 피해자와 가해자 양쪽 모두를 붕괴시키는 경향이 있다. 붕괴는 언제나 악화惡化요, 죽음의 전주곡이자 후주곡이다.

죽음을 사랑하다

죄가 육체적·영적 죽음과 결합된 광경은 마치 척추처럼 성경과 기독교 전통의 중심을 꿰뚫어 흐른다.[14] 아타나시우스는 창세기 3장의 타락 이야기에 대해 논평하기를, 우리 인간은 무에서 창조되어, 반역과 이반離反으로 다시 무로 부패해 들어간다고 말한다. 우리를 불러 존재하게 한 하나님의 말씀은, 우리가 그 말씀에 충실하며 그 말씀을 경청하는 자세를 계속 유지했더라면 타고난 필멸성에서 우리를 보존시켜 주었을 것이다. 하지만 하나님의 말씀에 콧방귀를 뀜으로써 우리는 "존재를 잃었다." 우리는 물리적으로 붕괴하여 "사망과 부패 가운데 거하기" 시작했다.[15]

아타나시우스는 또 말하기를, 불행히도 악화가 우리 영혼과 우리의 심리적 지배 중추 전반에 확산되어 내적으로 불법 상태가 되게 만든다고 한다. 미치광이 전차 몰이꾼처럼 우리는 지금 규정을 넘는 속도로 우리의 삶을 몰고 있다. 우리는 진로를 벗어난 경주자, 결승선을 시야에서 놓친 아마추어가 된다.[16] 사소한 일에서도 우리는 타인과 자기 자신을 자꾸 부패시킨다. 더 고약한 것은, 하나님의 은혜와 징계가 저지하지 않는 한 우리는 이 과정에서 탄력을 받는 경향이 있다는 점이다. 영적인 목적과 영적인 통제력을 잃은 죄인은 결국 소용돌이를 타고 계속 하강하여 시민으로서의 온전함과 개인적인 온전함을 공격한다.

물론 5월의 화창한 날에 이런 종류의 신학 이야기는 공연히 소란을 피우는, 비판적인 혹은 말도 안 되게 비관적인 이야기로 들릴 수도 있다. 아타나시우스의 이런 말은 만약 다른 맥락에서라면 저녁 뉴스 정도의 감흥밖에 없을 것이다. 뉴스 진행자는 날이면 날마다 경찰관이 범죄를 저질렀고, 부모가 아이를 학대했으며, 방위 산업 하청업체가 자금을 횡령했고, 기업체 간부가 감옥에 갔으며, 정치인이 추문을 일으켰다는 소식을 전한다. 각종 부패상을 뉴스에 노출시키는 건 정보를 전달한다기보다 시청자들에게 즐거움을 주려는 의도가 더 강해 보이지만(생각해 볼 만한 가치가 있는 목표다), 대다수 시민들은 이런 소식을 재미있어 하지 않는다. 시청자들은 부패가 사회에는 어떤 영향을 끼치고 부패한 사람들에게는 어떤 영향을 끼치는지, 그게 얼마나 자신들을 망연자실하게 하고 허탈하게 하는지 잘 알고 있다.

비행 청소년들에 관한 책 『버림받은 아이들』^{Castaways}에서 조지 캐드월레더^{George Cadwalader}는 도무지 중심이 없고 때로는 중구난방으로 보이는 청소년들의 행동에 대해 말한다. 이 책의 주인공은 가족들에게 무시당하거나 폭행당하며 살다가 그에 대한 보복으로 아무렇지도 않게, 거의 자동적으로 잔인한 살인강도 행위를 일삼게 된 청소년들이다. 이 아이들은 타인을 해치고 자기의 삶을 파멸로

몰아간다. 그러나 비행 청소년 전문가의 시각에서 봐도 놀라운 점은, 이 아이들이 마치 상어처럼 무자비하고 냉혹하게 그런 파괴적 행위를 저지른다는 것이다. 이 강간범, 살인자, 도둑들은 양심이 없을 뿐만 아니라 감정도 없는 것처럼 보인다.[17]

비슷한 경우로, 80년대 뉴욕에서 많은 이들에게 회자된 재판의 중심인물인 조엘 스타인버그Joel Steinberg와 헤더 네스바움Hedda Nessbaum을 다룬 책에서 조이스 존슨Joyce Johnson은 이 두 사람이 저지른 악의 "원형적 특징"을 깊이 있게 다룬다(지방 검사였던 조엘 스타인버그와 유명 출판사 랜덤하우스의 편집자였던 헤더 네스바움은 사실혼 관계로 지내면서 불법으로 입양한 여섯 살짜리 딸 리사 스타인버그를 폭행해 죽음에 이르게 했다. 조엘 스타인버그는 17년 형을 선고받았고, 네스바움은 그녀 역시 가정 폭력의 피해자였다는 점이 밝혀져 무죄로 석방되었다. 이 사건은 세간의 관심을 모았고, 재판의 모든 과정이 TV로 중계되었다—옮긴이). 두 사람은 딸 리사를 구타하고 방치하는 행위를 되풀이함으로써 결국 그 어린 소녀의 목숨뿐만 아니라 자기들 안에 있는 인간성의 마지막 섬광에까지 찬물을 끼얹었다.

우리가 몸서리를 치는 건 스타인버그와 네스바움의 그 비정함이다. 여섯 살짜리 소녀에게 내리꽂힌 주먹질보다 우리를 더 두렵고 떨리게 만드는 게 바로 그것이다. 주먹질은 대수롭지 않게 자행되었고……"배울 만큼 배운" 두 어른의 무심함이 같은 아파트 공간에서 그 어린아이가 그 뒤로 12시간에 걸쳐 두 사람이 보는 앞에서 서서히 죽어 가게 만들었다. 나중에 밝혀졌다시피 그 12시간 동안 이 두 사람

은 코카인을 흡입했다.[18]

붕괴된 인간의 정신이 최저점에 이르면, 비정함을 넘어 악마적인 가치 전도 현상, 말하자면 도덕의 전도 현상이 발생한다. 마피아 영화에서 무자비함이 오히려 존경받고 뇌물을 거절하는 행위는 경멸할 만한 자기 의의 증표로 여겨지는 것처럼 말이다. 이런 유의 영화는 우리로 하여금 방향을 잃게 만든다. 그리고 마침내 우리를 질식시킬 수도 있을 듯하다. 심각한 도덕적 악이 고결함뿐만 아니라 생명 자체를 침해하는 건 바로 그 때문이다. 악은 먼저 우리를 혼란스럽게 하고, 다음으로 죽음을 불러온다.

사드 후작Marquis de Sade의 성적 광기를 거장의 필치로 다룬 논의에서 게리 윌스Garry Wills(퓰리처상을 수상한 미국의 저술가, 언론인, 역사가. 특히 미국 역사·정치·종교에 관한 전문가다—옮긴이)는, 타인의 육체를 지배하고 이용하며 마멸시키려 했던 사드의 작정은(사드는 여자라면 나이를 가리지 않고 그 대상에 구체적으로 포함시킨다) 급기야 "우주를 에드가 앨런 포의 작품에 등장하는 일종의 지하실처럼 봉인하려고 하는 데"까지 이른다고 말한다. 사드의 섹스는 생명을 발생시키려는 것이 아니라 생명을 질식시키기 위한 것이다. "그는 인간의 몸에 있는 모든 것을 마치 플러그처럼 서로의 콘센트에 꽂아 한 줄기 호흡도 빠져나갈 수 없는 폐쇄 시스템을 만들려고 한다."[19]

물론 죄는 통상적으로 모종의 선을 슬쩍하려고 한다. 사람들은 권력이나 쾌락이나 부나 자존감이나 행복을 원한다. 이들의 죄는 이런 것들을 해로운 방식으로, 혹은 과도하게, 혹은 남보다 뛰어나게 많이, 심지어 독점적으로 얻으려 하는 데 있다. 그러나 인간의 삶이 퇴보함에 따라, 인간이 악의 후미지고 으슥한 곳을 더 깊이 탐험함에 따라 인간은 성이나 물질적 풍요 혹은 지배력의 행사 같은, 창조된 선에서 즐거움을 찾지 않게 된다. 대신 이들은 죄의 역학 바로 그 자체에서 쾌락을 추구하기 시작한다. 사냥꾼이 오만이라는 별 볼일 없는 조명탄을 의지해 '사냥 금지' 팻말 한 글자 한 글자를 총으로 쏴 맞히는 것처럼, 죄인들은 때로 아무 이유 없이 그냥 반역하는 데서 즐거움을 얻는다. 이들은 누가 대장인지 보여주는 데서, 다른 누구도 자기들에게 법을 만들어 통제할 수 없음을 보여주는 데서 만족을 느낀다. 이들은 아름다움과 고결함을 파괴하는 일에서 야만스러운 파괴자의 기쁨을 느낀다. 전적인 부주의와 대조되는 이 모순이 바로 "별다른 이유도 없이" 자행하는 죄의 첫 번째 구성 요소다.

악을 기뻐하는 사람들은 이들 안에 일종의 전깃줄 같은 것이 엇갈려 있음을 보여준다. 이들의 도덕적인 양극과 음극은 서로 뒤바뀌어 있다. 이런 부패상은 로마의 역사가 티투스 리비우스^{Titus Livius}가 말한 것처럼, 인간의 사랑을 어떤 자애로운 성향이 아니라 치명적 매력으로 변형시키는 데서 절정을 이룬다. 리비우스는 로마 공화국 마지막 100년 어간의 방탕함을 설명하고 있지만, 이는 유혈이 낭자한 잔혹 영화를 만드는 사람들이 채우고자 하는 그 허기를 설명하는 말이라 해도 좋을 것이다. 리비우스가 묘사하는 정경은 폭주하는 인간의 악이 필연적으로 어떤 종착점에 이르게 될지 보여준다. "근래 들어 부는 우리를 탐욕스럽게 만들었고, 이렇게 표현해도 될지 모르지만 방종은 온갖 형태의 무절제한 호색 행위를 통해 우리로 하여금 죽음과 사랑에 빠지게 만들었다."[20]

— 04

부패의 진전

사람이 이 세상 일에 유혹받아 창조주에게서 멀어지면, 그 사람만 부패하는 게 아니라 그 사람과 함께 온 세상이 부패한다.

—모세 샤임 루자토, 『메질라트 예사림』

하나의 도덕적 과실이 어떻게 해서 또 다른 도덕적 과실로 이어지는지 대다수 인간은 어린아이 때부터 알게 된다. 아니, 적어도 경험하게 된다.

- 같은 반 친구의 라디오를 훔치다 발각된 5학년 아이는 사건의 진상에 대해 쉽게 거짓말할 수 있다는 것을("그냥 어떤 크기의 배터리가 들어가는지 알고 싶었을 뿐이에요"), 그리고 그 거짓말에 대해 또 거짓말을 할 수 있다는 것을 알게 된다("진짜라니까요!")
- 또래들(특히 아직 변성기가 되지 않아 전화 목소리를 들으면 그 애 엄마 목소리하고 혼동되는)보다 더 강하고 남자답다고 뽐내는 한 남자 중학생은 아직 수염이 나지 않은 친구들을 괴롭히고 동성애자라고 놀린다. 그 애들이 소프라노 목소리로 대꾸라도 하면 얼굴에 주먹을 날린다.

- 한 여자 고등학생은 공부해야 할 시간에 TV를 보고 있다가, 아예 펼쳐 놓지도 않은 책을 엄마가 손으로 가리키자 도리어 빽 소리를 지른다. 다음 날 오후 이 학생은 학기말 시험 1교시에 부정행위를 한다. 그리고는 짜증이 나서 친구들과 어울려 술을 마시고, 모두가 왕따 시키는 한 친구에 대해 평소보다 더 심하게 험담을 하고, 혈중 알코올 농도가 여전히 올라가고 있는 상태에서 거칠게 엄마의 차를 몰고 집으로 돌아온다. 그리고 굳이 차고 맨 끄트머리까지 간다. 그러고 나서도 이 학생은 공부할 마음이 없다.

전통적으로 죄, 특히 부패는 뚜렷하게 대조되는 한 쌍의 이미지로 제시되는 게 특징이다. 우선 죄는 사물을 더럽히고 손상시키는 경향이 있다. 죄가 저지되지 않으면 그 행위자까지 더럽히고 손상시켜, 마침내 "영혼의 진짜 죽음"을 초래한다.[1] 다른 한편, 죄는 생식 능력이 아주 뛰어나다. 죄는 더 많은 죄를 낳고 또 낳는다. 기본 시나리오상 죄 에피소드는 하나하나가 다 바로 앞의 에피소드가 유발시킨 것들이다.

3장에서 우리는 죄가 살상을 하는 방식 몇 가지를 살펴봤다. 죄는 전도시키기, 오염시키기, 나누기의 방식으로 사람들은 물론 사람들에게 중요한 관계를 붕괴시킨다. 이외에도 죄는 훌륭한 제도와 건강한 사회, 혹은 아우구스티누스의 표현대로 "도성들"을 무너뜨린다. 이 장에서 필자는 죽음을 불러오는 이 과정이 전개되는 방식과 배경을 분석해 보고자 한다. 따지고 보면, 덕행과 마찬가지로 죄도 하나의 역동적이고 점진적인 현상이다.[2] 우리에게 친숙한 비유는 그래서 있는 것이다. 즉, 죄는 감염에 의해, 심지어 유사 발생학적 번식에 의해 확산되는 역병이라는 것이다. 죄는 지류로 갈라지고 또 갈라지는 오염된 강이다. 죄는 다투기 좋아하는 부모, 자녀, 손자로 이루어진 다산多産의 집안이다.

죄의 또 한 가지 이미지는 (아마 전통적인 이미지 중 가장 중요한 것일 텐데) 바로 "썩은 열매"를 맺는 "악한 나무"라는 것이다.[3] 청년들은 지혜자가 수천 년 동안 알아 온 사실을 깨닫는다. 사람이 한 가지 죄만 저지르는 경우는 드물다는 것을 말이다. 도둑질과 거짓말과 거짓말에 대한 거짓말, 마초 프라이드와 조롱과 폭력, 게으름과 퉁명스러움과 부정행위, 게으름으로 다시 흘러 들어가는 알코올 남용 등 이런 죄와 이 죄의 산물은 계속 증식하여 포도나무에 달린 포도송이처럼 다발로 모인다. 이 죄의 덩어리는 개인에게서도 나타나고 집단에서도 나타나며(예를 들어 가족 체계), 집단과 개인이 만나는 지점에서도 나타난다. 그리하여 개인과 집단과 문화 전반이 부패하는 것이다.

역사의 반향

창세기 1:28의 '문화 명령', 즉 하나님께서 아담과 하와에게 "생육하고 번성하여 땅에 충만하라"라고 명하신 것에 대해 논하면서 아우구스티누스는 이들 최초의 부부가 죄를 지음으로써, 즉 왜곡되고 비참한 방식으로 위의 명령에 따랐다고 말한다. 전 인류의 씨는 이 최초의 부부에게서 나오게 되어 있었는데, 이들의 죄가 그 씨를 오염시켰다.

우리의 본성은 우리가 생겨 나올 그 씨에 이미 존재했다. 그리고 이 본성이 죄로 더럽혀져 죽을 운명이 되고 저주받아 마땅하게 되었기에 어떤 인간도 다른 어떤 조건을 지닌 인간으로 태어나지 못한다. 이렇게, 자유로운 선택을 악하게 사용한 탓에 일련의 불행이 하나님의 은혜로 속량된 자 이외의 전 인류를 그 뿌리의 폐해에서부터 두 번째이자 무한한 죽음이라는 참화에 이르기까지 인도한다.[4]

아우구스티누스와 그 이후 기독교 전통이 부패를 신학적으로 설명하면서 죽음과 결실이라는 심히 모순되는 주제를 짝 지웠을 때, 이들은 성경을 바탕으로 그와 같은 내용을 씨실 날실로 엮어 논지를 전개했다. 하지만 이는 이들 나름대로 관측한 죄의 특성을 털어놓는 것이기도 했다. 이들은 죄가 파멸적인 동시에 열매를 많이 맺기도 한다는 사실을 알았다. 가뭄이 들면 단풍나무가 수많은 비상 씨앗 꼬투리를 생산해 내 목마름의 고통을 알리는 것처럼, AIDS에 걸린 남자가 여자를 임신시키는 것처럼, 죄는 죽이기도 하고 번식하기도 하는 경향이 있다.

암과 마찬가지로, 죄가 (누군가의 혹은 무언가의) 목숨을 앗아 가는 것은 죄가 번식을 하기 때문이다. 상담가라면 누구나 알고 있듯, 이 끔찍한 다산성을 가능케 하는 가장 전형적인 배경은 가족이다. 사과 열매는 나무에서 먼 곳으로 떨어지지 않는다. 아이는 부모를 그냥 보기만 하는 게 아니라 대개 부모와 똑같이 행동한다. 예를 들어, 알코올 중독자는 흔히 알코올 중독자 부모에게서 태어나 알코올 중독자 배우자를 만나고 알코올 중독 정도가 더 심한 자녀를 생산하는 경향이 있다.[5] 성차별주의자 집안은 성차별주의를 재생산하고 그 가계를 통해 마치 질병처럼 성차별주의를 유전시킴으로써, 이것이 확산된 모든 집안에서 남자가 여자를 지배하며 마치 보호자인 것처럼 생색내게 만든다. 인종 차별주의, 특정 민족 증오, 국가주의, 외국인 혐오, 동성애자 증오, 그 밖의 여러 가지 편견에 뿌리박힌 신념도 마찬가지다.

집안은 죄를 후대에 전달한다. 그 죄엔 그 집안 자체의 왜곡된 관계 패턴도 포함된다. 이 현상을 따져 보는 데 도움이 될 만한 이론으로 이반 보소르메니 나지Ivan Boszormenyi-Nagy(헝가리계 미국인 정신과 의사. 가족 치료 분야 창시자 중 한 사람이다—옮긴이)의 '상황' 혹은 '세대 간' 이론을 생각해 보자.[6] 나지의 말에 따르면, 가족 체계는 기본적 정의justice를 무성히 확장시킨다. 그런 정의의 가장 중요한 형태 중 하나로 세대 간 '주고받음'을 들 수 있다. 제대로 돌아가는 가정의 경우, 자녀는 부모에게서 뭔가를 받고 자기 자녀에게 뭔가를 준다. 자녀는 부모가 자신들에게 뭔가를 주고 자신들을 양육해 줄 자세가 되어 있기를 기대할 권리가 있고, 부모가 제공하는 양육과 돌봄을 받을 권리가 있다. 이어서 이들은 자기가 받은 그런 세심한 돌봄을 자기 자녀에게 똑같이 제공해야 할 의무를 진다. 이는 자녀에게 마땅히 이행해야 할 임무일 뿐만 아니라 부모에게 바칠 수 있는 가장 효과적인 형태의 감사이기도 하다.[7] 건강한 사람이 된다는 건 이렇게 "주고받음 사이에" 존재한다는 말이다.

세대 간 이론에 따르면, 가족 체계가 역기능적일 때 문제는 흔히 이 '주고받음'의 역학이 왜곡되거나 전도된다는 데 있다. 예를 들어, 부부싸움을 하는 부모는 자녀가 부모에게 갖는 애착을 둘로 나누어, 아이가 엄마 편을 들면 아빠가 서운해하고 아빠 편을 들면 엄마가 서운해하는 구도를 형성한다. 이게 얼마나 말도 안 되는 구도인지 알아차리는 아이는 부모에게 부모 노릇을 하려고 할 수도 있다. 부모를 타이르기도 하고, 둘 사이를 중재하기도 하며, 유치한 싸움을 그만두게 하려고 필사적으로 노력한다. '부모화된' 이런 아이들이 자라서 어른이 되면, 어린아이다운 어린 시절을 마음껏 누리지 못하고 빼앗겼다는 생각을 무의식 속에서라도 하게 될 수 있다. 그에 따른 불행한 결과 한 가지는, 부모화된 자녀가 자라 부모가 되면 자기 자녀에게 부모 노릇을 시킴으로써 자신이 어렸을 때 자기 부모에게 부모 노릇한 걸 변상 받으려 한다는 것이다! 따지고 보면 누군가는 이들에게 부모 노릇을 빚지고 있지 않은가?[8]

물론 가정은 폐쇄 시스템으로 움직이지 않는다. 특정한 가족 구성원에 대한 동료들이나 교육 기관의 압력, 한두 식구의 신앙적인 회심, 혹은 어떤 특별한 심리적 외상이나 성공 경험 등 이런 종류의 일들이 가족의 삶에 영향을 끼쳐 그 집안의 형세를 변화시킬 수도 있다. 때로 가정은 아주 변칙적인 상황을 만들어 내기도 한다. 그래도 일반적으로 학대는 학대를 낳을 것으로 예측할 수 있다. 학대 당한 아이는 대개 어른이 되어 자기 아이를 학대한다. 학대당한 아이가 자라 자기 부모를 학대하는 경우도 있다. 목회자, 사회복지사, 임상 심리학자들이 하는 말을 들어 보면, 중년층에서 이른바 '노부모 학대'라는 무서운 경향을 볼 수 있다고 한다. 아이가 오줌을 싸거나 찡찡거려서 짜증이 난 엄마가 마구 화를 내며 물리적인 폭력으로 아이를 벌한 경우, 30년쯤 뒤 역할이 반전될 때 이 아이는 늙어 오줌을 지리고 분별없는 행동을 하며 어린애같이 구는 엄마에게 보복할 수 있다. 어릴 때 부모에게 제대로 가정교육을 받기보다 걸핏하면 두드려 맞으며 자란 아이는 이에 대해 정중히 답례를 할 수 있다. 자라서 어떻게 해야겠다고 단단히 교훈을 얻게 될 것이다.

가정 폭력에 대한 심리학적 설명은 흔히 그 집안의 선례와 모방 역학 혹은 독단적이고 폭군적인 부모의 성격 장애에 초점을 맞춘다. 반면, 가정 폭력에 대한 사회학적 해석은 빈곤·무지·계층이나 인종적 지위·무능 같은 요소에 초점을 맞추는데, 이런 요소들은 가정의 스트레스 수준을 위험할 정도로 상승시킬 수 있다.[9] 여기서 예측할 수 있는 사실이 있는데, 그것은 비루하게 사는 사람들은 흔히 자신의 삶을 증오하며, 자기 삶을 증오하는 사람은 그 변변치 못한 삶을 가장 가까운 거리에서 일깨워 주는 사람을 미워하는 경우가 많다는 점이다. 거기엔 자기 부모와 자녀도 포함된다. 예를 들어, 러셀 뱅크스Russel Banks는 자신의 소설에서 블루칼라층이 부모에게 품는 적개심을 묘사하는데, 이런 종류의 적개심은 낮은 임금, 고장난 현관문, 싸구려 양복, 생기 없는 안색, 기름때 절은 낡은 아파트에 대한 불타오르는 분노로서, 아이들의 마음이 아무리 넓다 해도 이런 형편을 쉽게 받아들일 여유는 거의 없다.

한편 '주고받음' 질환의 또 다른 변형으로, 사회적으로 아무 목소리도 낼 수 없고 힘도 없는 일부 부모들은 그에 대한 보상으로 자기 자녀에게 무조건적인 복종을 요구한다. 밖에서는 모욕당하며 살더라도 적어도 집안에서는 '좀 존중을 받고 싶어' 하고 '자존심 상하는 말 따위는 전혀 듣고 싶어 하지 않는' 것이다. 자녀가 이런 요구에 부응해 주지 않으면—사실 자녀들도 자기 나름의 분노를 마음속에 쌓아 두고 있으므로—싸움의 시작을 알리는 종이 울리고, 한차례 육박전이 시작될 수 있다. 부모는 자녀를 두들겨 패고(어린 아기도 예외가 아니다) 그 아이는 자기보다 더 어린 아이들을 때린다(집에서 전혀 존중받지 못하는 한 중학생은 학교에 와서 분풀이로 다른 애들을 괴롭힌다). 자녀가 부모를 폭행하기도 한다. 가정 폭력에 대해 심리학적 설명을 적용하든 사회학적 설명을 적용하든(정치적 보수주의자는 전자를 좋아하고 진보주의자는 후자를 좋아한다),[10] 둘 다를 적용하거나 혹은 둘 중 어느 것도 적용하지 않든, 구타 행위는 계속 대물림된다. 피해자는 또 다른 사람을 피해자로 만들고, 이 피해자는 또 더 큰 인간 집단을 통해 분풀이를 한다. 폭력의 피해자보다 더 위험한 존재는 없다.

토머스 프리드먼^{Thomas Friedman}은 한동안 중동 지역에서 살았던 이야기를 흡입력 있게 풀어 놓던 중, 어느 한 지점에서 이야기를 멈추고 1977년부터 1983년까지 이스라엘 수상을 지낸 메나헴 베긴^{Menachem Begin}이라는 인물을 반추한다. 여기, 폴란드와 독일의 반유대주의 한가운데서 자란 사람, 멸시받고 소외당하며 남들이 침 뱉는 사람으로 산다는 게 어떤 것인지 어릴 때부터 다 경험해 알고 있던 사람이 있다. 프리드먼은 베긴이 얼마나 간절히 복수를 갈망했던지 유대인의 탱크와 제트 비행기와 폭탄이 "자기의 음란물"이요 유대인의 무력함에 대한 치료제가 되는 꿈을 꾸었고, 그것이 결국 현실이 되었다고 말한다. 베긴은 이스라엘의 입장에서 야시르

아라파트$^{Yasir\ Arafat}$(팔레스타인 자치 정부의 초대 수반—옮긴이)는 앞으로 차례차례 처치해야 할 수많은 적들 가운데 하나라고 봤고, 아라파트 군대를 포위 공격하는 건 도덕적 차원에서 "벙커에 은신한 히틀러를" 추적해 들어가는 것과 마찬가지라고 선언했다.[11]

베긴이 위험인물이 된 건, 군사적으로 승승장구한 뒤에도 여전히 자기 자신을 피해자로 여기는 생각을 굽히지 않았기 때문이라고 프리드먼은 말한다. 피해자가 위험한 인물이 되는 건 이들이 도무지 엄격한 자제력을 발휘할 법하지 않기 때문이다. 이들은 자기에게 복수할 권리가 있다고 생각한다.

> 베긴을 보면 버나드 괴츠가 생각난다. 맨해튼에 사는 백인인 그는 뉴욕 지하철에서 흑인 청년 네 명이 자신에게 강도짓을 하려 한다고 생각하고 총으로 쏴 버린 사람이다. 괴츠처럼 여러 번 강도 피해를 당하면, 흑인 아이들이 내게 강도짓을 하려 한다는 생각만 들어도 그 아이들 머리를 날려 버리고 싶을 것이다. 그럴 자격이 없다고 누구도 말 못할 것이다. 그러나 불행히도 베긴은 소형 권총 한 자루 정도만 지닌 피해자가 아니었다. 그는 F-15기를 가진 버나드 괴츠였다.[12]

역사는 되풀이된다. 80년대 말과 90년대 초 몇 년 동안 요르단강 서안과 가자 지구의 이스라엘 군인들은 팔레스타인 민간인들을 공포에 떨게 만들고, 주민들의 집을 불도저로 밀어 버리고, 어린아이들을 포함해 그 집에 살던 사람들을 감금했다. 대부분 정당한 법적 절차 없이 밀어붙인 일들이었다. 그렇게 하는 동안 이스라엘 군대는 기자들이 이 일의 진상에 접근하지 못하도록 가로막으려 했다. 군인들은 팔레스타인 청소년들을 향해 최루탄도 쏘아 댔다. 미국에서 제조되었지만 독성이 너무 강하다는 이유로 미국 내 경찰들은 사용을 거부한 최루탄이었다. "이스라엘 군은 사람들한테 최루탄을 얼마나 아무렇지도 않게 쏘아 대는지 모른다"라고 한 관측자는 말했다.[13]

이 시기에 조금 극단적인 이스라엘 사람들은 자신들이 팔레스타인 테러리스트들에게 응수하는 것일 뿐이라 주장하곤 했는데, 정말 그럴듯한 주장이었다. 반면, 이스라엘 민간인들에게 단검을 휘두르거나 이스라엘 관광버스에 총부리를 겨누는 팔레스타인 사람들은 자신들이야말로 이스라엘이라는 국가가 저지르는 테러 행위에 응수하고 있는 것이라 주장했다. 외부인들에게는 참 헷갈리는 일이지만, 이들의 주장 또한 매우 그럴듯하게 들렸다. 물론 어느 쪽의 주장도 이들이 저지른 일을 정당화하지는 않았지만 말이다.

역사에서 죄가 되풀이되고 또 되풀이되는 광경에 대한 주목할 만한 논평에서 제임스 버첼James Burtchaell은 평화가 깨지는 현상에 대해 말한다. 전쟁의 시대임에도 그 누구도 평화를 깨뜨리지 않았다는 점에 그는 주목한다. 먼저 총을 쏜 사람은 없다. 아군의 타격은 상대의 도발에 대한 반격이었다고 모두들 주장한다. 모든 발포는 다 응사應射라는 것이다. "연합국의 입장에서 제2차 세계대전은 1939년 폴란드 국경에서 시작되었다. 독일의 입장에서 적대 행위의 기원은 베르사유로 거슬러 올라갔다(1919년 6월 제1차 세계대전 후의 국제 관계를 확정하기 위해 31개 연합국과 독일이 베르사유 궁전에서 평화

조약을 맺은 것을 말한다. 이 조약에 의해 독일 영토였던 단치히 통로가 폴란드로 넘어갔다—옮긴이). 군사 작전도 네가 하면 공격이고 내가 하면 응징인 것이다.[14]

대부분의 사람들이 테러리즘을 어떤 시선으로 바라보는지 생각해 보라. 힘 있는 나라의 대다수 시민들은 테러리스트를 비합리적인 사람들로 여긴다. 이런 견해에 대해 테러리스트들은 형언할 수 없이 사나운 악의를 품으며, 이 악의 때문에 이들은 점잖은 사람들이 확립해 놓은 평화를 깨뜨리는 원수가 된다. 실제로 일부 테러 집단은 버첼이 말하는 '허무주의자의 분노'nihilist rage로 부추김을 받는 것 같다. 하지만 그런 집단은 흔하지 않다. 테러리스트들은 거의 언제나 자신들의 폭력을 보복 행위로 생각한다. 사실 테러리스트들이 분노를 터뜨리는 폭력은 그들 자신의 폭력처럼 독자적이지 않고 좀 더 체계적일 수도 있다. 그러나 솔제니친이 간파했다시피 국가의 폭력이 무엇으로 위장되고 완곡하게 표현되고 옹호되든, 이 역시 극악무도하고 불의하기는 종래의 여느 공격 전쟁 혹은 여느 테러 행위 사례와 마찬가지다. 테러리스트들은 보통 자기 자신을 국가가 저지르는 폭력의 역사에 대응하는 자들로 여긴다. 따라서 "테러리스트들이 품고 있는 과거 인식을 마음속에 재구성해 보지 않고는 누구도 테러리즘을 이해하거나 이에 대처하지 못할 것이다."[15]

하지만 이런 재구성 작업을 할 수 있는 시야와 공정성과 국제적 책임을 갖춘 사람이 누구인가? 상대 국가의 행동 동기를 이해해 보려는 시도도 없이 옹졸하게 자국의 이익만 챙기는 그런 전형적 태도를 배격하는 성숙한 국가수반이 과연 어디에 있는가? 실제로 강대국은 약소국 국민들의 역사나 이들의 절박한 상황을 굳이 알려고 애쓰지도 않고 이 역사의 관점에서 이들의 한恨을 이해하려고 많이 노력해 보지도 않은 채 이들 나라를 폭격해 죽음에 이르게 한다. 국가가 폭력을 저지르고 테러리스트가 이에 앙갚음하는 반복의 고리를 끊기 위해 우리에게 필요한 것은 "훌륭하고 참을성 있는 정치 수완"이라고 버쳴은 말한다. 이런 정치 수완은 단순한 힘보다는 "한의 원인을 파고 들어가고, 그 한에 대해 생각해 보며, 이를 풀어 주고자" 하는 끈기 있는 결단에 달려 있다.[16]

역사의 메아리가 계속 울려 퍼지게 만드는 게 대안이다.

영양실조에 걸린 아이들은 의학적인 도움도 받지 못한 채 세상을 떠나고, 일하는 사람들에게 임금도 제대로 안 주고 몸에 병만 얻게 만든 공장들로 마을이 유린당하고, 애국자를 잡아다 고문하는 독재자 때문에 목소리도 내지 못하고, 정의를 설교한다는 이유로 설교자들이 총살당하며, 사복 차림 암살단에게 아내가 성폭행당하는 광경을 본다면, 그래서 이 사람이 분노를 이기지 못해 떨치고 일어나 정부 관리와 그 가족들이 타고 있는 자동차에 폭탄을 던진다면, 이 경우 평화를 깨뜨린 사람은 누구인가? 군사적 보복 행위로 평화를 회복할 수 있겠는가? 아니, 이런 보복 행위는 주변 사람들 생각 속에 이 사람의 분노가 옳다는 것을 정당화해서 이 사람 대신 열 배는 더 큰 규모로 봉기하게 만들지 않겠는가?[17]

행동의 동기와 맥락과 원인

죄는 왜 후대로 연쇄 반향을 일으키며, 역사는 왜 되풀이되는가? 호전적인 인종 집단과 서로 반목하는 혈연 집단은 왜 개선되지도 않고 끝나지도 않은 채 돌고 또 도는 적대의 고리에 스스로를 가두는가? 가정 체계에서 역기능 패턴은 어디에서 오며, 그 패턴을 고치기는 왜 그리도 어려운가? 왜 초등학교 학생들까지 마치 폭죽이 연속으로 터지듯 한 가지 죄로 또 한 죄를 촉발시키며 연달아 죄를 짓는가?

물론 그런 질문에는 누구도 완벽히 답변할 수 없다. 완벽한 해답을 아는 척하는 사람은 수상히 여겨야 한다. 하지만 알고 있는 답의 목록을 작성해 보고 어떤 부분의 답변이 모자라는지 설명해 보면 죄의 진전 양상에 대해 뭔가를 알 수 있다.

우리가 알고 있는 답은 무엇인가? 한에 관해 말해 보자면, 우리가 알기로 사람들은 나쁜 일은 잘 잊어버리지 않으며 발끈하는 성격이 있다. 우리가 알기로 불의는 사람들을 격분시키며 앙심을 품게 만든다. 자신의 삶을 혐오하는 사람은 흔히 자기가 혐오하는 것을 삶으로 구현하는 사람을 학대하며, 학대당한 사람은 대개 그 자신도 다른 사람을 학대한다. 또한 우리는 피해를 당해 본 사람보다 더 위험한 사람은 없다는 걸 알고 있다. 죄는 사람을 고민에 빠뜨리고, 사람들은 흔히 자기에게 고민을 안긴 그 일을 또 저지름으로써 고민에서 벗어나려 한다는 걸 우리는 알고 있다. 8장에서 살펴보겠지만, 중독과 마찬가지로 죄에서도 이런 역학을 볼 수 있다. 예를 들어, 라디오를 훔친 5학년 아이는 도둑질이 발각되는 곤란한 상황을 피하려고 거짓말을 한다. 선생님이 이를 믿지 못하고 미심쩍어 하면, 아이는 화를 내며 또 다른 거짓말을 한다. 이는 마치 담배처럼 잠깐 스트레스를 줄여 주지만, 아이의 마음에 훨씬 더 오래가는 스트레스를 안긴다.

라인홀트 니부어는 우리 인간이 근본적으로 안전을 원한다고 말한다.[18] 우리가 세상에서 불안해하고 초조해하는 것은, 인간이 한계가 있는 동시에 자유롭고, 유한한 동시에 무한한 존재이기 때문이다. 우리는 무한한 가능성과 엄청난 능력을 지닌 사람들로 보이지만, 동시에 창조주의 호의에 전적으로 의존하는 존재들이다. 그래서 우리는 유한함과 자유의 경계 위에 살면서 혹여 기회를 놓치지 않을까 불안해하고, 잡은 기회를 활용한 뒤에는 또다시 불안해한다. 이득이 될 만한 것을 놓칠까 봐 그러는 걸까? 누군가가 내 권력을 빼앗는다고, 사기를 쳐서 내 돈을 빼앗는다고, 혹은 재선을 위한 투표에서 나를 이겼다고 생각해 보라. 이름 난 사람들은 마치 폭군이 정의가 도래하는 걸 두려워하듯 자기 이름이 잊히는 것을 두려워하지 않는가?

하지만 니부어가 관측했듯이 불안은 죄의 원인이 아니라 죄의 한 정황일 뿐이다. 우리의 근본 문제는 불신앙이다. 무한하신 하나님을 신뢰하지 못한 채 우리는 불안해하고 초조해하면서 자기의 안전을 확보하려 하고, 우리가 부여하는 무게를 감당치 못하는 유한한 재화財貨로 우리 자신의 의미를 확대하려 애쓴다. 우리는 사회의 사다리를 오르고, 돈으로 안전을 구매하며, 이름을 내려 하고, 유산을 남기려 한다. 용의주도하게 남이 나에게 신세를 지게 만든다(공공 댐을 지을 때 누군가의 이름을 따서 댐 이름을 지어 보라. 다음번에 그 사람에게 뭔가를 부탁하면 그는 아주 관심 있게 들어줄 것이다). 우리는 부당한 권력이나 지적 초월성 혹은 도덕적 우월을 위해 분투한다. 혹은 이 모든 분투노력을 회피하고 정욕이나 술 취함이나 폭식으로 도피해서 불안을 잠재우려 하기도 한다. 니부어는 불신앙은 불안을 낳고, 불안은 교만과 음란을 번갈아 낳는다고 말한다.[19]

그러나 니부어의 말을 비롯해 우리의 이런 답변 목록이 과연 우리가 이야기하고 있는 악을 다 설명해 주는가? 그렇다고 보기 힘들다. 가장 이해하기 쉬운 사례로 그 라디오 도둑을 생각해 보자. 아이에게 그런 나쁜 짓을 왜 했는지 물으면서 그 행동의 원인과 동기를 알아보려 한다고 해보자. 아이는 왜 남의 라디오를 훔치려 했을까? 라디오를 갖고 싶었고 그것을 손에 넣는 가장 빠른 방법은 도둑질이라고 결론 내린 것이라 답변할 수 있다. 하지만 아이가 거리낌 없이 법을 어기고, 같은 반 아이에게 피해를 끼쳐 괴롭게 하고, 어른들을 실망시킨 이유는 무엇인가? 아마 평화를 원하는 마음보다 라디오를 갖고 싶은 마음이 더 컸기 때문일 것이다. 하지만 어째서인가? 이 부분에서 그 아이가 이기적이기 때문이다. 아이는 화평을 유지하기보다는 자기 자신의 욕구를 충족시키고자 했다. 하지만 이기적인 태도가 자기 자신을 포함해 주변 모든 사람들을 괴롭게 하는데도 왜 그런 태도를 보일까? 1993년에 영화감독 우디 앨런 Woody Allen(뉴욕 출생의 유대계 영화감독 겸 배우. 어린 시절의 아픈 기억에서 비롯되는 고통과 강박증, 현재의 괴로움, 자신의 열등감 따위를 작품의 중요 요소로 코믹하게 승화시키는 게 특징이다—옮긴이)이 동거녀인 미아 패로우의 어린 양녀와 논란의 여지가 있는 관계를 맺고 이를 해명하는 과정에서 말했다시피 "마음은 마음이 원하는 것을 원한다."[20]

그런데 왜 마음은 하나님을 원하고 하나님을 신뢰하며 어린아이처럼 하나님께 인생의 기쁨과 안전을 구하지 않는 것일까? 마음은 왜 궁극적인 선을 실제로 찾을 수 있는 곳에서 찾지 않는가? 크고 작은 일에서 왜 자꾸 변하기 쉽고 해롭고 위태로운 만족을 지향하는가?

마음은 마음이 원하는 것을 원하기 때문이다. 원하는 것을 손에 넣을 수 있는 한 그러하다. 거기서 대화는 끊어지고 만다. 자아라는 황제가 모든 것을 지배한다. 죄의 원인을 파고들다 보면, 고집불통의 인간 의지에, 그 의지를 경직되게 만들어 다른 길은 전혀 고려하지 않게 만드는 마음의 욕구에 가닿게 된다. 치료 중에도 여전히 거드름을 피우는 닳고 닳은 신경과민 환자처럼, 인간의 마음은 자꾸 마음은 마음이 원하는 걸 원한다고 주장하면서 이야기를 끝내 버린다.

문제는, 이것이 인간의 죄를 그저 다시 묘사하는 말일 뿐 인간의 죄를 설명해 주지는 않는다는 점이다. 죄를 막아 주지 못하는 건 말할 것도 없고 말이다. 아우구스티누스는 인간의 마음이 하나님을 무시하면서 자기에게 몰입하고, 자기를 높이려 하며, 자기를 기쁘게 하기를 바라고, 결국은 자기 가치를 떨어뜨리는 게 우리의 핵심 문제라고 말한다. 하나님을 향해 손을 내밀고 하나님을 기쁘시게 하려는 사람은 그런 움직임 덕분에 탄력을 갖게 되고 손을 뻗치는 대상의 초월성 덕분에 품격 있는 존재가 된다. 그러나 자꾸 자기 자신을 향하는 사람, 하나님 없이 하나님의 선물만 바라는 사람, 마음이 나뉜 상태에서 그 마음의 욕구만 충족시키려는 사람은 점점 쫄아들어 작고 단단한 덩어리가 되고 만다. 이런 사람의 욕구는 편협하다. "겸손에는 뭔가 아주 이상할 정도로 마음을 높이는 게 있고, 교만에는 뭔가 마음의 가치를 떨어뜨리는 게 있다."[21]

다시 라디오 도둑 이야기로 돌아가서, 그 아이의 행동 동기를 알아내려는 시도 가운데 다른 가능성들을 생각해 본다고 가정하자. 어쩌면 그 아이는 단순히 라디오가 탐나서 계획적으로 그런 짓을 한 게 아닐 수도 있다. 어쩌면 그 아이의 행동 동기에는 블루칼라 계층의 분노가 섞여 있을 수도 있다. 예를 들어, 얼마 안 되는 수입으로 빠듯하게 살아야 하는 형편에 대한 분노, 자기보다 잘사는 라디오 주인에 대한 분노 말이다. 아주 색다른 행동 동기 한 가지를 상상해 본다면, 어쩌면 그 아이는 자기가 영리하다고 여기며, 무사히 라디오를 훔쳐 낼 수 있을 만큼 영리한지 확인해 보고 싶은 것일 수도 있다. 아니면 그 아이와 라디오 주인 아이는 다음 주에 있을 육상 대회에서 경쟁해야 할 처지이고, 라디오를 훔친 아이는 이런 일을 벌여 라디오 주인 아이의 집중력을 흩트리고 싶은 것일지도 모른다. 이 일에는 이렇게 여러 가지 배경이 있을 수 있다. 요점을 말하자면, 라디오를 훔친 행동의 동기는 다양하고, 교묘하며, 여러 가지가 뒤섞여 있어 쉽게 걸러 낼 수 없다는 것이다.

더 나아가, 죄의 동기를 구분하고 분류해 놓았다 해도 아직 그 죄를 충분히 설명한 건 아니다. 왜 그런가? 어떤 행동의 동기를 밝힌다는 건 과연 무엇이 사람을 그 행위의 방향으로 밀어붙이는지 분별하는 것일 뿐, 그 사람이 실제로 그 행위를 왜 저지르는지를 알아내는 것은 아니기 때문이다. 사람이 그 행동의 동기에 왜 굴복하는지는 여전히 알 수 없다. 사실 많은 이들이 남의 소유를 훔치고 싶다는 생각을 하지만 어떻게 해서든 그 생각에 굴복하는 일은 피한다. 사람들은 '유혹에 저항한다.' 그런데 도둑은 왜 유혹에 저항하지 않는가? 사람들은 타인의 어떤 불의한 행동 때문에 원한을 갖게 되어도 어떻게 해서든 그 원한에 근거한 행동은 하지 않으려 애쓴다. 자칫 또 다른 원한이 생겨날까봐 그렇다. 그런데 테러리스트들은 왜 그렇지 않을까?

제임스 버첼은 원한의 원인을 묻고 깊이 따져 보며 이를 누그러뜨려 주는 훌륭하고 참을성 많은 정치적 수완의 대가가 우리에게 필요하다고 말한다. 좋은 생각이다. 그리고 그는 원한의 원인에 대해 아주 유려한 필치로 설득력 있게 설명한다.

그러나 버첼도 틀림없이 고개를 끄덕일 만한 사실이 한 가지 있는데, 원한의 원인을 알게 된다는 것이 곧 그 원한을 품은 사람들이 저지르는 모든 폭력의 이유를 알게 되는 건 아니라는 점이다. 더 나아가, 원한의 원인을 알게 되었다고 해서 원한을 품은 사람이 이를 풀려고 왜 이런저런 수단을 채택하는지 그 이유를 다 알게 되는 건 아니다. 그 수단을 정당화하는 건 말할 것도 없고 말이다. 사실 어떤 경우엔 폭력을 쓴 사람이 과연 무슨 원한을 품을 만한 이유가 있기는 한 건지 논쟁이 벌어질 수도 있다. 그 사람이 품은 건 그냥 분노일 수도 있다. 이 지점에서 최소한 우리에게 필요한 건 행위의 정황과 행위의 원인을 구별하는 일이다. 잭 비티Jack Beatty는 이 문제를 이렇게 설명한다.

가난한 청년들, 심지어 가난하고 못 배운 청년들, 더 나아가 가난하고
못 배우고 인종 차별이 만연한 사회에 살고 있는 청년들도 자기 행위
에는 책임을 져야 한다. 그렇게 생각하지 않는 것은 인종 차별주의 못
지않게 이성과 도덕에 반하는 환경 결정론을 지지하는 것이다. 범죄,
방화, 길거리 난동에는 사회적 정황이 있을 뿐 사회적 원인이 있지는
않다. 사회를 대상으로 한 범죄는 사회에게 책임이 있다는 가정에 근
거해 [매체들이 시끄럽게 떠들어 대며] 음흉하게 생각을 교란시키는
게 바로 그 정황이다. 이는 법적·도덕적으로 말이 안 된다.[22]

그런가? 사회는 그 사회를 거스르는 어떤 범죄에 대해서 최소
한의 책임도 공유하지 않는가? 사회가 법률을 제정해 일부 학교에
재정을 두 배 더 많이 보조해 준다면, 가난한 사람들은 가난한 학교
에만 갈 수 있게 한다면, 공립학교가 학생들에게 도덕적 가치를 가
르치지 않고 그냥 설명하기만 한다면, 사회가 도박 제도를 만들어
놓고 시민들을 부추겨 돈을 걸게 만든다면, 사회가 경찰관 살해를
미화하고 여성에게 겁을 주는 랩 가사를 헌법으로나 사법적으로
보호한다면―사회가 이렇게 한다면―과연 여기서 생겨난 분노와 절
망과 탐욕이 범죄를 불러일으킬 때 사회가 이 범죄와 전혀 무관하
다고 할 수 있을까?
죄에 대해 공정하게 생각한다면―어쩌면 죄에 대해 그저 경계만 한
다 해도―사회적·문화적 정황의 여러 가지 힘이 수많은 방식으로

사람을 밀고 끌고 압박하고 제한한다는 사실을 인정할 수밖에 없을 것이다. 정황은 사람들을 잡아끌고 강요한다. 사실 사회적·문화적 역학은 앞으로 어떤 행동이 나타날지 충분히 예측할 수 있을 만큼 어김없이, 강력하게 압력을 행사한다. 사회 과학자들이 인간의 특정 행태를 가리켜 '예측 변수'predictor라고 상당한 확신을 가지고 말하는 건 바로 그 때문이다. 예를 들어 학대는 또 다른 학대를 예측 가능하게 한다. 어떤 사람이 학대를 겪었다는 사실은 그 사람이 나중에 다른 누군가를 학대하게 될 것이라는 하나의 예측 변수인 것이다.

그럼에도 이런 사회적·문화적 힘은 인간의 악을 완전히 설명하거나 정당화하지 못한다. 지나치게 신랄하긴 해도 비티의 말에 일리가 있는 건 바로 그 때문이다. 악한 행실의 정황, 더 나아가 악한 행실의 예측 변수는 악한 행실의 원인에 비해 규명하기가 훨씬 쉽다. 그러므로 이 세 가지를 혼동하지 말아야 한다. 그리고 이런 혼동에 근거해 개인의 책임을 판단해서도 안 된다.

도시 특유의 공포, 집단 성폭행에 대해 생각해 보자. 도시를 배회하는 불량배 무리의 한 청년은 어린 시절 결손 가정의 아이로 자라며 그 자신도 성적으로 학대당했고 학교 교육을 제대로 받지도 못했다. 이는 다른 사람들과 사회가 책임져야 할 정황적인 요소로서, 그중 적어도 한 가지는 예측 변수이기도 하다. 이 요소들을 한데 모으면 상당히 비중 있는 정황이 된다. 하지만 이런 의미 있는 책임 요소들이 불량배 청년으로 하여금 젊은 여자를 강간하고 목을 짓눌러 죽이는 짓을 하게 만들었다고 생각하는 건 문제가 다르다. 그리고 이 강간범이 미리 죗값을 치렀다는 이유로("넌 죄 없어, 충분히 고통스럽게 살아왔잖아") 그 끔찍한 행위를 '너그러이' 사면해 주는 것 역시 또 다른 문제다.

　환경 결정론 그리고 거기에 수반되는 무과실 도덕률에는 허세가 있다. 환경 결정론자들은 거의 늘 우리 앞에 드러나지 않는 부분, 즉 비행非行의 진짜 원인이 무엇인지 아는 척한다. 우리가 인간 악의 동기보다 그 악의 정황을 더 잘 알며 원인보다 동기를 더 잘 아는 건 사실이다. 하지만 우리가 그 세 가지를 다 아는 경우는 거의 없다. 악의 정황과 동기와 원인이 확실히 서로 연결되어 있는 것처럼 보이긴 하지만 그 연계성을 구체화하기는 어렵다는 게 그 이유다. 특히, 어떤 사람이 저지르는 악행의 심리적 혹은 사회적 정황을, 심지어 그 악행의 동기를 안다 해도 정확히 무엇이 그 사람으로 하여금 그런 행동을 하게 만들었는지 우리는 여전히 모를 수도 있다. 대체로 우리는 악행을 저지르는 사람들 중 행위자로서 자기 자신이 그 악의 주원인인 사람은 어느 정도이고 타인이 놓은 덫에 걸린 사람은 어느 정도인지 알지 못한다. 그 비율이 어느 정도인지는 하나님만 아신다. 사람의 마음은 하나님만 아신다. 우리가 저지르는 악의 어느 만큼이 우리에게 책임이 있는 확실한 죄인지 하나님만 아신다.[23] 예를 들어, 특정 악에 대한 심리학적 혹은 사회적 설명이 그 악의 정황과 동기 너머 그 원인까지 말해 주는 경우가 어떤 경우인지는 하나님만 아신다.

　이런 부분에서 우리가 무지함을 전제로 할 때, 길거리에서 벌어진 그 성폭행 사건을 우리는 뭐라고 일컬어야 할까? 도둑질과 거짓말은 뭐라고 불러야 할까? 치과 보험회사의 용의주도한 사기 행위는 또 어떻게 생각해야 할까?

　우리는 이런 행위들을 죄라고 불러야 한다. 우리는 이런 행위가 도덕적 악이라는 것을 알고 있고, 또한 이런 구체적 위법 행위가 범죄라는 것을 알고 있다. 효력 있는 하나의 가설로서 우리는 누구든 이런 행위를 하는 사람은 죄를 저지른 것으로 여겨야 한다. 왜 그런가? 어떤 사람을 성인으로 대할 때 우리는 이런 가정을 가지고 대하기 때문이다. 우리는 이와 관련한 일체의 도덕적 신용장과 더불어 이들에게 출발 신호를 보낸다. 이들을 대할 때 우리는 자기의 빛을 인정할 줄 아는 사람들로 대한다.

　물론 누군가의 악을 죄로 간주한다는 가정을 유보하거나 심지어 폐기해야 하는 특정한 경우도 있다. 예를 들어 각종 중독의 경우가 그렇다. 어떤 사례에서든 위의 가정은 잠정적으로 적용되어야 한다. 그런 한편, 일반적으로 우리 자신을 포함해 행악자들이 자기 자신을 정말 도덕적 행위자로 여기고 자기 잘못에 책임이 있는 자로 여기는 데 대해서는 '가차 없는 찬사'를 보내야 한다. 이는 우리가 그 사람들의 존엄을 존중하고 인간으로 중시한다는 표다. 사실 타인을 대할 때 마치 어린아이나 지적 장애인처럼 자기 행동에 아무 책임도 못 지는 사람을 대하듯 하는 것보다 더 큰 오만이 어디 있겠는가? 타인을 대할 때 자기 자신의 일은 물론 인간사에 직접 뛰어드는 선수가 아니라 그냥 관중으로 취급하는 것보다 더 기분 나쁜 일이 어디 있겠는가? 잘난 체하고, 상대를 바보로 만들고, 인정머리 없기로 이보다 더할 수 있겠는가? 잘못에 대해서는 책임을 묻고 잘한 것에 대해서는 칭찬해야 할 텐데 그렇게 하지 않는다면, 그런 행위를 초래한 건 이 사람들 자신이 아니며 이 사람들이 지금 이런 성품을 갖게 된 건 이들 잘못이 아니라는 가정을 그 근거로 들이 댄다면, 이는 이 사람들을 아랫사람 대하듯 깔보며 가르치려 드는 것이 아니겠는가?

라이먼 비처Lyman Beecher 강좌에서 윌리엄 뮤얼William Muehl은 아서 쾨슬러Arthur Koestler의 인도주의적인 열정을 회상한다. 쾨슬러는 한때 공산주의 옹호자였다가 나중에 공산주의 비판자가 된 사람이다. 무엇이 쾨슬러를 괴롭히기 시작했냐면, 소비에트 공산주의 체제에서는 비난 개념이 사라졌다는 사실이었다. 마지못해 공산주의자가 된 사람을 누구도 비난하지 않았다. 자유를 잃고 분개하는, 혹은 공산주의로 전향하지 않으려 하는 농군에 대해 누구도 비난하지 않았다. 이들은 그릇된 사회·경제적 조건에 오염된 게 분명했기 때문이다. 공산당 노선 비판자들을 누구도 비난하지 않았다. 이들은 자본주의 선전에 세뇌당한 게 분명했기 때문이다. 당 관리들은 반대자들에게 비난 대신 연민과 재교육을 선사했다. 물론 그런 연민이 깃든 요람은 대개 정신 병원이고 그런 재교육을 위한 학교는 집단 수용소임이 드러났다. 적어도 사람을 가두며 비인간화한다는 점에서는 여느 전통적 교도소와 다름없는 곳이었다. 하지만 어느 수감자에게도 거기에 갇혀 있다는 사실에 대해 책임을 물어서는 안 되었다. 쾨슬러는 이렇게 그 누구도 비난하거나 책임을 물을 수 없다는 사실에 점점 혼란스러워했다. "오래지 않아 확실해졌다. 누군가를 비난하지 않는다는 건 그 사람을 책임 있는 존재로 여기지 않는 거라는 사실이. 누군가를 책임 있는 존재로 여기지 않는다는 건 그 사람을 완전한 인간으로 보지 않는 거라는 사실이. 그리고 완전한 인간으로 보지 않는 사람을 우리는 우리의 편의에 따라 거리낌 없이 비틀고 조종한다는 사실이."[24]

인간의 권리와 특권은 인간의 책임에, 책임 있는 사회의 시민권에 달려 있다. 이런 사회에 사는 사람들은 서로가 서로에게 책임을 진다. 상대방이 완전한 인간이며 책임 있는 존재임을 인정하고 존중하는 사람은 도덕적 악을 설명할 때 심리학적 혹은 사회적 '근본 원인'을 연관시키거나 당뇨* 관리나 피해자학을 연구하는 교수의 권한에 호소하지 않는다. 다시 말해, 반대 증거가 제시되어 생각이 달라지지 않는 한, 인간을 인간으로 존중하는 사람은 악행자도 당연히 자신들과 똑같이 책임 있는 시민이며, 악행자는 자기가 저지른 악에 대해 책임을 져야 한다고 생각한다.

수확의 대법칙

악행자가 왜 악을 행하는지 그 궁극적인 이유를 우리는 알지 못한다. 결국 인간 악의 기원과 원인은 사도 바울이 말하는 "불법의 비밀"(살후 2:7)에 속한 문제다. 사람이 악을 행하는 정황을 관측하고 그 악행에 원인이 되는 요소들의 위력에 대해 생각해 볼 수도 있고 나 자신의 악행을 합리화할 수도 있겠지만, 우리는 자기가 무슨 말을 하고 있는지 확실히 알지 못할 때가 대부분이다. 특히 악행의 동기와 원인을 우리는 좀처럼 이해하지 못한다. 근본적으로 마음은 마음이 원하는 걸 원하고, 그 마음에는 이성reason이 알지 못하는 나름의 이유^{reason}가 있다.

지금까지 살펴봤듯이, 그래도 사람들은 악의 패턴을 분별해 내고 심지어 그 패턴이 다음엔 어떤 새로운 모습으로 나타날지 예측하기도 한다. 전문가들은 그런 패턴을 발생시키는 동력에 대해 그럴듯한 이론을 제시한다(나지가 말한 세대 간 주고받음 이론을 생각해 보라). 이런 종류의 이론들은 죄에 대한 인과 관계를 설명해 주지 못하고, 따라서 죄의 수수께끼를 풀거나 죄를 해명해 주지는 않지만, 죄의 어떤 움직임과 리듬을 파악하고 이에 대해 생각해 볼 수 있도록 도와주기는 한다.

죄가 리듬감 있게 진전하는 현상에 대해 여러 가지 설명이 있는데, 이 설명들은 결국 한 가지 설명을 여러 가지로 변형한 것일 뿐이다. 이는 인간의 지식에 아주 오랫동안 깊이 자리 잡고 있는 설명이어서 우주라는 바로 그 토양에서 생겨 나온 설명으로 보인다. 신약성경의 고전적 진술은 바로 갈라디아서 6:7-8에 등장한다. "하나님은 업신여김을 받지 아니하시나니 사람이 무엇으로 심든지 그대로 거두리라. 자기의 육체를 위하여 심는 자는 육체로부터 썩어질 것을 거두고 성령을 위하여 심는 자는 성령으로부터 영생을 거두리라."

물론 사람들은 이 구절이 말하는 죄의 일반적 역학을 다른 식으로 표현하기도 한다. 예를 들어 이런 식이다. "콩 심은 데 콩 나고 팥 심은 데 팥 난다." "사람은 뿌린 대로 거둔다." "자업자득이다." "너희가 헤아리는 그 헤아림으로 너희도 헤아림을 도로 받을 것이니라"(눅 6:38). "쓰레기를 넣으면 쓰레기가 나온다."

바울은 농사지을 때 볼 수 있는 수확의 대법칙을 말하고 있는데, 자신이 지금 말하고 있는 삶과 죽음의 정황에 그 이미지가 딱 들어맞기 때문이다. 바울은 만사가, 그리고 삶 자체도 우리가 뿌리고 거두는 것에 달려 있음을 알고 있었다. 밀을 심으면 식량을 거둔다. 독이 있는 담쟁이덩굴을 심으면 골치 아픈 잡초를 거둔다. 마찬가지로, 육체를 위해 심으면 부패와 죽음을 거둔다. 성령을 위해 심으면 영생을 거둔다.

무엇을 심든지 수확의 법칙이 적용된다. 선이든 악이든, 사랑이든 미움이든, 정의든 압제든, 포도든 가시든, 너그러운 찬사든 심술궂은 불평이든, 무엇을 투자하든 우리는 이자를 붙여 거두게 된다. 사랑하는 사람은 사랑받고, 미워하는 사람은 미움받는다. 용서하는 사람은 대개 용서받고, 검으로 사는 사람은 검으로 죽는다. "하나님은 업신여김을 받지 아니하시나니 사람이 무엇으로 심든지 그대로 거두리라"(갈 6:7).

이 구절은 수 세기에 걸쳐 기민한 사람들이 관측한 사실의 정수精髓를 뽑아 낸 하나의 잠언이요 지혜의 말씀이다. 또한 이는 위대한 소설과 드라마의 깊은 곳에서 울려 나오는 외침이다. 그리고 이는 폭군의 악몽이기도 하다. 아마 이들의 폭정은 어느 날 다시 돌아와 이들을 괴롭힐 것이다. 어쩌면 이들은 자기 파멸의 씨앗을 뿌린 것일 수도 있다. 어쩌면 바람의 씨앗을 심고 회오리바람을 거두게 될 것이다.

이 책 7장에서 보게 되겠지만, 지혜로운 사람은 현실의 법칙과 리듬과 역학을 안다. 성경 기자들의 지혜는 때로 이 노선을 따라 물리적인 현실에 대해 말하기도 하고 때로 인간의 사회적인 삶에 대해 말하기도 하지만, 위의 리듬과 역학은 대개 물리적 현실과 인간의 사회적 삶 둘 모두에 적용된다. 따라서 수확의 대법칙은 일반론을 말한다. 이 법칙은 인간의 획일적 경험이 아니라 통상적인 경우를 간추려 말해 준다. 예를 들어, 좋은 부모와 나쁜 부모는 좋은 부모와 나쁜 부모를 재생산하는 경향이 있지만, 때로 의외의 결과가 빚어지기도 한다. 형편없는 부모 밑에서 훌륭한 자녀가 나오기도 하고 훌륭한 부모 밑에서 끔찍한 자녀가 나오기도 한다. 하지만 이런 유형의 결과를 우리는 특별한 경우로 본다. 일반적으로 말해, 뿌린 대로 거둔다는 게 그 이유다. 세상일은 대개 그런 식으로 돌아간다. 이는 굳이 설명할 필요도 없고 욕해 봤자 소용없는 일이다. 대개는 피해 갈 방법도 없다. 이를 피해 가려는 건 중력의 법칙을 피해 가려는 것과 마찬가지다. 사람이 정말 잠을 잘 필요가 있냐고 논쟁을 벌이는 것만큼이나 쓸데없는 일이다.

바울이 말하는 "육에 속한" 삶은 사람들이 흔히 육신의 죄라고 일컫는 것, 즉 정욕, 탐심, 술 취함 그 너머로까지 미친다. 바울은 "육체"라는 말을 어떤 종류든 하나님께 등을 돌린 삶을 뜻하는 하나의 이미지로 사용한다. 설령 그것이 지적으로 등을 돌린 것일지라도, 그리고 특히 의도적으로 등 돌린 삶이라면 말이다. 따라서 성령을 위해 심으면 사랑·희락·화평·오래 참음 같은 성향과 마음 상태를 낳듯이, 반대편 밭에 육체를 위해 심으면 몸으로 짓는 죄뿐만 아니라 태도에 관한 죄와 말썽, 예를 들어 우상 숭배·주술·원수 맺는 것·분노·투기·음행·호색·술 취함·방탕 같은 작물을 거두게 된다(갈 5:19-23). 두 경우 모두 뿌리고 거두는 역학의 원리가 태고 이 래 무시무시할 정도의 필연성으로 계속 이어진다.

그 주된 이유는, 사람은 심은 걸 거둘 뿐만 아니라 거둔 걸 심기 도 하기 때문이다. 자녀를 학대하다가 나중에 자녀에게 학대당하는 부모는 뿌린 걸 거두는 셈이다. 그러나 부모에게 학대당하며 자라 나중에 자기 자녀를 학대하는 사람은 거둔 걸 심는 셈이다. 테러의 공포를 겪었던 테러리스트, 사기당한 적이 있던 사기꾼, 연인에게 버림받고 새 연인에게 복수하는 사람의 경우도 마찬가지다.

주어진 삶 안에서 볼 때, 성격 형성 과정의 이면에는 심고 거두 고 다시 심는 이 역학이 자리 잡고 있다. 이 장 서두에서 언급한 고 등학생의 삶에서 보았듯이, 게으름이라는 저(低)에너지 죄도 게으름 으로 수렴되는 행위와 태도가 반복되기 시작함으로써 자기를 복제 할 수 있다. 성향과 행위가 성품이 되고, 성품은 다시 성향과 행위 를 형성한다. 하나의 단순한 정신 상태가 점점 그 몸피를 키워 마 침내 한 사람의 운명이 될 수 있다(고전 그리스 비극에서 '오만'이 흔히 그러하듯). 반면, 어떤 정신 상태는 나선형으로 하강해 그 정신 상태 자체를 더 많이 산출할 수도 있다. 그러므로 수확의 대법칙을 좀 더 상세히 설명한다면 아마 이런 식이 될 것이다. 한 가지 생각을 심으 면 하나의 행위를 거두고, 하나의 행위를 심으면 또 하나의 행위를 거두며, 몇 가지 행위를 심으면 습관을 거두고, 몇 가지 습관을 심 으면 하나의 성품을 거두며, 하나의 성품을 심으면 두 가지 생각을 거둔다.[25] 그리고 새로운 생각은 그 나름대로 진전하고자 하는데, 이 생각들은 고유의 소산에 더하여 다른 수많은 사람들의 유사한 인생 주기와 교차하면서 활성화된다. 이 모든 사람들은 자기가 영향을 끼치기도 하고 영향을 받기도 하는 각자의 가정과 집단 체계 안에 존재한다. 따라서 선과 악이 진전하는 모양은 왕복 운동보다는 나선 운동을 닮았고, 나선 운동보다는 서로 얽히고설켜 자기 복제를 하는 나선 운동 파동을 더 많이 닮았다.

그 파동들이 만나는 곳에 문화가 형성된다. 하나의 문화는 "사람들의 집단생활 속에 제도화된" 신앙·사교 예절·성향·가치 등의 패턴으로서,[26] 이 패턴이 개별 인물과 관계를 맺는 방식은 개별 인물이 자기 생각 및 행동과 관계 맺는 방식과 똑같다. 즉, 개별 인물의 성품이 문화를 형성하고, 문화는 다시 성품을 형성하는 방식 말이다. 예를 들어 록 비디오 문화는 사람의 정욕을 묘사하고 흥분시킨다. 정치 문화는 대중의 냉소주의를 표현하고 악화시킨다. 대중 종교 문화는 예배가 예배자들을 흥겹게 해줘야 한다는 확신을 반영하고 심화시킨다.

미국에서 가장 친숙한 한 가지 논쟁이 바로 이 성품과 문화 이슈를 두고 널뛰기를 했다. 오늘날 유행하는 대중문화 영웅들의 영향력과 책임에 대해 어떻게 생각하는가? 이 사람들은 리더인가 추종자인가? 이 영웅들은 이국적인 행실에서부터 천박한 행실에 이르기까지 온갖 모습을 다 보여주는데, 이런 행실들로 이들은 굶주린 문화가 지금 당장 원하는 것을 줄 뿐인가, 아니면 새로운 메뉴의 정욕과 폭력으로 미국 젊은이들의 입맛을 타락시키는가?

부모를 비롯해 집단의 지도자들은 두 번째 경우에 혐의를 둔다. 젊은이들은 자기 영웅을 우상시할 뿐만 아니라 그 영웅을 모방하기도 한다는 것을 알기에, 그리고 모방은 젊은이들이 결실 능력이 좋은 이 우상들에게서 거둔 것을 다시 심는 주된 방식이라는 점에 주목하기에 부모들과 집단 지도자들은 분개해서 이렇게 묻는다. 세계 최고의 농구 선수가 수많은 여성들과 잠자리를 같이한다면, 수십 만 달러를 도박으로 탕진한다면, 공개적인 자리에서 다른 선수를 욕하고 술집에서 팬들과 싸움질을 한다면, TV 광고에 등장해 특정 브랜드의 운동화를 구매하면 그 사람은 출세한 사람이라는 생각을 팔아먹는다면—이들이 이런 행동을 한다면—아직 생각이 덜 자란 수많은 어린 팬들에게 어떤 파급 효과가 미치겠는가? 유명 래퍼가 발매한 앨범 가사가 여자들의 질膣 벽을 찢어 놓고 싶다든지, 여자들의 척추를 부러뜨리고 싶다든지, "나쁜 년들"이 "구역질"할 때까지 구강성교를 시키고 싶다든지 하는, 서정抒情과는 거리가 먼 욕구 일색이라면, 그런 지저분한 비행非行이 지나간 자리에는 어떤 잔해가 남겠는가? 오디오 기기에, 두 귀에 그리고 머릿속에 적대적이고 성차별적인 쓰레기 음악만 가득 들어 있는 젊은 남자가 여성을 존중하며 공평하게 대할 것이라 기대한다면 이는 얼마나 비현실적인가? 집단 성폭행을 저지르고, 변태 행위를 강요하고, 눈 하나 깜빡하지 않고 아무렇지도 않게 여자들을 살해해 온 나라를 놀라게 하고 마침내 할 말을 잃게 만드는 그 성적 '난폭함' 말고 이들에게 기대할 것이 무엇이겠는가?[27] 간단히 말해, 대중문화 영웅의 팬들이 저지르는 죄에 대해서는 그 영웅들에게 책임을 물어야 하지 않겠느냐는 것이다.

일리 있는 물음이고, 이 물음에는 일리 있는 답변도 있다. 물론 가장 주된 답변은, 이 영웅들 상당수는 자신들도 자기 문화의 산물이라는 것이다. 스포츠 스타와 유명 랩 가수는 지금의 자기 모습을 자기 스스로 만들어 내지 않았다. 이들은 자기를 칭송하고 자기를 형성해 낸 문화를 확장하고 있을 뿐이다.

운동선수라는 특별한 신분을 생각해 보라. 정상급 선수들은 중학교 때부터 주변의 찬사에 파묻혀 산다. 하지만 이는 시작에 지나지 않는다. 고등학교와 대학교를 사회의 엘리트로 살면서 운동선수들은 흔히 특별한 숙소, 특별한 식사, 특별한 장학금은 물론 '레저 생활'과 '현대인의 삶 적응하기' 강좌 같은 특별한 교과 과정을 향유한다. 학생 선수들이 유명 대학 팀에 선발되어 학교를 방문할 때면 특별히 젊은 여성들이 이들을 맞이하며 안내한다. 이런 특별 대접도 모자라 치어리더들이 이들을 위해 옆 구르기 재주를 선보이고, 학장은 성적 증명서를 조작해 주고, 돈 많은 동문들은 알아서 이들에게 돈을 걸어 주고("볼리, 네가 저 맥주병 못 뛰어 넘는다에 천 달러 걸겠어!"), 코치들은 말도 안 되는 논리로 이들을 옹호해 준다("좋아, 그러니까 존이 시속 190킬로미터로 차를 몰았단 말이지. 그런데 존 말이 연료통에서 나쁜 가스를 좀 빼려고 그랬다고 하니 믿어 줘야지").[28] 이런 일들이 반복되면서 선수들은 행동의 한계는 얼마든지 협상할 수 있고 사교 영역은 얼마든지 넓어질 수 있다는 생각을 하게 된다. 이런 문화가 낳은 운동선수들이 여학생을 집단 성폭행하거나 팬들을 업신여기거나 여자 친구를 구타하거나 혹은 마약에 취해 횡설수설한다 해도 이는 별로 놀라운 일이 아닐 것이다.

다른 원인?

수확의 대법칙을 비롯해 부패의 그 외 역학은 죄가 어떻게 진전되는지 서술하고 조명하며 심지어 예측하기도 하지만, 이런 내용들이 죄를 다 설명해 주지는 못한다. 지금까지 보았다시피, 죄의 정황과 역학을 아무리 이야기해도 그게 반드시 죄의 원인에까지 미치지는 못한다는 게 그 이유다. 그래서 어떤 운동선수들은 주변 문화가 밀어붙이는 방향으로 가는 반면 그렇지 않은 선수도 많다. 많은 선수들이 조용하고 건전한 삶을 영위한다. 죄의 뿌리를 추적하려면 인간의 마음, 곧 인간이라는 행위자의 능동적 관제 센터에 대해 먼저 생각해야 한다. 그런데 바로 이 지점에서 우리의 탐구는 어려움에 빠진다. 아주 선한 사람일지라도 사람의 마음이 오로지 선하기만 하지는 않기 때문이다.[29] 악한 마음은 일종의 미로다. M. 스콧 펙은 정신과 의사가 일부 환자들을 대할 때 씨름해야 하는 성격 병리의 아주 힘든 사례에 대해 논평하면서 이를 "거짓과 뒤틀린 행동 동기와 왜곡된 의사소통이 미궁처럼 얽힌 덩어리"라고 묘사한다.[30] 환자 한 사람에게서 이 모든 것이 나타난다. 이 사람과 그 일가, 거기에다가 평범한 죄인들과 아주 선한 사람 그리고 다른 모든 사람들로 하여금 심고 거두고 다시 심게 해보라. 서로 수정하고 교차 수정하게 해보라. 거기서 빚어지는 문화는 합리적인 분석을 거부할 것이다.

어떤 문화culture에서든 선과 악은 수많은 방식으로 조합되고 재조합되어, 영농agricultural 전문가도 새로운 잡종들이 생겨나는 경로를 다 추적할 수 없을 정도다. 그런 성장은 복잡할 뿐만 아니라 일부 감춰져 있기도 하다. 사실은 그런 비밀 상태가 악을 수태한다.

예를 들어, 외부와 격리된incestuous 관계 안에, 그리고 그 관계를 중심으로 사람은 누구나 비밀을 갖고 있다. 근친상간incest은 그런 관계가 없이는 존재할 수 없었을 것이다.

궁극적으로, 우리가 아는 인간은 하나님을 기쁘시게 하고 샬롬을 확립할 자로 창조된 사람들, 그러나 불가사의하게 다소간 그 존재 목적에 반하는 삶을 사는 사람들뿐이다.[31] 육신을 입은 생명, 본래의 결을 거스르는 그 생명의 어리석음과 다산성과 지속력은 늘 인간을 유혹해 인간의 마음과 그 행동 동기 밖에서, 인간 자신이 야기한 문화적 압박 밖에서 어떤 설명을 찾게 만들었다. 인간은 악이라는 프로그램의 그 악명 높은 비참함에도 불구하고 왜 악을 고집하는가? 마음은 왜 마음이 원하는 것을 원하는가? 우리가 이해하기 힘든 어떤 목적이 있어서 하나님께서 사람들로 하여금 죄를 짓게 만드시는 것일까? 마귀는 왜 사람들로 죄를 짓게 만들까? 신약성경에 언급된, 그러나 실제로 설명되지는 않은 "권세"(롬 8:38, 엡 6:12, 골 1:16 등)에 대해서는 또 어떻게 생각해야 하는가?

기독교의 주된 전통은 위와 같은 생각들을 언제나 한목소리로 배격해 왔다. 인간의 악을 합리화하여 책임을 회피하려는 암시로 여겨서 말이다.[32] 그중 첫 번째는(하나님께서 나로 하여금 죄짓게 만드셨다) 성경이 그리는 하나님 초상의 핵심, 즉 "하나님은 빛이시라. 그에게는 어둠이 조금도 없으시다"(요일 1:5)라는 사실을 더럽힌다.[33] 하나님은 완벽하게 공의로우시고, 거룩하시고, 선하시다. 성경이 하나님에 대해 증언하는 말을 한마디로 뭉뚱그리면, 하나님은 죄를 미워하신다는 것이다. 하나님은 죄를 금지하시고, 죄를 판단하시며, 사람들을 죄에서 건지시고, 죄를 사하시며, 그렇게 하기 위해 고난당하신다. 그래서 당연히 기독교회는 하나님께서 죄를 조성하신다거나, 죄를 조장하신다거나, 죄를 키우신다거나, 아니면 죄를 후원하신다는 어떤 암시도 다 신성 모독으로 여겨 강력하게 배격한다. 혹 성경에서 '이해하기 어려운 어떤 구절'이 죄가 관련된 어떤 문제에서 하나님의 손이 전적으로 깨끗하지는 못함을 암시할 경우(예를 들어, 출애굽 전에 있었던 사건들에서 "여호와께서 바로의 마음을 완악하게 하셨"다든가 하는[출 9:12]), 이 구절을 해석할 때 그리스도인들은 하나님의 거룩함에 대한 묘사를 그대로 보존해 줄 해석 방식을 찾으려 애써야 한다.[34] 기독교에서 하나님의 거룩함은 단연 타협이 불가능한 개념이다.

신약성경이 사탄 혹은 마귀라 부르는 존재는 그렇지 않다. 사탄은 기만하고, 위협하며 다가와 말을 걸고, 미혹하며, 참소하고, 파괴하는 존재요, 신약성경 기자들이 비록 내키지는 않지만 "귀신의 왕"(마 12:24)이라고, 심지어 "이 세상의 신"(고후 4:4, 요 12:31 참조)이라고 호칭할 정도로 권세와 간교함을 지닌 존재다.[35] 그럼에도 사탄은 예수 그리스도의 맞수가 될 수 없으니, 예수 그리스도는 귀신을 쫓아내는 분이요, 멸하는 자를 멸하는 분이며, 사탄을 꾸짖고, 사탄이 가진 것을 빼앗으며, 사탄을 두려움에 떨게 하는 분이다. 또한 사탄은 그리스도께 신실하게 붙어 있는 자들을 그분에게서 떼어 내 해를 끼치지 못한다. 사탄은 유혹할 수 있으나 강제로 무엇을 하게 만들지는 못한다. 사탄은 참소할 수 있으나 유죄를 선고할 수는 없다. 사탄은 위협적으로 다가와 말을 걸 수 있으나 멸하지는 못한다. 아니, 어찌되었든 간에 "하나님의 전신 갑주를 입"은(엡 6:11) 사람은 멸하지 못한다. 그 악한 자는 우리가 허락하지 않는 한 우리에게 접근하지 못한다는 것이 신약성경의 핵심적인 확신이다. 사탄은 미혹받을 작정으로 저자 거리에 나선 사람만 미혹한다. 사탄은 자기 자신을 속이는 사람만 속인다.

다시 말해, 사탄은 사람들에게 죄를 지으라고 강요하지 않는다. "권세"도 마찬가지다.[36] 권세라고 하는 이 신비로운 게 무엇이든, 어떤 정신spirit이나 힘이나 아니면 둘 다든, 마귀나 어떤 동력이나 아니면 이 둘의 음험한 합성물이든, 인격체나 인격화한 것이든, 사회 구조나 그 구조가 지닌 영향력의 패턴이든, "권세"라는 말을 들을 때 대다수 그리스도인들은 그 의미를 알아차리고 두려움에 몸을 떤다. 죄는 사람의 일일 뿐만 아니라 사람과 사람 사이의 일, 심지어 사람을 초월하는 일이기도 하다는 것을 이들은 알고 있다. 죄는 단순히 죄인이 저지르는 일의 총합이 아니다. 죄는 어떤 정신이라는 강력하고도 교묘한 형태를 입는다. 그 정신은 시대정신일 수도 있고, 사귐의 정신일 수도 있으며, 한 국가의 정신 혹은 어떤 정치운동의 정신일 수도 있다. 죄는 제도와 전통의 내부로 굴을 파듯 파고들어가, 그곳을 거처 삼고 접수한다.[37] 죄에게 접수당해 형성되는 새로운 구조는 전도, 무정형성 혹은 지나친 엄격함이 어떤 식으로 조합된 모습을 보일 가능성이 있다.[38] 예를 들어, 법이 선별된 천민 집단의 자유를 종식시키는 방향으로 굴절될 수 있다. 사람과 사람의 사귐이 속임수와 무시의 난잡한 향연 가운데 와해될 수 있다.[39] 온 나라가 잔인한 독재자의 폭정 아래 옴짝달싹 못하게 될 수도 있다.

전통적인 그리스도인치고 권세가 우리에게서 자유와 책무를 앗아 간다는 사실, 우리로 하여금 죄 짓게 만든다는 사실을 인정하고 싶은 사람은 없을 것이다. 사실 모든 전통적인 그리스도인은 권세가 이미 그보다 더 큰 하나님의 권세 때문에 크게 위태로워졌다고 단언하고 싶을 것이다. 그리스도의 승리를 말하는 신약성경 본문은 그분께서 세상의 모든 권세를 무력화하셨고 모든 권세를 구경거리로 삼으셨으며 그 권세를 이기시되 신자들을 하나님의 사랑에서 결코 끊을 수 없는 방식으로 이기셨다고 외치지 않는가?(골 2:15, 롬 8:38-39) 하지만 권세라는 이름은 여전히 교묘하게 호명되고 있다. 헨드리쿠스 벌코프Hendrikus Berkhof가 말한 것처럼 개인적인 선은 권세를 이길 수 없다. 사실 권세의 위력에는 불가피성이라는 느낌이 있다.[40]

독일의 수많은 루터교 그리스도인들은 왜 위대한 국가 옹호자라는 새로운 신분을 갖게 된 것에 짜릿해하며 히틀러와 그 범죄자 집단에 목숨을 바쳤을까? 인종과 민족Volk과 종족 정체성(보화와 특수성의 그 중요한 본원) 어디에서 우리는 한번 켜지기만 하면 옹졸한 폭력의 악몽 가운데 이웃을 이웃과 대적하게 만드는 그 스위치를 발견할 수 있을까? 증권 시장, 은행, 보험회사, 법무법인, 부동산 중개소에 어떤 힘이 있기에 사람들을 움직여 경쟁 상대를 물리칠 뿐만 아니라 경쟁자에게 굴욕을 안기려 하게 만드는가? 이 사람들은 개별적인 존재로서는 그런 목표를 기피하지 않는가?[41] 군수장교와 방위산업 하청업체는 왜 서로를 부패시키는 관계, 납세자들이 도무지 깨뜨릴 수 없는 관계로 예외 없이 맞물려 납세자들을 속이는가?

이 책 1장에서 우리는 죄가 인간이 처한 곤경 중 최악인 것은 다른 무엇보다도 인간 고유의 속성을 부패시키기 때문임을 살펴보았다. 죄는 우리의 의도에도 붙어 있고, 기억에도 붙어 있으며, 생각과 말에도 붙어 있고, 똑똑한 행동에도 붙어 있다. 죄는 이렇게 인간 특유의 모든 특징에 붙어 있으면서 그 특징들을 무기로 변모시킨다. 즉, 과학자가 재능을 발휘해 어떤 질병을 정복할 수도 있지만, 동일한 재능으로 어떤 질병을 만들어 테러리스트에게 팔아먹을 수도 있다. 사려 깊게 상대를 칭찬하고 배려할 줄 아는 건 좋은 일이지만, 남자는 결혼하고 싶은 여자를 그런 말재주로 꼬드기거나 정복하고 싶은 여자를 호릴 수도 있다. 자녀는 부모의 권위에, 학생은 교사의 권위에, 시민은 정부의 권위에 복종해야 하지만, 이 권위가 자녀와 학생과 시민을 만만하게 여겨 악의 피해자로 만들거나 심지어 악의 도구로 삼을 수도 있다.

왜 그런가? 이런 굴절과 모순은 무엇으로 설명할 수 있는가? 이런 현상을 설명하기 위해서는 악의 어떤 중심 특징을 살펴봐야 하는가?

— 05

기식자

눈물만 먹고 사는 나방 종류가 있다. 그 나방들이 먹거나 마시는 건 눈물뿐이다.

— 토머스 해리스, 『양들의 침묵』

악에 대한 권세를 가지지 못하면 선에 대한 권세도 가질 수 없다. 어머니의 젖
조차도 영웅뿐만 아니라 살인자를 먹여 키운다.

— 조지 버나드 쇼, 『바바라 소령』

1955년 몽고메리 버스 보이콧운동(흑백 분리주의에 항거해 1955년 12
월부터 이듬해 11월까지 미국 앨라배마 주 몽고메리에서 일어난 흑인들의 대
규모 흑백 차별철폐운동이다. 1955년 12월 로자 파크스라는 흑인 여성이 시내
버스 백인 좌석에 앉았다가 백인 승객에게 자리를 양보하지 않아 시내버스에
서 흑백 분리를 규정한 몽고메리 시 조례를 위반했다는 죄목으로 체포된 것
이 발단이었다—옮긴이) 당시 마틴 루터 킹 2세와 몽고메리 진보연합
Montgomery Improvement Association, 이하 MIA은 수천 명의 지역 흑인들을 이
끌고 몽고메리 시의 흑백 좌석 분리정책을 폐지시키려 몇 달 동안
힘겨운 싸움을 벌였다. 흑인들은 자전거나 도보로 먼 거리의 직장
까지 출퇴근했고, 카풀 제도를 도입하기도 했다. 하지만 지역 경찰
은 이들의 카풀을 주기적으로 방해했다. 걸핏하면 차를 세워 운전
자에게 이것저것을 따져 묻고, 와이퍼나 라이트가 제대로 작동하
는지 보여 달라 하고, 사소한 위반 사항에 대해서까지—심지어 허위

로도—법규 위반 스티커를 발부하곤 했다. 하지만 운전자들은 이에 적응했다. 한 역사가의 말에 따르면, 흑인 운전자들은 "도로를 엉금 엉금 기다시피 운행했고, 회전 깜빡이도 과하다 싶을 만큼 꼬박꼬 박 켰다. 마치 운전 학원에 다니는 초보들처럼."[1]

이런 어려운 조건 아래서 몽고메리의 수많은 흑인 시민들은 서 로 돕고 상호 책임을 진다는 정신으로 한결같이 보이콧운동을 지 지했다. 희생할 게 별로 없는 사람들도 불의라는 시^{市} 장벽을 헐어 내기 위해 자기가 가진 것을 희생했다. 주목할 만한 점은, 자기들 스스로 이 운동을 하고 있으면서 이를 이용해 개인적 이득을 취할 방법을 찾아내는 흑인들도 많았다는 점이다. 카풀을 하는 흑인들 은 가짜 환급 요청서를 제출해 MIA를 닦달하면서 "막대한 양의 휘 발유와 몇 트럭분의 스페어타이어"를 타 냈다. 테일러 브랜치^{Taylor} ^{Branch}의 말에 따르면, MIA는 "환급 시스템의 구멍을 메우려" 계속 애쓰고 있었다.[2] 닦달하는 사람들은 눈물을 먹고 살았다.

아이러니와 하이브리드

기독교회의 역사를 포함해 사람들의 입에 자주 오르내리는 역사의 아이러니 한 가지는, 사람들이 거룩한 전쟁에 더러운 무기를 들여 온다는 점이다. 야심만만한 설교자들은 세속주의자들을 비방하고 이들의 입장을 풍자한다. 전도단원들은 회심을 강요한다. 정통 신 앙을 가진 신자들은 이단의 발밑에 장작을 쌓고 불을 붙인다. 전쟁 후 승자들은 때로 지금까지 싸워서 타도한 그 악, 예를 들어 전제 정치 같은 것을 다시 도입한다.

정신이 번쩍 드는 사실은, 개혁은 끊임없는 개혁을 요구한다는 점이다. 구조자들은 구조받을 필요가 있다.[3] 수정修正은 수정을 필요로 한다. 회개한 신자는 그 회개의 어떤 차원, 이를테면 자기를 무릎 꿇게 한 그 겸손 가운데 자리 잡고 있는 교만 같은 것까지도 회개할 필요가 있다.[4] 악은 그 악을 제거하는 데 쓰여야 할 메스까지 오염시킨다. 몽고메리 버스 보이콧운동도 다른 어떤 대의와 마찬가지로 외부는 물론 내부의 부패와 싸워야 했다.

죄를 연구하는 사람이라면 오래지 않아 알게 된다. 이 주제는 깊이와 반전과 모순과 놀라움으로 가득하다는 것을. 이 중 어떤 것은 인간 의지의 창의력에서 비롯되고, 어떤 것은 인간 의지의 고집스러움에서 비롯된다. 어떤 것은 집단의 악이 발생시키는 기이함과 압박감에서 비롯되고, 어떤 것은 부담을 좀 느슨하게 하려고 몸부림치는 개인 양심의 주권에서 비롯된다. 깊이 파고 들어가 보면, 죄는 그 깊은 곳에서 신앙 자체를, 죄의 공개적 원수인 신앙 자체를 오염시킨다. 죄의 모든 반전과 아이러니는 어떤 면에서 악이 홀로 등장하지는 않는다는, 홀로 등장할 수 없다는 사실에서 생겨난다. 아우구스티누스는 말하기를, 우리는 자기의 죄 가운데서도 하나님을, 곧 우리에게 자기 형상을 입히신 그분을 모방한다고 한다. 예를 들어, 인간의 의지는 "(하나님의) 전능을 어렴풋이 닮은 모습"을 보여준다.[5] 악은 언제나 선과 동시에 등장한다. 예를 들어 전시의 첩보 활동, 박해당하는 난민을 품어 주려는 운동에서 이 일을 가장 잘해낼 법하고 정의를 크게 성취해 낼 법한 사람은 바로 의도가 좋은 사람, 그와 동시에 거짓말도 할 수 있고 설득력 있게 남을 속일 줄 아는 사람이다. 일반적으로 선과 악은 함께 커 나가고, 서로 얽히고 설키며, 주목할 만하고 복잡한 방식으로 서로를 바탕으로 자라 나 간다.

전기 작가들은 이런 현상을 잘 깨우쳐 알아야 한다. 특히 인물 의 성품을 드러내는 문제에서는 더욱 그렇다. 훌륭한 전기 작가는 인물이 드러내는 모순은 거역할 수 없다는 사실을 안다. 마르틴 루 터는 바울 이후 가장 탁월한 그리스도인으로 서너 손가락 안에 꼽 히는 인물일 텐데, 루터가 우리의 흥미를 끄는 점은 은혜 복음의 담 대한 수호자인 동시에 무시무시한 반유대주의자로서, 유대인의 집 을 다 부숴 버리고 그 집에 살던 사람들은 마구간으로 쫓아내라고 자기 책에서 말했다는 것이다. 루터와 이름이 똑같은 현대인 중 가 장 유명한 사람을 비롯해 다른 유명 인물들에게서도 비슷한 모순 이 드러난다. 마틴 루터 킹 2세는 20세기의 가장 숭고하고 뛰어난 미국인으로 손꼽히지만, 결혼 생활 중에 외도를 했을 뿐만 아니라 표절한 책들로 명성을 쌓았다. 토머스 제퍼슨은 노예를 부렸다. 성 경 자체도 그렇게 선과 악이 뒤섞인 영웅들을 우리에게 보여주는 데, 예를 들어 다윗 왕은 위대하고 경건하고 부도덕한 인물로서 그 이름이 수 세기 동안 유대인과 그리스도인들에게 숭상받아 왔다.

이와 같은 인물의 모순을 관찰하다 보면, 인간은 말로 다할 수 없이 복잡한 피조물이며, 이 피조물 안에는 큰 선과 큰 악이 공존하 는 경우가 흔하고, 이 둘은 절연 처리가 잘된 방에 따로 존재할 때 도 있고, 아주 깊고 친밀하게 서로 꼬이고 얽혀 어느 하나의 도덕적 특질이 없으면 나머지 하나도 절대 알아차릴 수 없는 때도 있다고 자연스레 결론을 내리게 된다. 그래서 루이스 스메디스^{Lewis Smedes}는 이렇게 말한다. "살아 움직이는 일련의 모순, 그게 바로 우리다."

> 우리 내면의 삶은 밤과 낮처럼 구획이 되어 순수한 빛이 한 면을 비추고 완전한 어둠이 다른 한 면을 비추지는 않는다. 대부분의 경우 우리네 영혼은 그늘진 곳이다. 우리는 어두운 면이 빛을 차단하고 내부에 그림자를 드리우는 경계 지점에서 산다.……어디에서 우리의 빛이 끝나고 그늘이 시작되는지, 혹은 어디에서 우리의 그늘이 끝나고 어둠이 시작되는지 반드시 알 수 있는 건 아니다.[6]

그 결과, 어떤 특정한 사람이 선이나 악의 상징이 되어 버린 탓에 그 사람을 두고 선하다 혹은 악하다고 판단하는 게 사소하고 심술궂은 일이 되는 경우를 제외하면(예를 들어, 우리는 마더 테레사에게 약간의 신학적 과실이 있다고 해서 비난하지도 않고, 히틀러가 신성 모독을 꺼렸다고 해서 칭찬하지도 않는다), 우리 자신을 포함해 대다수 사람에 대한 우리의 판단은 복합적일 수밖에 없다.

어떤 감정이나 마음 상태도 마찬가지다. 예를 들어 분노는 의분의 형태를 띨 수 있는데, 의분은 의인이 지니는 한 덕목이다. 반대로 분노는 경쟁자에 대해 이글거리며 타오르는 적의의 형태를 띨 수도 있는데, 적의는 시기하는 자에게서 볼 수 있는 악덕이다. 프라이드^{pride} 또한 적어도 두 가지 모습으로 다가온다. 프라이드는 탁월함을 이뤄 낸 데 대한 적절한 만족감의 형태를 띨 수 있으며(자부심), 이 만족감은 부지런한 사람의 덕목이다. 한편, 과도한 자기만족의 형태를 띨 수도 있으며(교만), 이런 만족감은 뽐내는 자에게서 볼 수 있는 악덕이다. 중요한 점은, 프라이드의 첫 번째 형태가 두 번째 형태에게 무릎을 굽힐 때마다 어김없이 문화 쇠퇴 현상이 등장한다는 것이다.

대략 계몽주의 시대에 이를 때까지 교만(이는 나르시시즘과 자만이 뒤섞인 것으로, 우리는 남들이 이런 모습을 보이면 매우 싫어하면서도 자기 자신의 이런 모습은 애지중지한다)은 일곱 가지 치명적인 죄 중에서도 첫째가는 죄로 널리 간주되었다. 따지고 보면, 교만만큼 수많은 전쟁과 시기와 형제 살해와 폭정과 인종 청소의 원인이 되고 인간과 인간 사이의 전반적인 사귐을 전복시킨 죄가 어디에 있는가? 과연 어떤 죄가 이 죄만큼 하나님을 우리에게 무의미한 분으로 보이게 만드는가? 하나님께서는 우리를 성령으로 충만케 하시려 하지만, 교만할 때 우리는 이미 자기 자신으로 충만한 상태가 되고 만다. 하나님이 들어설 여지가 없는 것이다. 아우구스티누스는 교만을 하나님의 도성에서 중대한 정치적 원수로, 하나님을 보좌에서 밀어내고 자기가 그 자리에 앉는 찬탈자로 규정했다.[7]

그런데 이제 풍조가 달라지고 있다. 물론 교만 자체는 여전히 우리 옆에 있다. 사람들은 여전히 자기 자신과 연애를 한다. 교수 회의에 참석한 교수들은 자기의 발언 시간보다 다른 교수의 말을 들은 시간이 많으면 뭔가 좀 덜 배운 듯한 기분이 되어 회의장을 나선다.[8] 숭배자들이 나에게 찬사를 보낼 때 진실하기는 하되 내 공로에 한계를 긋는 절제된 칭찬을 하면 우리는 여전히 뭔가 상처 입은 기분이 된다. 달라진 점은, 이 시대 미국 문화의 상당 부분에서 공격적인 자기애self-regard는 이제 놀라움의 대상이 아니라는 것이다.[9] 오히려 사람들은 자기애를 드높이고 조장한다. 이런 문화에서, 백인 학생들은 동양인 학생들에 비해 수학 실력이 뛰어난 게 아니라 자기의 수학 실력에 대한 자신감이 뛰어나다.[10] 이런 문화에서, 뉴에이지 사상 전도사들과 대중 심리학 전문가들(이 두 부류는 때로 겹치기도 한다)은 초월 개념을 포장해 소비자에게 판매하면서, 너희는 초의식의 존재요 상위 자아Higher Self로서 신적 존재, "만물의 본원과 하나인 자"로 성숙해 가며, 그리하여 존재의 궁극적 승격 가능성을 갖게 된다고 훈계한다.[11] 이런 문화에서 아방가르드 문학 평론가는 "도도한 독자들"에게 밀턴의 텍스트가 자신들에게 제기하는 문제보다는 자신들이 그 텍스트에 제기하는 문제가 더 중요하다고 가르친다. 그리고 최신 유행을 좇는 설교자들은 저축과 대출금을 유용하는 자들의 주된 문제점은 자기 자신을 무조건 사랑하지 않는 거라고 넌지시 말한다. 사실 예수님과 바울은 사랑에 대해 많은 말을 하지 않았는가? 존 알렉산더John Alexander는 말한다. "이제 난 확실히 안다. 예수께서는 '화 있을진저, 가여운 서기관과 바리새인들아! 너희는 멋진 놈들이지만 자존감은 형편없구나'(마 23:13-36)라고 친절하게 말씀하고 계시다는 것을. 게다가 바울은 유대주의자들에게 보내는 편지에서 이렇게 말한다. '중요한 건 할례도 무할례도 아니고, 자기만족이다'(고전 7:19)라고."[12]

자기중심적 문화에서 욕구는 필요가—어쩌면 의무까지—되고, 자아가 영혼을 대체하며, 인간의 삶은 경쟁적으로 쏟아지는 자서전의 아우성으로 퇴보한다.[13] 사람들은 자기 기분에 매혹당한다. 그리고 자기 기분에 대한 느낌에 또 매혹당한다. 그런 문화에서, 그리고 한창 그런 매혹을 느끼는 중에 자아는 탐험되고, 탐닉되고, 표현되기 위해 존재할 뿐, 연단받거나 자제되어야 할 존재가 아니다. 데이비드 웰스David Wells는 자기중심적 신앙이 신학과 객관적 진리를 밀어낸다고 말한다.

> 신학은 요법療法이 된다.……의에 대한 성경의 관심은 행복을 추구하는 것으로, 거룩에 대한 관심은 인격적인 온전함을 추구하는 것으로, 윤리에 대한 관심은 자아에 대해 기분 좋은 느낌을 추구하는 것으로 대체된다. 세상은 개인이 처한 환경으로 범위가 축소되고, 신앙 공동체는 개인적인 친구 진영으로 축소된다. 과거는 힘을 잃는다. 교회도 뒤로 물러난다. 세상도 물러난다. 남은 것은 자아뿐이다.[14]

성경을 비롯해 기독교 전통은 우리에게 말한다. 죄악 된 자부심 (즉, 교만)은 하나님의 원수라고.[15] 죄악 된 자부심을 갖는 게 유행이든 아니든 사실이 그렇다. 전통적인 기독교의 지혜에 따르면, 교만은 죄도 은혜도 인지하지 못한다는 게 주된 문제점이다. 실제로 교만은 죄와 은혜를 망치로 두드려 평평하게 만든 뒤 폐기하고 만다.

하지만 교만을 치명적인 죄로(그리고 불가사의한 어리석음으로) 생각하는 사람들은 문제를 복잡하게 만드는 두어 가지 현실을 깨닫고 인정해야 한다. 그 현실은 교만에 관해 기독교가 오래전부터 해 온 말을 무효화하는 게 아니라 우리가 어떤 식으로 그 말을 하고 그 말을 받아들여야 하는지를 한정해 준다. 교만이란 자기도취(즉,

나르시시즘)에 자기 능력이나 가치에 대한 과대평가가 뒤섞인 것이라고, 한마디로 자만이라고 해보자. 그래서 교만한 사람은 자기 자신에 대해 많은 생각을 하고 그와 동시에 자기 자신을 많이 생각한다. 그런데 우리가 익히 알고 있는 한 가지 복잡한 상황이 있는데, 어떤 사람들의 경우 교만의 나르시시즘적 측면이 불안에서 생겨난다는 점이다. 그런 사람은 자신이 부족하다는, 어떤 면에서 수준 미달일 거라는 그 한 가지 염려 때문에 자기 자신에 대해 많이 생각하는 것일 수도 있다. 그래서 이 사람은 그 부족함을 벌충하기 위해 자기 평가를 부풀릴 수 있다. 특히 권위자가 곁에 있는 경우, 그리고 한 걸음 더 나가 자기가 원하는 관심을 받기 위해서는 남들에게 아주 좋은 이미지를 주어야 한다고 생각하는 경우엔 더욱 그렇다. 이에 대한 전형적인 사례로 「뉴욕 매거진」*New York magazine*의 '지극히 사적인 연락' 섹션에 실린 다음 광고를 생각해 보자. 자기만큼 훌륭한 남성을 만나고 싶어 하는 한 여성이 다음과 같은 광고를 실었다.

'눈에 확 띌 정도로 아름다운' 아이비리그 출신임. 쾌활하고, 열정적이며, 감수성 있고, 우아하며, 명민하고, 똑 부러지게 말 잘하며, 생각이 독창적이고, 특유의 태도가 있음. 아름다움과 깊이, 세련됨과 현실감, 진지함과 유쾌함이 보기 드물게 조화를 이룬 성품을 지녔음. 성공한 전문 직업인이며, 완벽할 정도의 자립심과 독립 능력이 있지만, 우리가 서로를 찾을 때까지는 진정으로 만족할 수 없을 것임.⋯⋯어떤 배경을 지닌 어떤 사람인지 충실하게 설명하는 편지로 답변해 주시기 바람. 사진 필수.[16]

자기 자신을 가리켜 "아름다움과 깊이가 보기 드물게 조화를 이뤘다"고 공개적으로 말하는 사람은 당연히 친구들을 곤혹스럽게 한다. 이런 종류의 발언에 친구들은 어떻게 반응할까? 자화자찬이 지나치다고 질책할까? 이렇게 자기를 칭송하면 독자들에게 자신감 있는 것으로 보일 줄로 아는 그 어린아이 같은 확신을 가엾게 여길까? 아마 질책과 동정을 적당히 절충시키는 조심스러운 반응을 보이지 않을까?

교만은 대단히 불안정한 복합물로서, 교만한 사람은 거드름 피우는 걸로 보였다가, 몹시 간절해 보였다가, 어리석어 보였다가 한다. 아니, 이렇게도 표현할 수 있다. 교만hybris은 잡종hybrid이라고. 교만은 압도적일 수도 있고, 측은할 수도 있고, 그 둘 사이에서 불안정하게 흔들거릴 수도 있다. 유명인 이름 들먹이기를 좋아하는 사람, 예를 들어 최근에 주지사하고 전화 통화를 했다고 뜬금없이, 별일 아닌 듯 이야기하는 사람의 말은 좀 불안정하게 들릴 수 있다.

교만의 두 번째 골칫거리(아니, 어쩌면 모순)는, 교만이 대단해지고 싶은 사람뿐만 아니라 실제로 대단한 사람까지 괴롭힐 수 있다는 점이다. 교만은 흔히 고상하고 학식 있는 사람들의 죄, 일국의 수상과 장성과 노벨상 수상자들의 죄, 정말로 뭔가 자랑스러워할 만한 게 있는 사람들의 죄다. 그런 점에서 전기 작가들이 어떤 비범한 업적을 남긴 사람들의 생애를 다룰 때, 흔히 어린아이 같은 허영이라는 장식을 함께 등장시키는 건 얼마나 신랄하고 철저한가. 예를 들어, 윌리엄 맨체스터의 『최후의 사자』 *The Last Lion* 에서 윈스턴 처칠Winston Churchill은 그 세대에서 가장 중요한 인물 두세 사람 중 하나로 등장한다. 처칠 자신도 그렇게 생각했던 것이 분명하다. "그는 말하기를, 자신이 생각하는 훌륭한 저녁 식사란 잘 먹고, 훌륭한 주제를 두고 토론하되 '나 자신이 토론을 주도하는 것'이라고 했다." 처칠이 자기 말에 얼마나 스스로 감탄했느냐 하면, 잠자리에 들어서 자기가 했던 말을 녹음한 테이프를 듣곤 할 정도였다. "한번은 그가 하인과 이야기를 나누었다. 그런데 이야기 끝에 처칠이 투덜거렸다. '자네, 무례하군.' 그러자 하인은 자기 신분을 망각하고 이렇게 받아쳤다. '주인님도 무례하십니다.' 처칠은 못마땅해서 부루퉁했다. 그리고 얼마 후 그는 말했다. '하지만 나는 대단한 사람이니까.'"[17]

중요한 사실은, 처칠이 어릴 때 그의 부모는(처칠의 간청에도 불구하고 기숙 학교에 한번 와 보려 하지도 않고 성탄절을 맞아 그가 집에 돌아와도 집을 비우기 일쑤였던) 자기 일에만 몰두하느라 가혹하다 싶을 정도로 어린 처칠을 돌보지 않았다는 점이다. 어린 시절에 자기 존재에 대한 회의를 마치 백팩처럼 짊어지고 다녔던 그는 어른이 되자 그것을 벗어던지려고 마음먹었다. 그리고 마음먹은 대로 아주 잘 해냈다.

맨체스터가 집필한 또 다른 전기의 주인공 더글러스 맥아더 Douglas MacArthur에 대해서도 생각해 보자. 제2차 세계대전 당시 태평양 지역 미군 최고 사령관이었던 그는 "최고이자 최악"의 인물이며, 예외적이라 할 만큼 담대하고 지략이 풍부한 군인으로, 자기 이미지를 고양시키려 450센티미터 거울을 사용하며 자기 자신을 늘 3인칭으로 일컬었던 사람이다("맥아더는 이제 포트 메이어로 출발할 것입니다"). "맥아더는 성공회 신자로서 자비로우신 하나님을 믿는 믿음은 진실했지만, 그래도 그는 자기 자신이라는 제단에만 경배하는 것 같았다. 그는 교회에 절대 나가지 않았으나 성경은 매일 읽었고, 자기 자신을 세계 2대 기독교 옹호자로 여겼다(다른 한 사람은 교황이었다)."[18] 교만 그리고 교만을 장식하는 허영심이 하나의 패키지를 이루어 일부 위대한 인물들의 표준적 소양이 되고 있다. "위대한 인물은 겸손하다고 하지만 이는 평등주의적 허구다"라고 맨체스터는 말한다.[19] 위대하면서 겸손한 사람도 있지만, 그렇지 않은 경우가 더 많다.

교만과 결합된 세 번째 요소는, 교만을 죄로 여기고 겸손을 미덕으로 여기는 바로 그 전통이 흔히 흑인에게 겸손을 설교하는 백인, 여성에게 복종을 설교하는 남성, 모든 창조적인 충동을 비롯해 인격의 존엄을 지키기 위한 모든 몸부림을 다 오만이 드러나는 부끄러운 모습으로 여기는 엄격하고 상상력 없는 사람들이 지배해 온 전통이라는 점이다. 그런 사람들의 눈으로 보기에 자기 존중을 원하는 사람은 다 건방진 사람이었다. 문제를 복잡하게 만드는 건, 겸손과 복종을 옹호하는 사람들은 대개 이런 덕목들이 대중에게 인기가 있어야만 자기에게 이득이 되는 사람들이다. 그래서 이런 덕목들을 채택하는 것을 어떤 특수한 이익 집단의 프로젝트인 양 만들어 버렸다.

교만한 사람은 대체적으로 타인의 겸손을 좋아하며 그래서 타인에게 겸손을 선전하려고 한다. 그래서 죄의 비극적 아이러니 중 하나는, 겸손한 사람이 때로는 자기가 미워하는 바로 그 교만을 찬

탈함으로써 이에 응수한다는 점이다. 이들은 적당한 자기 존중을 위해 나섰다가 결국 한도를 넘고 만다. 전제 정치의 폭압에 시달리던 사람들이 이에 맞서 봉기했다가 결국 그 자신이 폭군이 되는 경우나, 일부 페미니스트들이 자기 안에서 하나님을 추구함으로써 지배자 남성들의 교만에 응수하려다가 어찌된 일인지 자기 자신이나 자기의 능력을 사실상 하나님과 동일시하게 되는 경우처럼 말이다.[20] 죄 가운데 있는 사람들은 마치 얼음을 탈 때처럼, 활주하다 갑자기 급커브하는 경향이 있다.

박탈 그리고 기식

선과 악이 유착된 데서 비롯되는 뒤엉킴, 모순, 복잡한 결합 요소들은, 한 걸음 뒤로 물러서서 성경의 관점에서 바라볼 때 뭔가 더 윤곽이 뚜렷해 보인다. 성경이 전하는 중요한 이중 메시지는 창조와 구속이다. 죄가 개입하긴 하지만 어떤 독립적 테마로서 개입하지는 않는다. 그래서 사도 바울 곧 죄와 은혜에 관한 한 성경 최고의 신학자인 그는 죄가 과연 무엇을 대적하느냐의 관점에서 죄를 말한다. 죄는 율법에 반하고, 의에 반하고, 하나님께 반하고, 성령께 반하고, 생명에 반한다. 바울의 메시지는, 하나님께서 예수 그리스도의 죽음과 부활을 통해 죄인들에게 값없는 은혜를 아낌없이 보여주셨다는 것이다. 이 하나님을 믿는, 이 그리스도를 믿는, 그리고 이분들의 은혜를 믿는 믿음이야말로 인간이 의롭다 여김을 받을 수 있는 유일한 소망이다. 따라서 은혜, 믿음, 의로움이라는 주제는 이것을 표현하고 획득하는 수단, 즉 십자가, 부활, 성령, 칭의, 그리스도게로 세례 받는 것과 한 덩어리를 이루어 바울의 관심사 한 가운데를 차지한다. 죄에 관해 말하자면, 바울은 죄가 사람을 미혹하고 종으로 삼고 파멸시킨다는 것을 알고 있다. 또한 그리스도께서 우리를 죄에서 구하려고 죽으셨다는 것, 그러므로 우리 죄는 그만큼 끔찍하다는 것도 알고 있다. 하지만 죄가 어디에서 오는지는 정확히 설명하지 않는다. 또한 죄가 가진 권세의 본질이나 죄가 어떤 수단을 통해 전염되는지 규정하려고도 하지 않는다.[21]

바울이 이런 이야기를 생략하는 한 가지 이유는, 성경의 세계관 곧 죄가 우울할 만큼 흔해 빠진 그 세계관에서도 죄는 절대로 통상적이지 않기 때문일 것이다. 죄는 궁극적으로 알 수 없고, 비합리적이고, 이질적이다. 죄는 언제나 규범에서 이탈하는 것이며 그에 따라서 평가된다. 죄는 비정상이요 도착이며, 부정, 불의 혹은 배은망덕이다. 출애굽 관련 문서에서 나타나는 죄는 무질서와 불순종이다. 죄는 믿음 없음, 불법, 불경함이다. 죄는 선을 넘는 것이요, 선에 이르지 못하는 것이다. 둘 다 허물이자 부족함이다. 죄는 표적을 놓치는 것이요, 선한 것을 망치는 것이요, 옷에 얼룩을 묻히는 것이요, 발을 저는 것이요, 길을 벗어나 헤매는 것이요, 온전한 것을 파편화시키는 것이다. 죄는 유책성 있게 샬롬을 훼방하는 것이다. 죄된 인생은 올바른 인생의 풍자화다.

그러므로 죄에 관한 가장 중요한 성경적 개념, 다채로운 이미지와 용어로 표현된 개념은 죄는 변칙이요 난입자며 악명 높은 파괴자라는 것이다. 죄는 하나님의 세상에 속해 있지 않은데 어찌된 일인지 그 세상에 들어와 있다. 실제로 죄는 그 세상에 눌러 앉아 있고, 떼어 내려고 하면 진드기처럼 더 깊이 파고든다.[22] 이 고집스럽고 끈덕진 특질 때문에 인간의 죄는 마치 나름의 생명이 있는 것처럼, 어떤 독립적인 힘인 것처럼, 심지어 일종의 인격체인 것처럼 보인다. 사실 사도 바울도 이를 시사하는 표현을 쓴다. 죄가 "사망 안에서 왕 노릇"했다거나(롬 5:21), "죄가……나를 속이고……나를 죽였"다거나(롬 7:11), "만일 내가 원하지 아니하는 그것을 하면 이를 행하는 자는 내가 아니요 내 속에 거하는 죄니라"(롬 7:20)라고 말한 것이 바로 그런 예다.

하지만 거기서 멈추지 말고 계속 읽어야 한다. 바울이 죄에 대해 말하는 주요 구절에는 승리를 말하는 구절이 전형적으로 뒤따른다. 그리고 이런 구절들은 성경의 주된 가르침을 제시한다(특히 롬 8:31-39에서는 나팔 소리가 일제히 울려 퍼진다). 즉, 죄는 두려울 만큼 강력한 힘으로 선을 망치지만, 세상에서 하나님의 원래 계획이나 혹은 새로운 계획 그 어느 것도 궁극적으로 압도하지 못한다는 것이다. 죄는 몽고메리 버스 보이콧운동 정도도 이기지 못했다.

이유가 뭔가? 죄가 우세한 동시에 운이 다하기도 했고, "권세"인 동시에 "아무것도 아니며", 가공할 만한 동시에 무시해도 좋을 만큼 하찮기도 하다는 사실을 어떻게 설명해야 할까? "죄의 역사는 매우 현실적이다"라고 제프리 브로마일리는 말한다. "하지만 죄의 역사는 그 어떤 견고한 위업도 이루지 못한다."[23] 왜 그럴까?

죄는 기식자(寄食者)요 초대받지 못한 손님으로, 주인에게 계속 먹을 것을 졸라야 하기 때문이다. 죄에 관한 그 어떤 것도 죄의 소유가 아니다. 죄의 모든 권세, 끈질김, 그럴듯함 등은 다 훔친 것이다.

죄는 사실상 실체가 아니라 실체를 망치는 것이요, 유기체가 아니라 유기체에 붙어사는 거머리다. 죄는 샬롬을 이루어 내지 못한다. 죄는 샬롬을 파괴한다. 형이상학적 관점에서, 악은 선과 동등하고 선의 상대역이 될 만한 특질인 체하면서 선에게 참된 대안을 제시하지 못한다. C. S. 루이스는 "선은, 말하자면 선 자체다. 반면 악은 더럽혀진 선일 뿐이다. 뭔가 선한 것이 먼저 있어야 더럽혀질 수 있다"라고 말했다.[24] 여기서 루이스는 "악은 선의 결핍 상태이며 그 외로서는 존재하지 않는다"라고 말한 아우구스티누스의 개념을 재현하고 있다.[25] 선은 본래적이고, 독립적이고, 건설적이다. 반면 악은 파생적이고, 의존적이고, 파괴적이다. 악이 성공하려면 선에게서 강탈해 오는 게 있어야 한다.

작가 스티븐 비진치Stephen Vizinczey는 한 소설에서 윌리엄 T. 맥아더William T. MacArthur라는 인물을 그리고 있는데, 그는 "뉴욕 시 전체에서 가장 평판이 나쁜 변호사"였다. 소설 속 화자는 말하기를, 맥아더와 관련해 흥미로운 사실이 있는데, 그것은 그가 판사들을 매수하고 증인에게 위증 시키는 일을 잘하는 건 그가 이런 일에서 신뢰할 만하다는 바로 그 이유 때문이라는 것이다. "윌리엄 T. 맥아더는 말이 곧 보증서였다. 이런 이유 덕분에 그는 그렇게 효과적으로 사법 정의를 방해할 수 있었다." 화자는 사법 부패의 현장에서 진짜 성공하는 사람은 신뢰할 만한 사람뿐이라고 말한다.[26]

샬롬을 향해 가장 멋있게 일격을 가하는 이들은 임기응변이 뛰어나고 힘과 지능을 갖춘 사람들이나 어떤 동향이다. 바꿔 말해, 이 사람들이나 이 동향은 죄를 미워하시는 하나님에게서 죄가 공격하는 바로 그 선을 선물로 받은 이들이다. 역설적인 사실 한 가지를 덧붙이자면, 죄인들이 선한 것을 공격하기는 하지만 이들은 대개 죄를 지음으로써 뭔가 선한 것을 얻을 생각을 한다는 것이다. 밀턴의 사탄이 "악이여, 나의 선이 되어라!"라고 한 말이 놀라운 이유는, 그것이 도착적인 도전이기 때문이다. 3장에서 암시한 바와 같이, 사람들이 때로 별다른 이유도 없이 말 그대로 반항할 때도 있지만 이는 드문 경우다. 대개 사람들은 마음의 평화, 안전, 즐거움, 생존 공간,^{Lebensraum} 자유, 흥분을 추구한다. 악은 선을 원한다. 실제로 악이 악이기 위해서는 선이 필요하다. C. S. 루이스가 설명하는 것처럼, 사탄 자체도 하나님의 사탄이다. 사탄은 하나님의 피조물로서, 사탄이 정말로 악할 수 있는 건 오로지 그가 주인의 작업장에서 생겨 나오며 주인이 가진 최고의 재료로 빚어지기 때문이다.

> 더 좋은 재료로 빚어진 피조물일수록, 즉 더 영리하고 더 강하고 더 자유로울수록 바른 길을 갈 경우엔 더 훌륭해지지만, 그릇된 길을 가면 그만큼 더 나빠진다. 예를 들어, 소는 아주 좋거나 아주 나쁠 수 없다. 개는 더 좋을 수도 있고 더 나쁠 수도 있다. 어린아이는 그보다 더 훌륭하기도 하고 더 나쁘기도 하다. 평범한 사람은 더욱 그렇다. 천재는 더더욱 그렇다. 초인적인 정신을 가진 사람은 가장 훌륭하거나 가장 악하다.[27]

죄의 기식 본성을 알면 수수께끼 같았던 몇 가지 사실들이 설명된다. 죄의 기식 본성은, 선과 악이 여러 가지 복잡하고 역설적인 방식으로 자꾸 함께 모습을 드러내고 심지어 함께 자라 가기도 한다는 사실을 설명해 준다. 4장에서 살펴보았던 '죄의 결실'을 예로 들어 보자. 이 표현을 보면 모순 어법이라는 생각이 드는데, 왜냐하면 우리는 결실이라고 하면 선한 것, 풍성한 것, 생명 자체를 연상하기 때문이다. 결실이라는 말에서 우리는 성령의 열매, 태의 열매, 심지어 풍성한 과일 무더기를 로고로 사용하는 의류 회사를 떠올린다. 또한 창세기 1:28의 "생육하고be fruitful 번성하여 땅에 충만하라"라는 말씀, 자연스레 일어나는 일을 놀랍게 장려하는 말씀을 떠올린다.

그러므로 죄가 선과 나란히 증식한다는 것은 얼마나 이상한 개념인가. 신실한 부모는 자녀를 자기처럼 신실하게 키우는 경향이 있다. 하지만 믿음 없는 부모 역시 자녀를 자기와 똑같이 믿음 없는 사람으로 키운다. 너그러운 행위는 자꾸 반복되어 그 사람의 성품이 된다. 하지만 이기적인 행위도 마찬가지다. 하나님을 바라는 사람은 그 갈망을 충족하고 싶어 하고 그 욕구를 더 증진하고 싶어 한다. 하지만 섹스 중독자 역시 마찬가지다.

죄에 결실이 생기는 것은 죄가 마치 바이러스처럼 숙주의 생명력과 역동성에 달라붙기 때문이다.[28] 심고 거둠, 인간의 갈망, 아이가 본능적으로 부모를 신뢰하는 것 등은 선한 창조 세계의 근원이자 뿌리에 속한 일들이다. 죄는 이런 일들을 없애지 않는다. 오히려 그 일에 달라붙어 새로운 용도로 개조한다. 예를 들어, 신실한 아버지는 어린 딸의 신뢰와 사랑을 받아들여 강화하고, 그 사랑과 신뢰가 하나님 및 세상 쪽으로 확장될 수 있도록 애쓴다. 딸을 성적으로 학대하는 아버지 역시 딸의 신뢰와 사랑을 받아들이지만, 이 사랑과 신뢰를 이용해 딸을 자기의 정욕에 속박시킨다. 그는 조만간 신뢰가 두려움으로, 사랑이 분노로 변하게 만든다. 이 아버지는 딸을 한 번씩 성적으로 학대할 때마다 이 두려움과 분노를 강화시키며, 이 감정은 그가 원하든 원하지 않든 하나님과 세상을 향해 확대될 것이다.

죄의 기식 본성을 알면 죄가 어째서 많은 결실을 맺는지 설명이 된다. 죄의 기식 본성은 죄를 묘사한 그림이나 죄 이야기에 인간이 이상하게 마음이 끌리는 이유 또한 설명해 주지 않는가? 월레스 스테그너Wallace Stegner의 말에 따르면, 구경꾼들은 친절한 광경보다 잔혹한 장면을 좋아하며, 화가와 시인들은─아마도 그들 또한 이런 성향 때문에─자기 예술 작업을 이용해 그 성향에 부응한다. 더 나아가 이들은 선을 묘사하는 일보다 악을 묘사하는 일을 더 잘한다. 예를 들어, 단테는 악을 표현할 때는 작가로서의 본분을 다했지만(그가 묘사하는 지옥은 "뜨거운 생명으로 펄펄 끓는다") 선을 표현하는 부분에서는 완전히 실패했다. 그는 낙원을 바보같이 선웃음 치는 성도들과 아무 특징 없는 평범한 천사들이 득실대는 '신학적 머랭'(달걀흰자와 설탕을 섞어 구운 과자─옮긴이)으로 만들어 버렸다. 스테그너는 다음과 같이 가정해서 묻는다. "토르나부오니 거리를 걷다가 베아트리스가 인자한 미소를 짓고 있는 모습과 우골리노가 루지에리의 해골을 갉아먹고 있는 광경을 동시에 본다고 할 때 어느 쪽이 우리의 시선을 잡아끌겠는가?"[29]

충분히 그럴 법하다. 악은 토르나부오니 거리를 걷는 사람들을 매혹시키고, 대낮에 TV 채널을 여기저기 돌리는 사람들도 매혹시킨다. 한낮의 TV 드라마 시청률을 떨어뜨리려면 도덕적 착실함, 예를 들어 부부간의 신의, 충직한 우정, 일터에서 너그러운 마음으로 동료와 협력하기 등을 강조하는 내용으로 대본을 다시 쓰는 게 제일 빠른 방법일 것이다. 아무도 안 볼 테니 말이다. 사람들은 일곱 가지 치명적인 죄를 보고 싶어 하지 일곱 가지 치명적인 미덕을 보고 싶어 하지 않는다. 작가 이언 플레밍Ian Fleming이 한번은 어떤 주장까지 했느냐 하면, 일곱 가지 치명적인 죄가 없다면 우리네 삶이 따분해질 거라고 했다.

> 일곱 가지 치명적인 죄가 없다면 삶은 얼마나 단조롭고 공허해질 것인가! 우리의 기질 가운데 미량이라도 그 죄들의 당연한 기미가 없다면 우리 인간은 얼마나 아둔한 개와 같을 것인가! 또한 이러한 죄와 그 결과에 대한 묘사는 대다수 위대한 소설과 드라마에 맛을 더하는 효모 역할을 해오지 않았는가? 인류가 아무런 죄도 저지르지 않았다면 셰익스피어, 볼테르, 발자크, 도스토예프스키, 톨스토이가 과연 걸작들을 남길 수 있었을까? 이는 다빈치, 티치아노, 렘브란트, 반 고흐에게 원색을 쓰지 말고 그림을 그려 보라고 하는 것과 마찬가지다.[30]

하지만 여기서도 복잡한 상황이 발생한다. '악의 매력'이라는 논제에는 조건이 필요하다. 첫째, 거의 모든 죄가 다 플레밍의 말처럼 다채롭고 발효성이 있지는 않다. 어떤 죄는 윤활유를 치지 않은 바퀴 베어링만큼이나 매력이 없다. 예를 들어, 불행한 가정의 집안

공기를 가득 메우고 있는 공격적인 짜증이나, 쉴 새 없이 악착같이 들러붙는 선정성 등을 생각해 보라. 퉁명스러움, 관료들의 무관심, 투덜거리는 자기 연민, 뒤룩뒤룩한 탐욕, 쪼잔한 분노, 좀도둑질 등 이 중에 우리의 맥박이 빨라지게 만드는 건 하나도 없다.

둘째, 사람들이 드라마에서 악이 극적으로 표현되는 걸 즐길 때, 이들이 좋아하는 건 악이 아니라 어쩌면 드라마일 수도 있다. 따지고 보면 사람들은 선이 극적으로 표현되는 것도 좋아한다. 사람들은 도스토예프스키의 알로샤를 라스콜리니코프만큼 매력적이라 여기고, 빅토르 위고의 장발장을 셰익스피어의 이아고만큼이나 흥미로운 인물로 여긴다. 사람들은 대담한 은행 강도 행각과 이채로운 배신 이야기와 마찬가지로 용맹스러운 인명 구조담과 이목을 끄는 미담도 재미있어 한다. 1984년, 교황 요한 바오로 2세가 자신을 암살하려 했던 메흐메트 알리 아자^{Mehmet Ali Ağca}를 만나 용서를 베풀었을 때, 사람들은 3년 전 이 교황이 메흐메트의 총탄에 맞아 쓰러졌을 때와 다름없이 비상한 관심으로 그 광경을 지켜보았다.

더 나아가, 사람들이 어떤 틀에 박힌 형식의 드라마에서 악이 드러나는 광경을 즐기는 건, 관례에 따를 때 결국 누군가가 그 악을 간파하고 응징하리라는 것을 알기 때문이다. 미스테리 장르와 탐정물은 도덕극과 마찬가지로 이런 방식을 따라 결말을 예상할 수 있다. 그게 바로 우리가 이런 장르를 좋아하는 한 가지 이유다. 우리는 선이 결국 승리하리라는 것, 그래서 마지막엔 우리 마음이 뿌듯하리라는 것을 잘 알고 있다. 따라서 통속 멜로드라마에서 옛날 서부 영화와 이 시대의 추리극과 수사물에 이르기까지 사람의 관심을 끄는 공식은 똑같다. 죄가 위협하고 격분시키고 마음을 빼앗아도 걱정하지 말라. 다만 해가 저물 무렵이면 그 죄가 충분히 벌을 받는다는 것만 기억하라.

셋째, 선한 인물과 악한 인물의 상대적인 매력을 평가할 때, 우리는 그 인물들이 얼마나 예술성 있게 제시되는지를 하나의 평가 요소로 고려해야 한다. 끔찍하게 악한 사람(혹은 지루할 정도로 선한 사람)도 작가가 정말 노련하게 묘사하면 우리를 매혹시킬 수 있다. 비록 현실에서는 그런 사람과 단 일주일도 같이 있고 싶지 않을지라도 말이다. C. S. 루이스는 "불쾌한 대상을 묘사한 예술을 모방하는 건 유쾌한 모방일 수 있다"고 일깨운다.[31] 이 오래된 비평학적 발견은 여러 세대의 독자들, 특히 반항에 환호하는 경향이 있는 현대 독자들이 왜 『실낙원』*Paradise Lost*에서 사탄이 주역主役을 가로챘다고 생각하는지 그 이유를 부분적으로 설명해 준다.[32]

그래도 여전히 우리는 알고 싶다. 작가와 예술가는 왜 선한 인물보다는 악한 인물을 묘사하는 데 자기의 예술적 재능을 더 활발히 발휘하고, 선한 인물보다는 악한 인물에게 인물 특색을 더 풍성하게 부여하는 것처럼 보이는지 말이다. 작가와 예술가를 비롯해 우리도 선보다는 악을 더 잘 알며 에덴보다는 에덴 동편에 있는 땅을 더 잘 알 거라는 가능성을 인정해도 의문은 여전히 남는다. 예술가와 관객은 왜 악한 인물을 그렇게 흥미롭게 여기는가?

음울한 이유 하나를 든다면, 우리가 때로 이 인물과 자기를 동일시하기 때문이다. 악한 인물을 감히 모방하지는 못하지만, 우리는 마음속으로 은밀히 그 인물을 동경한다. 이유가 뭔가? 아마 그 인물이 우리 마음속 반항을 실행에 옮겨 주기 때문일 것이다. 악한 인물에게는 누구도 이래라저래라 하지 않는다. 모두 그 인물을 '존중해야' 한다. 이들은 자신의 규칙을 자기 스스로 정한다. 예를 들어, 보니와 클라이드^{Bonny and Clyde}(1930년대 전반 미국 중서부에서 은행 강도와 살인을 일삼은 보니 파커와 클라이드 배로 커플을 일컫는 말이다. 루이지애나에서 경찰에게 사살될 때까지 수많은 살인에 관여하고 무수한 강도 행각을 저질렀다. 금주법과 대공황이라는 환경 때문인지 흉악한 범죄자임에도 이들을 영웅으로 보는 사람이 많았고, 이들의 범죄 행각은 후에 여러 차례 영화화되기도 했다—옮긴이)가 우리에게 특별하게 와 닿고 우리의 관심을 끄는 건 오로지 그 이유 때문이다. 이 외에도 이 커플은 넉살 좋고 심지어 대담한 것으로도 우리에게 강한 인상을 남긴다. 사실 은행 강도짓을 하려면 배짱이 있어야 한다. 게다가 대공황이라는 상황이 안겨 주는 허기와 분노를 고려할 때, 이 두 무법자는 어려운 시기에 대안적인 정의를 제공해 준 또 하나의 인물 로빈 후드를 좀 닮아 보이기도 한다. 더 나아가 모든 반항아들이 그렇듯 강도는 금지된 영역에 침입하는데, 이 금지된 영역 또한 우리 마음을 매혹시킨다. 우리는 금지된 영역에 침입하는 자들, 출입금지 팻말 앞에서 콧방귀를 뀌는 사람들에게 공감하며, 우리가 그렇게 해도 무사한 건 이 공감이 그냥 대리 만족일 뿐이기 때문이다.

마지막으로, 우리는 무법자들이 '아무 벌도 받지 않고 넘어가기'를 바란다. 왜냐하면 뭔가를 잘못했을 때 우리도 그렇게 무사히 넘어가기를 바라기 때문이다. 적어도 한밤중에 꾸는 악몽이 그 사실을 우리에게 말해 준다. 꿈인 줄 알고 안도감으로 잠에서 깨고,

나는 범죄자도 도망자도 아니라는 사실을 깨닫게 되지만, 그 전에 그 악몽의 절반가량은 추적을 피해 도망가려 애쓰는 광경으로 채워진다. 사실 금단의 열매에 끌리는 마음을 외고집 및 단지 지켜보려고만 하는 관음주의자의 욕망과 결합시키면 그게 바로 관념적 반항아의 초상이 된다. 관념적 반항은 도덕적인 면에서 아마 간음 판타지와 동일한 수준일 것이다. 실제 저지른 것만큼 나쁘지는 않지만, 그럼에도 이것은 그 사람의 마음을 폭로하며 부패시킨다.

주목해야 할 사실은, 우리를 매혹시키는 것은 죄 가운데 있는 악뿐만이 아니라는 점이다. 죄 가운데 있는 선도 우리를 매혹시킨다. 죄는 치명적일 때마다 우리를 매혹시킨다. 겁 없는 도둑, 기세 좋은 불량배, 경찰 조직을 배신한 수사관, 불순종한 천사, 매력적인 사이코패스 등의 인물들이 우리 마음을 끄는 것은 이들이 대담하고, 금기를 깨며, 기지 있고, 활력이 넘치며, 상상력이 풍부하기 때문이다. 이 사람들은 생명력으로 충만해 보인다. 이들의 죄가 우리의 관심을 끄는 것은, 평범한 삶에 거머리처럼 달라붙어 혈색과 기지와 에너지를 빨아들여서는 참신하고 모험적이며 그래서 극적인 형태로 다시 제시하기 때문이다. 밀턴이 그린 사탄의 경우 심지어 하나님께 대한 반역도 반역자들에게는 멋져 보이는데, 이는 단순히 이 반역이 하나님의 주권을 배척하는 모습을 표현하기 때문이 아니라 반역이 자기가 공격하는 바로 그 하나님에게서 담대함과 상상력과 창조성을 빌려오기 때문이다. 메리 미즐리^{Mary Midgley}가 말한 것처럼, 사탄이 지닌 모든 미덕들은 다 전통적인 미덕이다.[33]

물론 세상은 이런 반역을 일부 필요로 하고, 반역을 혁명이라

부름으로써 그런 필요성을 분명히 드러낸다. 심지어 칼뱅주의자들, 그토록 질서를 사랑하는 이들조차도 악한 사회 구조에 강경하게, 또 어떤 경우 강력하게 반대하는 걸 지지한다.[34] 한편, 정당하게 세워진 권위에 반역하는 행위는 피조물의 행복을 보호하는 안정과 안전, 질서를 해친다. 이런 반역은 하나님을 거스르고, 샬롬을 훼방하며, 피해자를 남긴다. 하지만 낭만적이고 혁명적인 사고의 틀 안에서 우리는 그런 부산물에는 주목하지 않기로 선택한다. 마귀의 반역에 몸서리치거나 도주하는 은행 강도에게 환호할 때, 우리는 어떤 피해나 훼방이나 위반 사항에 초점을 맞추지 않는다. 죄가 선에게서 약탈해 가는 그 특징들, 이를테면 활력과 상상력과 끈기와 창조성 등에만 집중한다. 죄가 손을 대면 모든 게 죽기 시작하건만, 우리는 그 사실에 초점을 맞추지 않는다. 훔쳐 낸 생명을 먹고 혈색 좋은 기생충의 그 활력만을 본다.

— **06**

가장무도회

위선은 악덕이 미덕에게 보이는 오마주다.
　　　　— 라 로슈푸코, 『잠언』

실수가 저질러졌다.
　　　　— 대규모 부정행위에 대한 한 정부 기관장의 고백(1991)

『거룩하지 못한 결혼: 살인과 집착에 관한 한 실화』*Unholy Matrimony: A True Story of Murder and Obsession*라는 책에서 존 딜먼John Dillman은 80년대 초 뉴올리언스 경찰국 수사관 신분으로 자신이 수사했던 한 살인 사건을 이야기한다. 두 남자가 생명보험 사기극을 벌여 주머니를 불리기로 음모를 꾸몄다. 계획에 따라 그중 한 남자가 어떤 무고한 여성을 골라 구애하고 결혼했다. 남자는 아주 정중했고, 여자는 남자를 거부할 수 없었다. 신혼여행 중 신부를 꾀어 밤 산책에 나선 남자는 미리 점찍어 둔 장소로 가서 신부를 도로로 밀쳐 냈고, 그 순간 쉐보레 자동차를 빌려 이들을 뒤따르고 있던 다른 한 남자가 교묘하게 여자를 치고 지나가며 두개골을 박살 냈다. 얼마 후, 홀아비가 된 남자는 아내가 뺑소니 사고로 목숨을 잃었다며 생명보험 회사에 보험금을 청구했다.

　결국 이것이 사고가 아닌 살인 사건으로 밝혀져 두 남자를 체포해 심리하고 형을 선고하는 과정이 진행되었다. 그동안 딜먼은 이들이 자기가 저지른 범죄 행위에 대해 전혀 미안해하지 않는 것을 보았다. 심지어 이들은 그 일에 별로 관심조차 없었다. 이들은 경찰이 자기들을 추적하고 심문하고 혐의를 씌움으로써 자기들 삶에 간섭했다고 하면서, 이 모든 일에서 자신들이야말로 진짜 피해자라고 불평했다. 그리고 자신들은 처벌받을 게 아니라 위로를 받아야 한다는 투로 말했다.

멀쩡하게 보이는 가면

정신 건강 전문가들은 이런 부류의 사람들을 가리켜 반사회적 인격 장애 소유자, 혹은 좀 더 구체적으로 사이코패스라고 한다.[1] 주목할 만한 점은, 이런 사람들은 흔히 똑똑하고 매력적이며 심지어 카리스마까지 있다는 것인데, 이런 특질 덕분에 이 사람들은 자신감을 겨루는 게임에서 아주 뛰어난 선수가 된다. 사이코패스는 상냥하고 신뢰할 수 있는 사람이라는 가면을 쓰고 있지만, 그 가면 뒤에는 모든 게 자기 보호적인 혼돈이다. 여기 핵심이 없는 사람들이 있다. 이 사람들은 사랑도 없고, 죄의식도 없고, 도무지 신뢰할 만하지도 못하다. 대니얼 액스트가 일갈하는 것처럼, 사이코패스는 당신의 눈을 들여다보며 애교 있게 미소를 짓고, 당신 곁에 있겠다고 영혼 깊은 곳에서 우러나오는 맹세를 하지만, 바로 그 순간 당신이 아끼는 모든 것을 앗아 간다. 거기엔 당신의 자존감은 물론 어쩌면 당신의 목숨까지 포함될 수 있다.[2] 그리고 나서 그는 아무하고나 난잡하게 교미할 것이고, 단잠을 잘 것이며, 상쾌한 기분으로 잠에서 깨어 새로운 도전과 기회가 있는 하루를 준비할 것이다.

사이코패스 현상을 관찰하다 보면, 죄책감의 부재는 위험하기도 한 동시에 비정상이기도 하다는 사실을 떠올리게 된다. 기민한 양심과 참회 능력이 없는 사람은 브레이크 라이닝 없이 속도를 내는 자동차처럼 일반 대중에게 큰 위협이 된다. 이런 사람들은 못할 일이 없다. 이 사람들은 못 갈 곳이 없다. 교도소 말고 이 사람들이 결국 어김없이 등장하는 곳이 있다면, 인격 장애에 대해 설명하는 이상 심리학 교과서 코너이다. 이들이 그런 교과서에 등장하는 이유는 아주 기초적이다. 건강한 사람은 자기가 뭔가를 잘못했다는 것을 알면 마치 뜨거운 냄비의 손잡이를 잡았을 때 고통을 느끼는 것처럼 죄책감을 느낀다. 하지만 사이코패스는 그렇지 않다. 실제로 이들은 '자기가 잘못했다는 것을 알되' 그냥 담담히, 다른 사람은 포드 자동차를 빌렸는데 나는 쉐보레 자동차를 빌렸구나 하고 생각하는 그런 방식으로 알 뿐이다. 이들에게 장애가 있다는 건 바로 이런 이유 때문이다. 그리고 우리가 이들을 걱정스럽게 여기는 것도 바로 이런 이유 때문이다.

하지만 우리는 이들이 어떤 사람이고 어떤 짓을 저지르는지 알게 될 때에야 비로소 이들에게 경악한다. 그때까지, 멀쩡해 보이는 가면이 벗겨지기까지 사이코패스들은 살인자의 미소를 흘리면서 유유히 타인의 삶을 헤집고 다니며 사람들을 홀려 그들의 옷과 결혼 생활과 돈과 "나는 안전하다"라는 인식까지 다 빼앗는다.

이런 일들을 최고로 잘 해내기 위해 악은 사람들에게 최고로 잘 보일 필요가 있다. 악은 많은 시간을 들여 정성껏 분장해야 한다. 위선자들은 시간을 들여 자기 행동에 윤을 내고 자기 이미지에 광을 내야 한다. "위선은 악덕이 미덕에게 보이는 오마주다." 악덕 은 미덕으로 가장해야 한다. 정욕은 사랑으로, 얇은 베일을 쓴 사디 즘은 군사 훈련으로, 시기심은 의로운 분노로, 집안에서 아빠가 저 지르는 포학 행위는 아빠의 관심으로 포장되어야 한다. 그 가장假裝 이 짤막한 연기의 형태를 취하든 이야기를 꾸며 내는 형태를 취하 든 마찬가지다. 어느 쪽이든, 기만자들은 뭔가를 거짓으로 제시하 는 법을 익히고, 그것을 신빙성 있는 것으로 만들기 위해 힘을 다한 다. 사탄은 반역자들에게 영웅으로 보이는 존재지만 그런 그도 단 지 그럴듯해 보이기 위해서는 "광명의 천사"(고후 11:14)로 가장해야 한다. 이런 지독한 곤혹스러움은—자기 일을 잘 해내기 위해서 사탄은 하나님께서 우리에게 주신 욕구, 즉 선에 대한 욕구에 호소해야 한다—악의 주요 특성을 시사한다. 즉, 악이 우세하려면 선에게 달라붙어 권세 와 총명함뿐만 아니라 선의 신뢰성까지 빨아들여야 한다. 위조지폐 에서부터 가짜 여객기 부품, 사기꾼의 얼굴에 나타난 믿음직한 표 정에 이르기까지, 악은 위장을 하고 나타난다. 그래서 악은 음흉하 다. 그래서 분별력이라는 성령의 은사가 필요하다. 그래서 간혹 악 에서 선을 구별해 내기가 몹시 어렵다.

그러므로 M. 스콧 펙이『거짓의 사람들』The People of the Lie에서 계 속 지적했듯이, 악한 사람들(스콧 펙은 대단히 도덕적이고 주정적主情的인 병증을 지닌 사람들도 염두에 둔다)이 겉모습을 유지하는 데 공을 들이 는 건 놀랄 일도 아니다. 이들은 경건의 내용은 아닐지라도 적어도 경건의 형태는 추구한다. 이들은 "사회 규범에 아주 민감하고, 남들이 자기를 어떻게 생각하는지에 대해 아주 민감하다." 그래서 이들은 끊임없이 악을 설명하고, 정당화하고, 합리화하고, 악을 희생양 삼으려 한다. 이 사람들은 선한 사람이기를 원치 않는다. 다만 선한 사람으로 보이고 싶어 한다. "이것이 바로 이들이 '거짓의 사람들'인 이유다."[3]

펙의 관점에서 볼 때, 개인적인 악의 핵심은 평소에 늘 변덕스럽게 내달리는 생각이나 신랄한 말 혹은 남에게 손해를 끼치는 행위가 아니다. 죄의식의 부재도 아니다. 악한 사람이라고 해서 모두 양심 없는 사이코패스는 아니다. 그보다는 죄에 대한 감각을 받아들이고, 자기 죄에 대해 책임을 지며, 애통하는 마음으로 그 죄에 대한 인식과 함께 살아가고, 고통스러운 회개의 길을 추구하는 것을 끈질기게 거부하는 것이 핵심이다. 악한 사람들은 자기의 악을 자각함과 동시에 그 자각에 저항하려고 필사적으로 애쓴다.[4]

대중의 저항운동

주목할 만한 사실은, 미국 사회의 일반 대중을 구성하는 중심인물들이 최근까지 저항운동 편에서 싸워 왔다는 점이다. 예를 들어, 공립 고등학교 교사들은 세상에서 벌어지는 일종의 도덕 드라마를 학생들에게 보여주곤 했다. 이 선생님들은 학생들이 선과 악을 알고, 선과 악의 싸움에 대해 설명할 줄 알며, 그 싸움의 결과를 판단할 수 있기를 바랐다. 대부분의 교사들은 선과 악이 당연히 세상에 알려지며, 학생들은 꾸준한 지도를 통해 당연히 선과 악을 알 수 있다고 믿었다. 예를 들어 『맥베스』*Macbeth*나 미국 남북전쟁의 역사와 배경을 공부함으로써 말이다. 셰익스피어는 살인이 그 살인자를 포함해 주변의 모든 사람들을 얼마나 깊이 더럽히는지 우리에게 보여주지 않았는가? 에이브러햄 링컨^{Abraham Lincoln} 대통령은 두 번째 취임식 연설에서, 남의 불행에 쾌재를 부르지 않고, "만인에 대한 사랑"을 추구하며, 특히 고난을 속죄로 생각하는 법을 우리에게 알려 주지 않았는가?[5]

> 이 엄청난 전쟁의 참화가 하루 빨리 지나가기를 우리는 간절히 바라고 열심히 기도합니다. 그러나 노예가 품삯 한 푼 받지 못하고 250년 동안 땀 흘려 쌓아올린 부가 다 탕진될 때까지, 3천 년 전 말씀이 일렀듯 채찍에 맞아 흘린 피 한 방울 한 방울이 칼에 찔려 흘리는 또 다른 피 한 방울 한 방울로 앙갚음되는 날까지 이 전쟁이 지속되는 것이 하나님의 뜻이라면, 우리는 여전히 이렇게 말해야 할 것입니다. "여호와의 법도 진실하여 다 의로우니."[6]

링컨 찬미자로서, 링컨이 표명하는 폭넓은 영적 전통의 계승자요 관리자로서 공립학교 교사들은 단순히 지식과 기술을 전수하는 일뿐만 아니라 학생들의 성품을 다듬고 판단을 날카롭게 하며, 이들을 더 깊이 있고 더 훌륭한 시민으로 만드는 일을 떠맡았다. 국가의 영웅들을 모델로 제시하면서 말이다. 교사들은 도덕 교육을 자기 직무의 일부로 여겼다.

그런데 오늘날 "(사람을) 교화시키기"는 공교육 현장에서 불쾌한 단어가 되었고, 무엇이 선과 악을 구성하느냐에 대한 합의는 단호히 부정되고 있다. 힘 있는 교육 엘리트들에게는 이제 도덕적 관용만이 유일한 선이고 도덕적 불관용이 유일한 악이다.[7] 엘리트의 나라에서, 교실에서 벌어지는 선과 악의 전쟁은 정치적으로 올바른 자와 정치적으로 문제 있는 자가 국경에서 벌이는 작은 충돌 정도로 의미가 빈약해진다. 물론 정치적으로 문제 있는 자란 대화할 때 아직도 '좋다', '나쁘다', '옳다', '그르다'와 같은 짧은 단어를 쓰는 얼뜨기들을 말한다. 반면 정치적으로 올바른 자는 좀 더 여유 있고 역설적인 표현을 선호한다. 확신컨대 정치적으로 올바른 자들, 예를 들어 게으른 사람을 "행동 동기를 박탈당한 사람"이라고 표현하고 매춘부를 "섹스 서비스 제공자"라고 표현하는 사람들도[8] 여전히 도덕적인 판단을 하려고 한다. 단 도덕적 판단을 하는 사람들에 대해서만 말이다. 그들은 이런 말을 한다. "어떤 경우든 도덕적 판단을 내리는 건 잘못입니다."[9]

이 시대의 정치인들도 잘못된 행동을 인정하는 문제와 관련해 기회를 놓친다. 많은 정치인들이 공공선을 위해 충실하게 일하고 있다는 점, 이런 정치인들에 대한 냉소적인 태도는 그 냉소자들이 이 정치인들에게 씌우는 그 어떤 혐의 못지않게 파괴적이라는 점을 솔직하게 인정하자. 그래도 여전히 사실인 것은, 공복公僕들은 좀처럼 자기가 잘못했다고 시인하지 않는다는 점이다. 이들은 공개적으로 잘못을 뉘우치는 걸 나약하다는 표시로 보는 걸까? 공개적으로 잘못을 시인하는 행위가 정치인에게는 치명적이라고 보는 걸까? 이들은 사실상 자기 자신을 흠잡을 데 없는 존재로 여기는 것일까? 잘못을 인정하기를 꺼려하는 이유가 무엇이든, 추문에 휩싸인 공인이 "제가 잘못했습니다. 진심으로 저 자신이 부끄럽습니다. 여러분들의 신뢰를 저버렸고 저의 직분에 불명예를 끼쳤으므로 사임하겠습니다"라고 말하는 경우는 보기 힘들다.

요즘에는 그런 것이 정당한 절차가 아니다. 물론 공복들이 아예 자기 잘못을 인정하지 않는 건 아니다. 추문으로 명예가 손상되었을 경우 이들은 오해가 있었다고 말한다. 언론 때문에 피해를 입었다고 말한다. 나만 죄를 지은 게 아니라고 하면서 다른 사람을 끌어들인다. 자기의 장점 때문에 피해자가 되었다고 자못 겸손하게 말한다. 워터게이트 추문 때 닉슨 대통령이 자신은 머리가 아니라 가슴으로 일했고, "국가를 위해 최선"이라 생각되는 일을 하려고 했다고 주장한 것처럼 말이다. 그 뒤 그는 대통령직을 사임하면서 이를 "개인적 희생"이라고 표현했다.

1992년 말, 열여섯 명의 여성들이 미국의 한 상원의원을 명백한 성희롱 죄로 고발했다. 상원의원은 전형적인 반응을 보였고, 이는 흥미로운 사실을 보여주었다. 처음에 그는 고발 내용을 노골적으로 부인했다. 그런 다음 그 여성들의 신뢰성을 공격했다. 그다음으로 그는 이례적인 사과문을 발표했다. 여러 해에 걸쳐 여성 직원들의 몸을 더듬고 키스했으며 그 여성들을 세워 놓고 옷을 벗기려 할 때도 있었다는 고발에 직면하여, 그것도 열여섯 명이나 되는 여성들에게서 그런 고발을 받은 현실에 직면하여 그는 "누구도 불쾌하게 할" 의도는 없었다고 일갈했다. 그러면서 언론을 향해서는 "고발자들이 말하는 자신의 행위가 음주와는 관련이 없는지 전문가의 도움을 받아 밝힐 것"이라고 통지했다.[10]

이것이 바로 교묘한 회피의 주된 양상, 거의 형이상학적 회피의 양상이다. 이 상원의원의 말인즉, 그 여성들과의 사이에는 아무 일도 없었고, 어느 경우든 자신은 해를 끼칠 생각이 없었으며, 그럼에도 당시 술에 취해 있어서 문제의 그 아무것도 아닌 일이 어떤 의미를 가질는지 미처 생각하지 못했을 수도 있다는 것이다. 정신이 멀쩡한 관찰자의 입장에서 그의 말은 좀 이해하기 어렵다(그의 사과를 듣고 있노라면 윈스턴 처칠이 푸딩을 다시 주방으로 돌려보내면서 푸딩에 도대체 주제가 없다고 투덜거렸다던 일화가 떠오른다).

교육자들과 제멋대로인 정치가들은 죄에 관한 세미나에 참석하지 않는다. 이 시대 미국 문화에서는 설교자들도 죄를 인정하기를 회피한다. 적어도 전통적인 의미에서의 죄 고백에 관한 한 말이다. 어떤 설교자는 완곡어법에 호소하기도 하고("거룩을 우리의 성장 영역의 목표로 삼을 필요가 있다는 말씀을 드리고 싶을 따름입니다"), 어떤 설교자는 심리학적인 죄 대체물에 호소하기도 한다. 예를 들어, 로버트 슐러^{Robert Schuller}의 저서 『자존감』^{Self-Esteem}('새로운 개혁'이라는 얌전한 부제가 붙은)은 죄를 다름 아닌 사람들에게서 자존감을 앗아 가는 무언가로 정의한다. 그의 말에 따르면, 죄란 "심리학적인 자기 학대와 거기에 따르는 모든 결과"다.[11]

많은 설교자들이 죄 고백 따위는 아예 없이 살아간다. 사람들은 자기가 죄인이라는 걸 이미 알고 있으므로 굳이 상기시킬 필요가 없다는 게 아마도 이들의 생각인 것 같다. 아니, 어쩌면 이 설교자들은 인간의 자존감을 높이 부각시킨 것으로 명성을 얻었고, 그래서 공개적인 죄 고백은 이 명성을 더럽히는 일로 보는 것일지도 모른다. 혹 이들은 세속 구도자들의 관심을 끌고 싶은 것일 수도 있고, 죄 고백 같은 솔직하고 전통적인 행위가 그 구도자들에게는 눈치 없고 고통스럽고 대체적으로 당혹스런 일로 보이리라 생각하는 것일 수도 있다.

죄 영역에서 볼 수 있는 이 회피 행태는 심지어 칼뱅주의 진영에서도 등장하기 시작했다. 칼뱅주의자들은(로버트 슐러도 미국개혁교회RCA 소속이다) 이런 식으로 칼뱅주의의 특징을 소홀히 해오고 있다. 칼뱅주의자가 전통적인 죄 인식을 등한시한다는 건 엄청난 일임에 분명하다. 프랑스 사람이 요리법을 잃는다거나 이탈리아 사람이 노래하는 법을 잃어 버리면 어떻게 되겠는가? 칼뱅주의자들은 오랜 세월 동안 세계 최고의 죄 전문가로 여겨져 왔다(존중받아 왔다고 하면 너무 강한 표현이 될 터이므로). 하이델베르크 교리문답은 우리 인간을 가리켜 "타고난 죄인"born sinners이라고 하지 않는가? 칼뱅주의의 전적 타락 교리는 사실로 '입증'될 수 있는 유일한 기독교 교리가 아닌가?

훌륭한 문화사가라면 이 시대 사람들의 죄 인식 수준이 떨어지는 이유를 설명할 수 있을 것이다. 역사가는 교사·설교자·정치인들이 죄가 관련된 전반적인 문화 조류를 형성해 나갈 뿐만 아니라 그 조류를 반영하기도 한다는 사실을 아마도 관측할 것이다. 예를 들어, 그 역사가는 학계에서 사회학적·심리학적 결정론을 받아들이고 있으며, 그 결정론에 따르면 우리 인간에게는 도덕적으로 의미 있는 자유가 결여되어 있다는 사실을 지적할 것이다. 자유가 없으면 자유를 남용하는 것에 대해 죄책감을 가질 수 없다고 말이다.

아니, 어쩌면 그 역사가는 대학 캠퍼스의 반대편, 즉 인간의 자유에 대한 실존주의적 교리의 문화적 잔재를 언급할 수도 있다. 우리 인간은 엄청나게 자유로워서 자기 선택에 의해 자기 자신을 끊임없이 재창조하고 있다고 말이다. 결과적으로, 매번 선택을 할 때마다 나는 새로운 사람이다(이 사실은 대출금을 갚아야 할 경우 아주 유용할 수 있다. 대출금을 갚겠다고 약속한 사람은 과거의 나 곧 다른 사람이고, 지금의 나는 지금 나의 빚에 대해서만 책임이 있기 때문이다). 어느 경우든, 즉 결정론적이든 근본적으로 자유롭든 나는 곤경에서 벗어난다.

그 문화사가는 문화 쾌락주의에 대해, 도덕이 브레이크를 걸고 재갈을 채우는 데 대한 쾌락주의의 저항에 대해 말할 수도 있다. 도덕적 상대주의와 주관주의에 대해 몇 마디 덧붙일 법도 하다. 문화적 차원에서나 개인적 차원에서 도덕의 경계가 객관적으로 정해져 있지 않다면, 성경이 말하는 허물과 죄 개념은 사라질 것이라고 말이다. 도덕적 경계선이 자꾸 이동하는데 자기가 언제 그 선을 넘었는지 혹은 언제 그 선에 미치지 못했는지 사람들이 어떻게 알 수 있느냐고 말이다.

하지만 현대인들은 몇 가지 경계선이 어디에 그어져 있는지 분명히 알고 있다. 예를 들어, 대다수 현대 북미인들은 데이트 강간, 성희롱, 아동 학대, 인종 차별, 환경 침해와 생태학적 무지, 동성애자 학대는 다 선을 벗어나는 행동임을 알고 있다. 주목할 점은, 예를 들어 음란물, 세금 포탈, 종교를 조롱하는 행위에 대해 아무렇지도 않은 태도를 보이는 사람이 다른 한편으로 성차별, 인종 차별, 독선, 공기 오염(특히 담배 연기에 의한) 등에 대해서는 아주 격렬히—심지어 율법주의적으로─반대하는 모습을 보일 수 있다는 사실이다. 이런 사람들은 도덕적 판단에 저항하고, 전통적으로 죄로 인정되는 것들, 예를 들어 일곱 가지 치명적인 죄에 대해서는 트집을 잡으면서도 생태학적 폭력이나 성차별 같은 반평등주의적 죄에 대해서는 기특할 정도로 날카로운 인식을 가지려 한다.[12]

이렇게, 이제 현대 북미 문화의 일부 엘리트 영역에서는 죄에 대한 중대하고도 오래된 이해는 회피하고 여러 가지 새로운 죄 인식은 강화하는 현상이 나타나고 있다. 반대로, 이러한 새로운 죄 인식을 고조시키는 현상에 저항하는 반평등주의적인 전통주의자 그룹도 여전히 막강하다. 이들은 과거에는 사회와 교회와 개인의 삶이 훨씬 질서 정연했다고 생각한다. 그때는 하버드와 스탠포드 1학년 상위 그룹에 아시아계 미국인들이 포진해 있지도 않았고, 공항에서 제복 차림의 아프리카계 미국인을 보면 이 사람이 조종사인지 짐꾼인지 고민할 필요 없이 당연히 가방을 맡길 수 있었으며, 교회에서 여자들은 남자에게 종속되는 위치를 아무 말 없이 받아들였고, 회사가 조경을 바꾸고 싶을 경우 골치 아프게 환경 영향 평가 따위를 받지 않아도 되었다는 것이다.

자기 꾀에 자기가 넘어가기

우리가 저항하는 죄 이해가 전통적인 이해든 새로운 이해든, 그리고 설교자와 교사와 정치인이 그 저항운동 때 우리를 얼마나 돕든, 우리 각 사람에게는 죄를 아는 지식을 거부하는 최후의 방어 기제가 한 가지씩 다 있다. 그 방어 시스템이 얼마나 강력하고 적응력

있고 신비하고 사사로운지, 노련한 죄인도 그 시스템이 작동하는
방식을 추적할 수 없을 정도다.

　바로 자기기만이라는 수상쩍은 현상으로 우리는 자기 무의식
의 일부를 속인다. 우리는 자기 자신에게 한 가지 조치를 취한다.
참이라 알고 있는 것을 부인하고, 은폐하고, 별거 아닌 걸로 취급한
다. 거짓이라 알고 있는 것을 단언하고, 치장하고, 의미를 격상시킨
다. 추한 현실을 보기 좋게 꾸미고, 그 꾸며 낸 현실을 자기 자신에
게 납득시킨다. 이렇게 해서 거짓말쟁이는 "나는 내 교만에 버팀목
을 괴려고 많은 거짓말을 한다"라고 말해야 할 때 "나는 타인을 불
쾌하게 하지 않으려고 이따금 진실을 교묘하게 가공할 때가 있다"
라고 말한다. 우리는 자기가 자기의 봉이 되어 가해자 역할도 하고
피해자 역할도 한다. 우리는 진실을 알고 있다. 그런데 우리는 진실
을 모른다. 진실과 반대되는 내용을 자기 자신에게 설득하기 때문
이다.[13] 어떤 일이 잘못되었다는 사실, 그 잘못은 바로 내가 저지른
거라는 사실을 우리는 사실상 다 잊는다. 자기를 기만할 정도까지
우리는 애매한 영역을 차지하고 앉아 현실을 날조한다. 그 애매한
영역에서는 미로가 두 지점 사이의 최단거리다.

　자기기만의 심리를 다룬 『치명적 거짓말, 단순한 진실』*Vital Lies,
Simple Truths*에서 대니얼 골먼*Daniel Goleman*은 닉슨 대통령의 법률 고문
이자 워터게이트 사건의 중심인물인 존 딘*John Dean*에 관한 이야기
를 한다. 상원의 워터게이트 위원회에서 했던 존의 증언은 길고, 똑
부러지고, 놀라울 정도로 상세했다. 딘은 누가 무슨 말을 했는지 한
마디 한 마디 정확히 기억하는 기억력으로 위원회 멤버들을 놀라

게 했다. 그것도 사건이 있은 지 여러 달이 지난 시점에서 말이다.

문제는 사건의 진상이 담긴 녹음테이프를 닉슨에게서 어렵게 입수해 위원회 앞에서 틀어 본 결과, 딘의 증언은 대부분 "희망 사항에 지나지 않는 기억"이었음이 드러났다는 점이다. 나이 들어 가는 사람들의 기억이 대부분 그렇듯, 딘은 일어나지도 않은 일들을 많이 기억하고 있었다. 놀라운 일도 아니지만, 딘은 그런 착각과 기억의 왜곡 덕분에 아주 호의적으로 조명을 받는 입장에 서는 효과를 봤다. 사실 그런 식으로 조명받을 수 없는 입장이었는데도 말이다. 딘의 증언은 대통령이 주재하는 중요한 회합 자체가 아니라 그 회합에 대한 딘의 환상, 회의가 그런 식으로 진행되었으면 하는 그의 꿈을 설명한 것으로 드러났다. 골먼은 딘의 기억 전환이 대부분 잠재의식 단계에서 일어났을 것이라고 덧붙인다.[14]

다른 사람의 경우도 마찬가지다. 예를 들어 마피아의 아내들은 자기기만에 관한 한 대가의 수준에 도달하지 않았는가?[15] 대부代父의 아내는 남편의 돈이 어디에서 나오는지 모르는 것 같고, 웬일인지 남편에게 묻지도 않는다. 대부의 아내는 남편의 운전기사가 왜 선글라스를 낀 육중한 농기구를 닮았는지 묻지 않는다. FBI가 왜 동네의 다른 집들은 감시하지 않는지 묻지 않는다. 대부의 아내는 호기심을 자아내는 수많은 기이한 일들을 '질문 금지' 파일에 차곡차곡 쌓아 두지만, 자기가 그러고 있다는 사실을 곰곰이 따져 보지는 않는다.

자기기만은 "부패한 의식"이라고 루이스 스메디스는 말한다. 두려움이 이런 의식을 촉발시키든, 열정이나 고단함이나 심지어 신앙이 이런 의식을 촉발시키든, 자기기만은 마치 교묘한 컴퓨터 사기처럼 방향을 정반대로 바꿔 자기 궤적을 덮어 감춘다. "우리는 먼저 자기 자신을 속이고, 다음으로 자기 자신을 속이지 않았다고 자신을 설득시킨다."[16]

잠깐만 돌이켜 봐도 자기기만은 장기 성장 산업이었다는 것을 알 수 있다. 알코올 중독자나 약물 남용자들은 왜 전형적으로 자기가 중독자라는 걸 오랫동안 부인하며 사는가? 근친상간이 벌어지는 바로 그 현장에서 살고 있으면서, 그 사실이 밝혀지는 게 왜 그 사람들에게 그렇게 놀라움으로 다가오는가? 나치 정부는 어떻게 유대인 살해 프로그램이 그 피해자들에게까지 최선의 이익이 된다고 자기 자신들을 설득시켰을까? 아내를 구타하는 남편들은 자기가 휘두르는 폭력을 왜 별거 아닌 양 완곡어법으로 설명하며, 매 맞는 아내들은 왜 때로 그런 설명을 받아들여 다른 이들에게 똑같이 전하는 것일까?

솔직함과 자기 발견을 목적으로 구성된 만남 집단encounter group도 그런 자기 속이기 행위에서 스스로를 단절시키지 못한다. "그런 순간이 분명히 있다"고 스티븐 크라이츠Stephen Crites는 말한다. "솔직해지려고 숨을 헐떡이며 긴장하기보다 자기기만에 더 절호인 순간이."[17] 아니, 중요한 건, 양심적이려고 호흡을 가다듬으며 긴장하기보다 자기기만을 하는 게 훨씬 더 수월한 순간이 있다는 것이다.

마르틴 부버Martin Buber는 도덕성만큼 우리네 인간의 얼굴을 잘 감춰 주는 건 없고, 신앙만큼 하나님의 얼굴을 잘 가리는 건 없다고 말했다.[18] 가장 신앙심 깊은 순간에 우리는 하나님과의 접촉을 잃어버릴 위험이 가장 크다. 최고가 부패하면 최악이 된다. 확실히 신앙과 실천은 사람들의 의도대로 하나님의 얼굴을 조명할 수 있다. 죄 고백, 하나님께 대한 감사, 성경 읽기, 성례, 어려운 처지에 있는 사람들을 위한 구제 헌금, 설교하기와 듣기, 불의와 싸우기, 동물을 보호하여 꼼꼼하게 청지기 직분 이행하기, 찬송 부르기, 예수 그리스도를 온 창조 세계의 왕으로 경외하는 법을 아이들에게 교육하기 등 이런 행위와 이 행위를 뒷받침하는 믿음은 우리를 살아 계신 하나님께 묶어 준다. 이 행위를 반복하고 이 믿음을 훈련함으로써 하나님을 좀 더 빈틈없이 알게 되고, 하나님을 좀 더 깊이 사랑하게 되며, 하나님을 좀 더 효과적으로 섬길 수 있게 되는 그런 방식으로 말이다. 정직한 신앙 행위는 이렇게 해서 영적 가속도가 붙게 된다. "있는 자는 받을 것이요"(막 4:25).

하지만 신앙 행위라고 해서 다 정직하지는 않다. 악은 인간에게 필수적이고 중요한 다른 모든 것과 마찬가지로 신앙까지 전도시킨다. 그럴 때 신앙과 행위는 하나님을 섬기는 게 아니라 자기를 섬기는 것으로 돌연변이를 일으킬 수 있다. 사람들은 신앙을 이용해 부를 얻거나 행복해지거나 자기 자신에 대해 좋은 느낌을 갖기 시작한다. 신앙을 이용해 권력의 기반을 쌓기도 하고, 그저 중산층으로서의 삶을 확보하고 풍성하게 누리기도 한다. 인기 있는 개신교 신앙의 어떤 유형을 보면, 마치 기독교가 잊힌 지 오래된 후에도 존속할 수 있을 것처럼 보인다. 우리 신자들은 돌연변이 신앙을 완벽히 이용해 우리 자신에게 하나님의 성품을 숨길 수 있다. 우리는 자기의 신앙을 철저히 이용해 이 세상에서 하나님의 계획에 대적할 수 있다.

그런 행위에 내재된 위험이라면, 우리가 저지르는 잘못에 대해 누구도 경고해 주지 않을 가능성이 충분하다는 점이다. 사람들은 신앙의 도착倒錯은 그 경로를 추적하기 어렵다고 생각한다. 경건한 사람들은 십자가를 전하는, 혹은 주님의 이름을 되뇌는 어떤 운동을 섣불리 판단하려 하지 않는다. 물론 신앙을 자기의 도구로 선택하는 사기꾼은 바로 이 사실에 의지해 사기 행각을 벌인다.

메롤드 웨스트폴Merold Westphal은 예리한 통찰력이 두드러지는 3부작 저서에서 신앙의 진실성과 신앙을 이용하는 것의 차이를 깊이 있게 다룬다.[19] 이 차이의 양극단 모두 곤란한 문제가 있다. 우선 하나님에 관한 "진리를 막는" 자들은 세속주의자들뿐만이 아니다. 바울이 로마서 1:18에서 죄인들을 특징짓는 그 유명한 말은(칼뱅은 『기독교강요』Institutes of the Christian Religion 서두에서 이를 인상적으로 발전시킨다) 신자들까지 고발한다. 사실 신자들 중에 신격화된 자기 이미지에 대비되는 존재로서의 하나님을 믿는 사람이 얼마나 되는가? 예를 들어, 성경이 그리고 있는 하나님의 대응 문화적 이미지, 즉 긍정하고 위로해 주는 이미지뿐만 아니라 심판하고 정죄하는 이미지에 정말로 주의를 기울이는 신자가 얼마나 되는가? 우리 중에 하나님께서 기뻐하실 때 나도 기뻐하고 하나님께서 화내실 때 나도 저절로 화를 내게 될 만큼 자기 이미지 안에 하나님의 형상을 이루고자 하는 사람이 몇이나 될 것인가? 세속주의자들만이 아니라 신자들도 "썩어지지 아니하는 하나님의 영광을 썩어질 사람……의 우상으로 바꾸었"다(롬 1:23).[20]

그게 아니면 다른 어떤 이유로 신新개정판 하나님이 계속 등장하겠는가? 그게 아니면 다른 어떤 이유로 하나님이 인종 차별주의자, 성차별주의자, 광신적인 애국자, 정치적으로 올바른 자, 율법주의자, 사회주의자, 자본주의자로 나타나겠는가? 지식인들의 하나님은 우주적인 '피 베타 카파'다. 노동자들의 하나님은 노조 조직책이다(기억하라. 그분의 아들은 목수였다는 것을). 사업가들의 하나님은 자유 기업을 위해 존재하신다(그분의 아들은 "내가 내 아버지 집에 있어야 될 줄을 about my father's business 알지 못하셨나이까"라고 말씀하지 않으셨는가?) 가난한 자들에게 하나님은 혁명가다. 재산가에게 하나님은 재물을 지켜 주는 야경꾼이다. 페르시아인들의 신은 언제나 페르시아인을 닮았다. "불신앙만이 하나님에 관한 진리를 막는 길이 아니다"라고 웨스트폴은 말한다. "불신앙은 그중에서 가장 정직한 방법일 뿐이다."[21]

신앙과 그 신앙에서 말하는 하나님에 대해 그릇된 개념을 갖게 되면, 자연히 부패하고 이기적으로 이용된 신앙이 뒤따르게 된다. 인종주의자 하나님은 인종 차별주의 종교를 지배한다. 미국인의 하나님은 애국적인 주일 예배 때 국기에 대한 충성 맹세를 하는 일종의 애국교를 후원한다. 정치적으로 올바른 하나님은 태아의 생명보다 바다표범과 스네일 다터 snail darter(퍼치과의 담수어—옮긴이)의 생명을 훨씬 더 신경 쓴다. 태아를 죽이는 건 개인의 합법적 권리지만, 바다표범이나 스네일 다터를 죽이는 건 용서받을 수 없는 종種 차별이다.[22]

신앙을 부패하고 이기적으로 이용하는 것은 자연히 신앙과 그 신앙에서 말하는 하나님에 대한 그릇된 개념에서 나오지만, 놀랍게도 이것은 올바른 개념에서 나오기도 한다. 예를 들어, 그리스도인들은 흔히 하나님의 율법의 엄격함을 이용해 타인의 삶을 좌절시키고 조롱하며, 하나님 은혜의 자애로움을 이용해 자기 삶에서 모든 책임을 면제시키고 아름다움을 돋보이게 만든다. 또한 성경에서 특정한 구절을 고르고 선별해서 타인의 자유를 차단하고(방종을 방지한다는 명분으로), 자기 자신에게는 많은 자유를 허용한다(기독교에서 말하는 자유를 진작시킨다는 명분으로). 설교자들은 설교를 이용해 적들에게 굴욕을 안기고, 친구들의 입장을 정당화하고, 교회의 지배 영역을 구축하고, 개인의 편견을 발산하고, 관심의 중심이 되고자 하는 어린아이 같은 욕구를 충족시킨다. 그리스도인들은 자선기부 행위를 이용해 타인에게서 감사의 말을 유도해 내고, 그 감사를 이용해 그 사람을 제어한다. 자기의 죄와 부족함에 절망하는 음울한 그리스도인은 이 절망을 "격렬하게 인식"하는 한편 그 효과를 궁금히 여긴다.[23] 헬무트 틸리케가 어느 책에선가 관측했듯이, 우리가 심지어 예배드릴 때조차 이리가 우리 영혼 안에서 울부짖을 수 있다는 것을 성숙한 그리스도인이라면 다 안다.

메롤드 웨스트폴은 근대 '의심의 무신론'의 주요 설계자 세 사람인 마르크스,[Marx] 니체,[Nietzsche] 프로이드[Freud]가 신앙의 부패한 용도에 대해 우리에게 가르칠 게 아주 많다고 말한다. 그것도 참 신앙의 부패한 용도에 대해서 말이다.[24] 신자들은 때로 자기 신앙을 이용해 착취 행위를 옹호하고 심지어 그 행위를 강요하기도 하지 않는가? 19세기에 미국 남부 그리스도인들이 노예제도를 정당화하는 정교한 이론을 마련하고 성경에서 증거 구절까지 끌어대서 그 이론을 완성했던 것을 생각해 보라. 금박 시대^{gilded age}(미국 역사에서 물질주의와 정치 부패가 융성했던 1870년대를 일컫는 말로, 찰스 더들리 워너의 소설 제목에서 따온 표현이다—옮긴이) 북부 교회들이 부의 복음을 설교하고 경제적 다윈주의로 그 복음을 완결 짓고는, 이 나라의 청년 노동운동에 극렬한 반대를 표명했던 것을 기억하라. 하루 12시간 노동, 저임금 악조건의 노동 착취형 공장, 어린이 노동이 만연했던 시대에 말이다.[25] '경제적 자유에 대한 사랑'이 때로는 탐욕을 많이 닮았고, '분배 정의에 대한 갈망'은 시기심을 많이 닮지 않았는가? 우리는 하나님의 권세를 길들이는 방식으로, 혹은 우리의 목적에 맞게 그 권세의 방향을 전환시키는 방식으로 그 권세에 영광 돌린 적이 한 번도 없는가?

웨스트폴은 말한다. 의심의 무신론자들이 "유익한 신앙"에 대해 비판하는 말은 성경에서 선지자들과 예수님께서 하셔야 했던 말과 아주 비슷해 보인다는 사실에 주목해야 한다고 말이다. 그는 또 훈계한다. 현대 무신론자들의 발생론적인 오류와 편견에 치우친 논증을 공격하며 점수를 올리기 전에, "의심하는 자들에게 의심의 시선을 던지기" 전에, 우리는 어쩌면 자기에 대한 의심을 "사순절의 해석학"으로 채택해야 할 것이라고 말이다(사순절은 부활절 전의 준비와 금식 기간으로, 죄인들에게는 참회의 기간이었다—옮긴이). 우리는 우리 자신의 신앙에서 "그 자체로는 이타적인 미덕으로 제시되는 것이 동기와 기능의 관점에서는 주일용 외출복을 번드르르하게 갖춰 입은 이기적인 악덕에 지나지 않을" 가능성을 생각해야 한다.[26]

신앙은 우리 존재의 깊은 곳에서 등장하기에, 우리의 목적과 갈망을 드러낼 만큼 엄청난 힘을 가지기에, 우리의 예배 바로 그것에 초점을 맞추기에, 바로 그렇기에 우리 신앙에 들러붙는 악은 우리 존재의 핵심까지 부패시킬 수 있다. 신앙적인 죄는 "죄의 최대 범위, 죄의 극단적인 가능성"이 어디까지인지 우리에게 보여준다고 제프리 브로마일리는 말한다. 예수께서 바리새인들을 대적하신 것은 바로 그런 점에서 힘을 가진다.

> 마태복음 23장의 가차 없는 비난에서 예수님이 언급하시는 내면의 부패는 의도적이고 계산된 불성실의 부패가 아니다. 이는 신실함과 신실하게 실천하는 신앙, 그리하여 결국 신앙적 교만을 하늘 높은 줄 모르고 드러내는 그런 신앙의 부패다.……여기에서 전개되는 두려운 장면은, 사람이 어떤 명백한 죄를 인지하면 이 적을 심각하게 고려하기 시작해야 하는데 좀처럼 그렇게 하지 않는다는 점이다. 드러내 놓고 뻔뻔스레 죄를 짓는 사람, 압제자, 매춘부는 실제로 죄인이다. 하지만 이들에게서는 죄의 진짜 깊이가 드러나지 않는다. 그 압제자가 설령 아주 욕심이 많더라도, 그 매춘부가 심히 수치를 모르더라도 마찬가지다. 경건한 사람에게서야 죄의 깊이를 볼 수 있다.[27]

조셉 버틀러Joseph Butler는 우리가 자기 자신을 자기 자신에게 낯선 사람으로 만드는 것은 얼마나 놀랄 일이냐고 말한다. 우리는 자기의 양심을 무디게 만들고, 사리사욕으로 자기의 판단을 흐리게 하며, 자기도 어떤 문제점이 있는 걸로 유명하면서 똑같은 문제가 다른 사람에게 나타날 때 그것을 꾸짖는다. 우리는 저마다 "뿌리 깊고 차분한 기만의 근원"을 지니고 다니며, 그 근원은 "선의 원리 전반을 서서히 훼손시킨다."[28]

　뭐라고 말을 할 수가 없다. 자기를 가리기 위해 커버스토리의 밑그림 그리기, 자기의 행동 동기를 파고 들어가지 않기, 거짓말은 그럴듯한 말로 수완 좋게 처리한 표제어 밑에 쌓아 두기, 신앙을 사이비로 이해하고 이용하기 등 이 모든 조치들이 다 우리를 부패시킨다. 버틀러가 주장하는 것처럼, 이런 행동들은 우리 삶의 핵심에 거짓을 끌어 들인다. 그와 동시에, 겉모습을 그럴듯하게 유지하고파 하는 우리의 욕구, 심지어 우리 영혼psyche 안에까지 자리 잡고 있는 그 절박한 욕구를 입증한다. 우리는 적어도 하나님의 형상을 지녔다고 하는 자기 이미지를 유지하고 싶어 한다. 우리는 심지어 자기 마음 안에서까지 거짓된 꾸밈을 유지하고 싶어 한다. 놀라운 사실은, 자기기만 현상은 우리 인간이 심지어 악을 행할 때조차도 어쩔 도리 없이 선에 집착한다는 사실을 입증한다. 존재의 어느 단계에 이르면 우리는 선이 정말 하나님만큼 그럴듯하며 독자적이라는 사실을, 인간 역사에서 선은 죄보다 더 오래되었다는 사실을 알게 된다.

— 07

죄와 어리석음

두려움과 사랑은 늘 동행해야 한다. 늘 두려워하고, 늘 사랑하라.
그대가 죽는 날까지.

　　　— 존 헨리 카디널 뉴먼

주님으로 인해 죄의 모든 두려움에서 물러나나이다.

　　　— 윌리엄 R. 페더스톤, '나의 예수여, 내가 당신을 사랑하나이다'

신문이나 TV의 살인 사건 보도를 보면 '무분별하다'^{senseless}라는 형용사를 자주 볼 수 있다. 목격자들은 범인이 차를 타고 지나가며 무차별로 사람을 죽이거나 패스트푸드점에서 어떤 정신 나간 사람이 낯선 이들을 하나하나 조준해 가며 죽이는 광경을 묘사할 때뿐만 아니라, 탐욕 때문에 사업 동료를 죽인 일급 살인이나 질투심에 사로잡힌 남편이 순간의 격분을 이기지 못해 아내를 살해한 사건에 대해서도 이 단어를 쓴다. 또한 이 단어는 강도나 강간 행위 중 저질러진 살인 사건을 묘사할 때도 예외 없이 등장한다. 우리는 목격자들이 거의 모든 살인 사건에 대해 "무분별한 살인"이니, "무분별한 행동"이니, 우리 사회를 자꾸 위협하는 "무분별한 폭력"의 한 사례니 하고 말하는 것을 신문이나 방송에서 보고 듣는다.

　하지만 위와 같은 일들이 왜 특별히 '무분별'한가? 따지고 보면, 살인자에게 중증의 장애가 있지 않은 한 그가 저지른 살인 행위는 분명 그에게는 의미^{sense}가 있다. 살인자는 자기에게 불리하게 증언하는 증인을 침묵시키려 하거나, 보복하려 하거나, 자신의 능력을 드러내려 하거나, 자신의 인종주의적인 혐오를 행동으로 드러내려 하거나, 자신의 정욕을 자극하고 충족시키려 한 것일 수도 있다. 첨단 지식으로 무장한 이들이 흔히 도덕적 주관주의로 흘러가는 문화에서, 가해자에게 완벽할 정도로 의미 있는 어떤 행위가 어떻게 제3자에 의해 무분별하다고 판단될 수 있겠는가? 제3자는 그 행위에 동기가 결여되어 있다는 의미에서 비합리적이라고 대놓고 말할 수 없다. 그렇다면 제3자들은 이 행위가 어리석다는 의미에서 무분별하다고 하는 것일까? 조심성도 없고 그 행위가 어떤 결말을 낳을지 내다보지 못한다는 의미에서? 아니면 살인자가 어리석게도 살인 행위에 대해 처벌을 피해 나갈 수 있는 확률을 잘못 계산했다는 뜻에서 그런 말을 하는 것일까?

당치도 않다. 다급하면 가장 전위적인 논평자도 도덕적 주관주의를 내려놓고, "선과 악 그 너머에" 이르려는 니체 철학의 시도를 다 잊고, 다른 모든 이들과 다름없이 충격과 분노를 드러내면서 살인은 그것을 저지른 자가 어떻게 생각하든 이 세상에 있어서는 안 될 일이라는 형이상학적 판단을 내린다. 사람을 죽이는 것은 원래 있어서는 안 되는 일이다. 사람을 죽이는 행위는 질서를 벗어난 일이다. 사람을 죽이는 게 무분별하다는 말은, 이것이 우주의 결과 반대 방향으로 톱질하는 일이기 때문이며, 기독교 신자라면 누구나 말하듯 이것이 샬롬의 계획에 들어맞지 않기 때문이다.

'무분별'은 위와 같은 확신을 표현하기 위해 사람들이 쓰는 단

하나의 단어다. 죄를 판단하지 않는 쪽, 혹은 죄를 고백하지 않는 쪽을 선호하는 사람들도 어떤 불미스러운 행위에 대해서는 어리석다, 비극적이다, 생각이 짧았다, 실수한 거다, 운이 없었다, 계산 착오다, 잘못한 거다, 유감스럽다 혹은 해서는 안 되는 행동이었다 하고 인정하는 것을 우리는 다 목도하지 않는가? 예를 들어, 어떤 화이트칼라 범죄자가 수천 명의 퇴직자들에게 사기를 쳐서 보험금을 가로챈 뒤 "내가 판단을 잘못했다" 혹은 "부적절하게 행동했다"라고 고백한다고 가정해 보자. 그 완곡한 표현이 본질상 우스꽝스럽고 겁쟁이 같긴 하지만, 그럼에도 이 범죄자는 자기가 어떤 중대한 잘못을 저질렀음을 시인했다. 이 사람은 자기가 질서를 벗어났음을, 해서는 안 될 행동을 했음을 인정했다. 한마디로 표현해 자기가 "어리석었다"라고 말이다. 이 사람은 자기가 악한이었다는 건 인정하지 않겠지만, 결과적으로 자기가 바보였다는 건 인정하지 않을 수 없음을 알고 있다.

아주 역설적이지만, 그렇게 함으로써 그 사람은 성경적 사고의 주된 흐름으로, 성경적인 죄 개념으로 통하는 문으로 들어온다. 성경 기자들은 죄를 어리석음 중에서도 가장 주된 어리석음으로 생각하기 때문이다. 실로 어떤 사람이 자기의 어리석음을 고백하고 그 어리석음이 책망받아 마땅하다고 인정하면, 이 사람은 죄를 고백한 거나 다름없다. 그러나 마트 계산대 옆 진열대에서 배터리 두 묶음을 훔쳐 놓고 자기의 행동을 가리켜 "부적절했다"거나 "판단을 잘못했다"고 말하는 사람이 있다면, 우리는 어리석음에 대해서뿐만 아니라 죄의 본질에 대해서까지 생각해 보고, 어리석음과 죄의 본성이 어떤 관계인지 탐구함으로써 이 두 가지를 심도 있게 이해해야 할 것이다. 이것이 바로 이번 장의 과제다.

이 과제를 위해 우리는 성경에서 말하는 지혜가 어떤 개념인지 그 의미를 파악하고, 이것을 어리석음에 관한 개념과 대조한 뒤 죄의 어리석음에 대해 몇 가지 사실을 관측하면서 결론을 내려야 할 것이다.

세상에 적응하기

성경에서 지혜는 넓게 말해 하나님의 세상을 아는 지식이요, 그 세상에 자기를 적응시키는 비결이다. 지혜로운 사람은 창조 세계를 안다. 지혜로운 사람은 그 세계의 영역과 한계를 알고, 그 세계의 법과 리듬을 이해하며, 그 세계의 때와 시기를 분별하고, 그 세계의 위대한 역동성을 존중한다.[1] 지혜로운 사람은 창조 세계에 대한 자기의 권리와 전혀 별개로, 그리고 창조 세계가 자기를 행복하게 해줄 그 어떤 가능성과도 전혀 별개로, 창조 세계에 고유의 온전함과 중요성이 있다는 것을 알고 있다. 지혜로운 사람은 창조 세계에 그리고 하나님께 굴복한다. 지혜로운 사람이 창조 세계에 굴복하는 것은 이 사람이 먼저 하나님께 굴복하기 때문이다. 이 사람은 땅이 여호와의 것이며 땅에 충만한 모든 것도 다 여호와의 것임을 안다. 이 사람은 지혜 자체가 여호와의 것이며 지혜의 충만함 또한 여호와의 것임을 안다.[2] 이 사람은 세상을 만드신 분의 방식과 습관을 알기에 세상의 깊은 결과 짜임새 또한 안다.[3]

성경의 관점에서 지혜자는 의롭고 의인은 지혜롭다. 이들은 하나님을 사랑하고 경외하며, 하나님의 세상을 긍정하고, 그 세상의 경계 안에서 기쁘게 살아가며, 그 세상에서 하나님의 때와 핵심 특징에 따라 음악을 만든다. 지혜자는 늘 "질서 정연"하다.[4] 올바로 사는 한 이들은 잘 산다. 잠언은 굳이 의와 지혜를 구별하려고 하지 않는다. 잠언은 의와 지혜를 짝짓고 악함과 어리석음을 짝짓는다. 의와 지혜, 악함과 어리석음을 구별하려 하는 것은 도덕적 판단과 신중한 판단을 구별하는 게 별 의미 없는 것과 마찬가지다.[5] 성경에서 좀 더 일반적으로 볼 때, 인간 삶의 행로를 판단하는 기준은 도덕과 신중함과 형이상학과 신앙의 조합이다. 그래서 성경 기자들은 권고도 하고 가르치기도 한다. 프레더릭 비크너Frederick Buechner가 한 번은 이렇게 지적했다.

> 성경은 다른 무엇에 앞서 도덕적 진리를 다루는 책이 아니다. 그보다 나는 성경을 삶이 존재하는 방식에 관한 진리를 다루는 책이라고 하겠다. 이 이상하고 오래된 책은 삶을 어떤 특정한 방식으로, 중력 법칙이 물리 세계에 내재된 것처럼 삶 안에 불가분하게 내재된 어떤 특정한 법과 함께 명령된 것으로 제시한다. "누구든지 제 목숨을 구원하고자 하면 잃을 것이요 누구든지 나를 위하여 제 목숨을 잃으면 찾으리라"라고 말씀하실 때 예수께서는 도덕적으로 말해서 인생이 마땅히 어떠해야 하는지how life ought to be를 말씀하시는 게 아니다. 예수께서는 인생이란 게 어떤 것인지how life is 말씀하고 있다.[6]

지혜는 현실에 기반을 둔 현상이다. 지혜롭다는 것은 현실을 아는 것, 현실을 분별하는 것이다. 분별력 있는 사람은 사물을 알아차리고, 사물을 돌보며, 사물을 이해한다. 분별력 있는 사람은 예를 들어 관용과 용서, 쾌락과 기쁨, 감상적 행위와 긍휼의 차이를 알아차린다. 분별력 있는 사람은 진짜 겸손을 간파하여, 그 겸손과 사촌 지간인 '자만하지 않는 태도'를 늘 생각 속에서 구별한다("그는 겸손한 사람이야"라는 주장의 모호함을 생각해 보라. 이 말은 그 사람이 덕망 있는 태도로 타인을 자기와 동등하게 본다는 뜻일 수도 있고, 소박한 삶을 영위하며 달리 어떤 체하지 않는다는 뜻일 수도 있다).

분별력은 지혜의 표식이다. 분별력은 현실에 대한 일종의 세심한 존중을 드러낸다. 분별력 있는 사람은 사물 간의 차이뿐만 아니라 사물 간의 연관 관계에도 주목한다.[7] 분별력 있는 사람은 창조 세계를 안다. 하나님께서 무엇을 합치셨고 무엇을 흩으셨는지 알며, 그래서 인간이 하나님께서 합치거나 흩으신 것을 어지럽힘으로써 세상 어디가 깨졌고 어디에 불순물이 들어왔는지 알아낼 수 있다. 분별력 있는 사람은 이를테면 어떤 특정 종류의 요구가 우정을 오염시킬 수 있는지 안다. 더 나아가, 분별력 있는 사람은 현실의 세부細部와 기이함을 보는 안목을 지니고 있다. 예를 들어, 지인들과의 저녁 식사 자리에서 한담이 지나치다든가, 유명인 이름을 들먹이며 친분을 과시한다든가, 낯선 표현법을 지나치게 많이 쓴다든가 하는 모습 뒤에 때로 불안이 자리 잡고 있음을 간파한다. 분별력 있는 사람은 친절이 때로 어리석음과 공존하고 고결함이 유머 감각 없음과 공존한다는 것을 안다. 분별력 있는 사람은 그늘로 가득한 사람은 그 그늘의 원인인 빛으로도 충만하다는 것을 안다. 루이스

스메디스는 이를 비롯해 그 밖의 면에서 "분별력 있는 사람은 감식가 소질이 있다"고 말한다.[8]

그러나 스메디스의 표현대로 그런 "인지적인 분별력"만으로는 충분치 않다. 진짜 분별력 있는 사람, 진정한 지혜의 표인 그런 분별력을 지닌 사람은 단순히 현실을 면밀히 살피거나 분석만 하지 않는다. 분별하는 사람은 사랑도 한다. 분별력 있는 사람은 조나단 에드워즈Jonathan Edwards가 말하는 "보편 속의 존재를 향한 선의"를 지닌 사람이다.[9] 분별력 있는 사람은 어떤 단계에 이를 때 자기가 알고 있는 현실을 긍정하고 심지어 그 현실에 헌신하기도 한다. 칼뱅 신학에서 하나님을 아는 지식에 하나님과의 능동적인 관계(칼뱅 학도는 이를 일컬어 하나님을 인식하는 것, 혹은 하나님을 존재론적으로 아는 것이라고 한다)가 포함되는 것처럼,[10] 하나님의 창조 세계를 아는 지식은 그 지식을 가진 사람의 헌신을 요구한다.

좀 더 깊은 차원에서 현실을 분별하려면 그 현실에 참여해야 한다. 깊이 있는 분별력을 지닌 사람은 자기가 아는 것에 감정을 이입하고 그것을 살피고 돌본다. 예를 들어, 타인의 소망과 두려움을 분별하는 일은 타인을 긍휼히 여기는 마음에 달려 있다. 타인을 아는 지식이 우리 안으로 들어오는 것은 우리 마음이 그 사람을 향할 때만 가능하다. 그러했기에 존 스타인벡John Steinbeck은 『분노의 포도』 The Grapes of Wrath에서 마 조드나 로자샨 같은 인물을 그려 낼 수 있었다고 스메디스는 말한다. 마찬가지로, 그럴 때에야 우리는 이혼이나 동성애 같은 눈앞의 상태만이 아니라 그 이면에 있는 당사자를, 그가 처한 곤경과는 비교할 수 없을 만큼 귀한 은사, 사랑 없는 사람에게는 보이지 않는 은사를 지닌 복잡한 인물을 볼 수 있다."

지혜롭다는 것은 현실을 알고 인정하며, 현실을 분별하고, 그런 다음 그에 따라 말하고 행동하는 것이다. 지혜자는 현실에 적응한다. 지혜자는 흐름을 탄다. 지혜자는 점선을 따라 찢는다. 지혜자는 제철에 수확을 하려 한다. 평범한 사람들은 성경에서 지혜를 얻었든 좀 더 일반적인 계시에서 지혜를 얻었든 상관없이 이런 프로그램에 따라 살아간다. 잠언에서 배우든, 자기 앞에 펼쳐진 삶에 진실하게 주목해서 배우든 혹은 할머니에게서 배우든, 지혜자는 끝내 지혜를 배우고 그 뒤 다음과 같은 진리에 적응한다.

- 말을 많이 할수록 사람들은 적게 듣는다.
- 내 말이 쓸모없으면 사람들은 나를 신뢰하지 않을 것이다. 그 뒤에는 이 사실에 항변해 봤자 소용없다.
- 어떤 일 때문에 어려움이 생겼을 때 어려움을 초래한 바로 그 일로 어려움을 해결하려 하면 상황은 더 악화될 것이다.
- 열심히 일하며 수고하지 않으면 중요한 일에 크게 기여할 가능성이 없다.
- 자기 성취를 자랑해 봤자 사람들은 그 성취에 감탄하지 않는다. 자랑은 어떤 의미에서나 헛되다.
- 금수저 집안을 시기해 봤자 그 집이 흙수저 집안이 되지는 않으며, 오히려 시기심으로 내 속만 문드러질 뿐이다.
- 가려운 데를 긁으면 더 가렵기만 할 뿐이다.
- 행복이나 숙면처럼 우리에게 소중한 것들 중에는 애써 힘들게 노

력하지 않을 때만 찾아오는 것이 많다.

흐름을 거슬러

세계보건기구가 보르네오 섬 주민들을 도와 집파리 박멸을 시도했던 유명한 사건이 있다. 파리 떼가 이곳에 질병을 퍼뜨리는 것으로 널리 의심을 사자, 보건기구 관리들은 집집마다 돌아다니며 엄청난 양의 DDT를 살포했다. 하지만 이 조치는 전대미문의 거의 재앙에 가까운 일련의 사건들을 촉발시켰다. 파리가 떼죽음을 당하자 포식자인 도마뱀류가 죽은 파리들로 잔치를 벌인 후 그 사체 안에 농축된 DDT 때문에 병이 들었다. 도마뱀류가 기력이 약해지자 집고양이들에게 손쉬운 먹잇감이 되었다. 고양이들은 DDT에 중독된 도마뱀을 배 터지게 먹었고, 고양이들 역시 병이 들어 죽고 말았다. 고양이 수가 줄어들자 생쥐들이 온 집안을 헤집고 다녔다. 생쥐 떼는 집안을 돌아다니며 음식을 게걸스럽게 먹어 치우고 사람들에게 심각한 질병, 특히 가래톳이라는 전염병의 위협을 안겼다. 공포에 사로잡힌 정부 관리들은 온갖 해결책을 짜내기 시작했고, 마지막에 이들이 의지한 방책은 펠레스 엑스 마키나feles ex machina('기계 장치의 고양이'라는 뜻으로, 데우스 엑스 마키나deus ex machina를 패러디한 표현이다. 그리스 연극에서 기계 장치로 갑자기 나타나 극의 복잡한 내용을 해결하는 신을 말하며, 일반적으로 극이나 소설 등에서 줄거리의 어려움을 해결하기 위한 부자연스럽고 억지스런 결말을 말한다—옮긴이)였다. 이들은 먹이 사슬이 끊어진 사태를 수습하려고 외래종 고양이를 대량으로 들여와 낙하산으로 문제 지역에 투하했다![12]

지혜란 하나님의 세상을 아는 지식이요 그 지식에 자기를 적응 시키는 요령일진대, 이런 영역에서 이와 반대 방향으로 가거나 혹은 이런 지식이나 요령이 결여된 상태가 바로 어리석음이라는 것을 충분히 예상할 수 있다. 세상일과 관련해 도무지 재치가 없는 것, 자기 발등을 찍고 제 무덤을 파거나 혹은 기회를 놓치고 은사를 허비하는 성향 등이 바로 그것이다.

어리석음 중에는 죄로 간주되는 것도 많지만 그렇다고 모든 어리석음이 다 죄는 아니다. 어떤 사람이 생각 없이 이런 지하철 광고를 부착했다고 해보자. "글을 모르십니까? 무료로 도와 드립니다. 지금 당장 편지 주세요!" 어떤 정치인이 연설 중에 자못 의미심장한 분위기로 "상황이 지금보다 더 지금 같았던 때는 과거 어느 때에도 없었습니다"라고 말하는 광경을 상상해 보라. 선거운동 상의 작은 실수, 재미있는 난센스, 본의 아닌 신소리, 짐짓 거드름 피우며 전하는 별 의미 없는 말이나 혼동을 일으키는 말 등 이런 귀여운 장난은 죄는 차치하고 악하다고도 말할 수 없다. 이런 사소한 바보짓은 샬롬을 훼방하지 않는다. 그중엔 오히려 샬롬에 기여하는 것도 있다.

우리는 이 정도의 어리석음은 그냥 웃어넘길 뿐, 비난할 만하다고 여기지 않는다. 먹이 사슬을 뒤죽박죽으로 만든 보르네오 섬 사건처럼 그렇게 엄청난 결과를 낳은 바보짓조차도 전혀 무죄하다고 할 수 있다. 적어도 처음엔 말이다. 상식은 우리에게 말한다. 인간이 저지르는 일들 중에는 정신 나간 행동이 많지만 그게 다 죄는 아니며, 그런 일들에 올바로 대처하는 태도는 그냥 크게 한 번 웃어 주는 것이지 질책이 아니라고 말이다. 상식은 또 우리에게 말한다. 인간이 저지르는 일들 중엔 정신 나간 행동인 동시에 죄악된 것도 있으며(은행에 강도짓을 하러 들어간 사람이 이를 눈치챈 창구 직원의 요청에 실명과 주소를 다 적은 예금 청구서를 낸다든가 하는), 이런 일을 대할 때 우리의 정상적인 반응은 놀라움이다.

어리석음의 나라에서 우리는 놀라운 일들, 이를테면 경솔함이나 기타 주의력 결핍 장애 같은 일들이 한 편의 곡예를 벌이는 것을 본다. 우리는 분별력 결핍자들을 본다. 일부 현대 소설―조세핀 하트의 작품 『데미지』*Damage*가 좋은 예다―에서 분별력 결핍을 보여주는 낯익은 장면을 보면, 사랑, 낭만, 성적 집착이 마치 다 똑같은 것인 양 철부지처럼 이것들을 하나로 합치는 것을 볼 수 있다. 판단력이 정말 형편없다. 10대 청소년 자녀와 사이좋게 지내고 싶어 돈으로 자녀의 사랑을 사려고 하는 중년의 부부를 생각해 보라. 자기에게서 뭔가 결핍을 느끼고 자녀가 그 결핍을 채워 주기를 바라는 부모를 생각해 보라. 동료들 사이에서의 인기든, 운동 능력이든, 돈벌이든 혹은 지적 성취든 자기 자신의 기대에 미치지 못한 부모는 흔히 자녀에게 두 배의 기대를 품는다. 자녀가 이에 저항하면 이 부모들은 마음에 상처를 입는다.

물론 형편없는 판단력은 무식한 사람뿐만 아니라 많이 배운 사람에게도 장애가 될 수 있다. 외국어를 서너 가지나 할 수 있지만 모국어는 물론 그 어느 나라 말로도 일리 있는 말은 한 마디도 못 하는 사람이 있다. C. S. 루이스는 말하기를, 석사 학위자이면서도 바보일 수 있다는 사실에 아무 모순이 없다고 했다.[13] 똑똑하거나 교육 수준이 높다는 건 훌륭한 판단력을 갖기 위한 원자재일 뿐이다. 지식, 집중력, 분별력도 마찬가지다. 사람은 이런 것들을 활용해 뭔가를 전망하고 평가하고 추론해야 한다. 사람은 결론을 내리고 선택하고 행동하되 현실에 견고히 기반을 둔 방식으로, 개인적인 변덕이나 편견에 의해 비교적 왜곡되지 않은 방식으로 해야 한다.

어리석음에는 형편없는 판단, 분별력 부족, 집중력 없는 태도도 포함된다. 이러한 결핍에는 전혀 잘못이 없을 수도 있고 잘못이 있어도 일부에 지나지 않을 수도 있다. 어쩌면 하나님께서 상식과 기민함을 은사로 주실 때 신체적인 민첩함이나 훌륭한 용모 등과 같이 사람에 따라 불공평하게 주시는 것일 수 있다. 어쩌면 상식과 기민함은 어느 정도 가족과 선생님에게 가르침을 받는 것일 수도 있다. 실제로 성경 기자들은 지혜를 말할 때 때로는 은사인 것처럼, 때로는 학습으로 획득되는 것처럼 말한다.[14] 어느 경우든 사람들이 지혜에 접근하는 방식만도 아주 다양한 게 분명하다.

그런데 지혜에 접근하는 방식만 다양한 것이 아니라 지혜를 향한 사람들의 태도 또한 아주 다양하다. 어떤 사람은 부모의 가르침에 주목하고 어떤 사람은 무시한다. 어떤 사람은 하나님의 말씀을 관심 있게 경청하고 어떤 사람은 코웃음을 친다. 어떤 사람은 비난을 감사히 받아들이며 거기서 교훈을 얻으려 하지만, 어떤 사람은 모든 비난은 무조건 다 불공정하고 심지어 자기와 무관하다고 일축해 버린다.

이런 사실을 알면 또 다른 사실을 생각하게 된다. 어리석음 중에도 비교적 순진한 어리석음, 아주 재미있는 어리석음이 있지만 대다수의 어리석음은 어느 쪽에도 속하지 않는다. 신실하기보다는 시류를 따르는 쪽을 택하는 교사와 설교자, 자신의 꿈을 성취하기 위해 자녀의 삶을 미리 만들어 둔 틀에 집어넣으려 하는 부모, 긍휼보다 위로를 더 좋아하며 마음의 문이 닫힌 탓에 인간의 곤경을 돌아보기를 귀찮아하고 그 아픔을 함께 느끼지 못하는 분별력 없는 그리스도인 등 이런 사람들은 범죄로 분류될 수 있는 어리석음에 스스로 동참하는 이들이다.

이 마지막 사례가 암시하듯, 어리석은 자가 어리석은 자라는 이름을 얻게 되는 건 작위作爲 때문일 뿐만 아니라 부작위不作爲 때문이기도 하다. 건강을 소홀히 하는 것, 배우자나 자녀를 등한시하는 것, 소명을 망각하는 것, 자기 잘못을 외면하는 것, 의무와 기회에 태만한 것, 이런 태도들은 넓게 보아 부작위의 어리석음에 속한다. 당연한 말이지만, 지혜는 본질적으로 실천의 문제이기에―지혜는 지식의 어떤 덩어리라기보다 지식을 적용하는 방식이고, 정교한 기술이라기보다 하나의 비결이기에―부작위라는 어리석음은 흔히 단순한 '수행' 실패의 형태를 띤다. 사람들은 뭐가 옳은지 알면서도 옳은 것을 실천하지 않는다. AIDS에 관해 백과사전 급으로 배워 알고 있으면서도 도무지 성생활을 절제하지도 않고 "안전한" 성생활을 하지도 않는 그 모든 난봉꾼들처럼 말이다.[15]

주요 이벤트

죄와 어리석음의 관계를 가장 짤막하고 명쾌하게 서술한다면, 모든 어리석음이 다 죄는 아니지만 모든 죄는 다 어리석음이라는 것이다. 죄는 잘못이기도 하고 멍청하기도 하다. 실제로, 어디든 어리석음이 시전되는 곳에서는 죄가 바로 주요 이벤트다. 죄는 어리석음이 세상에서 가장 인상적으로 드러나는 예다.

과연 죄의 어떤 부분 때문에 죄가 그렇게 어리석은 게 되는 것일까? 죄는 건강에 좋지 않은 레시피다. 죄는 자동차에 넣으면 안 되는 잘못된 연료다. 죄는 집에 갈 때 택해서는 안 되는 잘못된 길이다. 다시 말해 죄는 결국 헛수고다.

예를 들어, 교만이 헛된 것은 자기 환상에는 대개 아무 보답이 없기 때문이다. 더 나아가 교만은 용인 효과, 수확 체감의 법칙law of diminishing returns에 매여 있다. 자기에게 몰두하면 할수록 몰입할 만한 건 줄어든다. 로버트 로버츠Robert Roberts는 어니스트 베커Ernest Becker가 쓴『죽음을 부인하다』Denial of Death의 몇 가지 주제에 대해 논평하면서 이렇게 덧붙인다. 인간의 삶에서 교만 프로젝트(자기가 자기에게 제1원인이 되고자 하는 시도)는, 자기가 비록 신일지라도, 다른 피조물 위에 있는 초월적인 존재일지라도 자기 역시 벌레이며 벌레들의 먹이라고 하는 깨달음으로 마음이 갈기갈기 찢긴 사람들이 수행하는 프로젝트라고 말이다. 우리는 "우리의 품 안에서 마약에 취한 채 흔들거리는 끔찍한 모순"과 함께 살아간다. 그 모순은 바로 "영웅이 되어야 할 필요성과 현실은 벌레라고 하는 사실"이다.[16]

게다가 우리는 또 다른 모순을 채택함으로써 이 모순을 해결하려고 한다. 우리는 타인의 용인 가능성이라는 기준에 부합함으로써 자기 자신을 높이려고 한다. 모든 사람이 다 하품만 하고 있다면 벽력같이 슬램덩크를 한다든가 록 음악을 연주하는 게 무슨 이득이겠는가? 우리의 이득은(사람들에게 알려지고 찬사를 받고 부러움의 대상이 되는 것) 우리 마음이 갈기갈기 찢길 때와 마찬가지로 타인의 기준과 의견에 달려 있다. 로버츠는 말한다. "별"은 사실 다른 별들에의지해 그 빛을 반사하는 달moon일 뿐이라고.

> 사회 환경 속에서 우리가 편안하게 호흡하는 가치들을 빼면, 우리의 행실과 자존감은 숨이 막힐 것이고 심리적인 정체성도 숨을 거둘 것이다. 누구든 눈을 뜨는 사람은 깨닫게 될 것이다. 다른 사람이 어떻게 생각하느냐에 근거해 자기 자신을 신으로 창조하려는 프로젝트가 얼마나 모순인지를. 그런데 우리가 바로 그런 짓을 하고 있다. 자기 자신을 킹 엘비스만큼 어마어마한 존재로 만들 만한 입장에 있는 사람은 거의 없다. 하지만 방식 면에서 '그보다 좀 겸손할' 뿐이지 우리의 프로젝트는 여전히 똑같다.[17]

오만hybris은 첫 번째이자 가장 대중적인 형태의 우상 숭배다. 그러나 어떤 형태든 우상 숭배는 우리를 어리석음에 깊이 빠져들게 만든다. 모든 우상 숭배는 다 배신일 뿐만 아니라 헛되기도 하다. 인간의 욕망, 깊고 불안정하며 결코 충족시킬 수 없을 것 같아 보이는 이 욕망은 유한한 이득을 꾸역꾸역 그 안에 채워 넣지만, 이는 결코 만족스러울 수 없다. 우주의 하나님이 아닌 다른 어떤 것으로 우리 마음을 채우려고 할 경우, 먹기는 많이 먹었으나 사실은 영양실조라는 것을 우리는 알게 될 것이다. 또한 매일 매주 매년 여위어 가다가 결국은 존재의 윤곽만 남게 된다는 것을 알게 될 것이다.

서글픈 사실이지만 이런 종류의 일들이 늘 일어나고 있다. 사랑에 굶주린 사람, 타인과 '연결'되기를 원하는 사람들은 흔히 자기처럼 깊이 없고 자기만 아는 사람들과 더불어 깊이 없고 자기만 아는 관계를 맺을 것이고, 하루가 저물 무렵이면 아침보다 오히려 더 공허해졌음을 깨닫게 될 것이다. 처음부터 끝까지 이 프로젝트는 TV 짝짓기 프로그램에 출연해 구정물 수준의 음란함을 탐색하는 사람들의 대화만큼이나 무익하고 인간성을 말살시킨다. 겉으로는 아주 활기차 보이지만, 그 이면에서 참여자들을 그저 바쁘게 눈동자 굴리며 곁눈질하는 어두운 그림자로 격하시킨다는 게 이 프로그램의 비애다.

죄는 헛되고 그러므로 어리석다. 조르주 베르나노스[George Bernanos]의 작품에 등장하는 시골 사제는 말하기를, 우주의 흐름을 거슬러 헤엄쳐 가는 프로그램, "창조주의 전 사역과 반대 방향으로 세상을 재건축하는 터무니없고 끔찍한 시도를 하면서 기진맥진해지는" 절망적인 프로그램에 사탄이 자기를 끌어들였다고 한다.[18] 다시 말해, 도덕적 악이 파괴적이고 때로는 우리를 격앙시키기도 하지만 어떤 면에서 우스꽝스럽기도 하다. C. S. 루이스는 순전한 기독교가 우리로 하여금 "마귀가 (장기적으로는) 멍청이"라는 사실을 믿게 만든다고 말한다.[19]

죄는 바보짓이다. 죄가 어떤 이미지를 선택하든 성경 기자들은 거듭해서 그렇게 말한다. 죄는 과녁을 놓친다. 죄는 잘못된 과녁을 선택한다. 죄는 길을 벗어나 헤매는 것, 혹은 자신에게 너무 강한 어떤 존재에게 반항하는 것, 혹은 훌륭한 유산을 무시하는 것이다.

무엇보다도 죄의 핵심은 하나님을 거스르는 것이다.

하나님을 거스르는 게 왜 잘못이요 어리석은 일인가? 하나님이 우리의 궁극적인 선이시요, 우리의 창조자이자 구원자이시며, 오직 하나님 안에서만 우리의 불안한 마음이 안식을 얻기 때문이다.[20] 하나님께 반역하는 건 우리를 지탱하고 있는 가지를 톱질로 잘라 내는 것이다. 리처드 러브레이스Richard Lovelace가 일갈하는 것처럼, 하나님에게서 달아나 어디 먼 나라로 가서 만족을 찾으려 해봤자 우리가 발견하는 건 "암시장에서 구하는 대체물"뿐이다.[21] 기쁨이 아니라 마티니 너덧 잔에 관자놀이 부근에서 들리는 윙윙 소리뿐이다. 자기를 바치는 사랑이 아니라 낯선 사람들과의 섹스뿐이다. 한 인격체로서 나를 무조건 지지해 주는 부모님의 뜨거운 사랑이 아니라 내 자아의 압력이 떨어질 때마다 펌프질해 주는 최신식 전문 치료사의 지원뿐이다. 그것도 그의 압력계가 작동하는 동안에만. 하나님께 반역하고 그분에게서 도망치는 것은 축복의 땅을 떠나는 것이요 우리를 지탱시켜 주는 유일한 가시적 수단에서 우리 자신을 쳐 내는 것이다.

죄는 이렇게 무익하고 자기 파멸적인 프로젝트로 우리를 쫓아 버린다. 죄는 타인에게 상처를 주고 하나님을 슬프게 할 뿐만 아니라 우리를 서서히 좀먹어 가기도 한다. 죄는 일종의 자기 학대다. 예를 들어, 난잡하게 사는 사람은 자기 자신을 천박하게 만든다. 이 사람들은 가장 심층적인 친밀함, 신뢰로 맺어진 그런 친밀한 관계를 맺을 자격을 자기 자신에게서 박탈하고, 내 친구가 언젠가 말했던 것처럼 "피상적인 사회관계 속으로 자기 자신을 몰아넣는다."

거짓말과 속임수도 거의 비슷하다. 역사학자이자 윤리학자인 크리스토퍼 래쉬Christopher Lasch의 말처럼, "누구든 자기 이웃을 속이는 사람은 이웃의 신뢰를 잃고, 적대와 의심의 벽 뒤에 자신을 유폐시키며, 그리하여 결국 자기 자신을 사람들에게서 고립시킨다."²² 시기심도 마찬가지다. 다른 사람이 잘되는 걸 언짢아하며 그 사람에게서 그걸 빼앗고 싶어 하는 사람은 이 때문에 올무에 걸려 고통스러워하면서 자기의 삶을 분노의 지옥에 빠뜨린다. 교만한 사람도 자기 자신을 고립시킨다. 교만은 진정한 우정이나 교제의 가능성, 즉 '보편 속의 존재를 향한 선의'를 중도에서 저지한다.

좀 더 근본적으로 교만은 일종의 허깨비 지혜가 될 수도 있다. 교만한 사람은 바보는 가르칠 수 없다고 여긴다. 그는 자기가 모든 걸 다 알고 있다고 생각한다. 그에게는 아무 말도 할 수 없다. 그는 '자기 눈으로 보기에 지혜로운' 사람으로서, 이는 어리석음의 확실한 증표다. 잘못 배운 탓에 모호하고 독단적인 목회자, 음 이탈을 일삼으면서 솔로 파트를 고집하는 가수, 광야에 들어가서도 방향을 물을 마음이 없는 탓에 40년이나 그곳을 헤맨 이스라엘 백성들, 동네 당구장의 최고수가 되기 위해 10년 세월을 당구장에서 살면서 그게 과연 그럴 만한 가치가 있는 일이냐고 누가 묻기라도 하면 공연히 부러워서 그러는 것 아니냐며 입을 다물게 만드는 당구광 등, 바보들의 행렬에서도 단연 두드러지는 이런 사람들은 인간 삶의 가장 기이한 조합 하나를 우리에게 보여준다. 바로 무지와 오만의 고집스러운 조합이다. 속담에도 있듯, 바보는 실수는 자주 하지만 의심은 절대 하지 않는다. 더욱이, 자기의 독단적인 태도가 도

전받을 때 바보는 오히려 그 태도를 강화한다. 그중엔 불편한 심기를 드러내는 이들도 있다. 이들은 여유를 보일 형편이 아니다.

이런 종류의 고집 때문에 어리석은 자는 상당한 불행을 자초하게 되며, 그 불행에서 벗어날 길 또한 스스로 막아 버린다. 어리석은 사고 구조나 파괴적인 행동 경로에서 벗어나기 위해서는, 걸음을 멈추고 자기가 잘못하고 있음을 인정한 뒤 안전한 쪽으로 방향을 돌려 새로운 경로를 찾아가야 한다. C. S. 루이스가 언젠가 말했다시피, 일련의 계산 작업 초기에 합산 숫자가 틀렸을 경우 "그냥 계속해 나가는 것으로는" 상황을 호전시킬 수 없다.[23]

교만한 사람은 현실을 처음부터 다시 구성하려고 한다. 그는 자기 자신에게 맞게 인간 행동의 경계를 다시 그리려 하면서 주님이자 삶의 경계를 지키는 분이신 하나님을 그 자리에서 끌어내린다.[24] 근본적으로 바보는 현실과의 접촉이 없는 사람이다. 우리 인간의 의지가 주권적이지 않음은 물론이다. 우리는 사실 우리 자신의 중심이나 닻이나 율법 수여자가 아니다. 우리는 우리 자신을 만들지 않았고, 우리 자신을 지키지도 못하며, 궁극적으로 우리 자신에게 의무를 지우거나 우리 자신을 용서하지 못한다. 세상의 중심이라는 우리의 이미지는 환상일 뿐이다. 현실에서 완전히 유리되었다는 점에서 그것은 일종의 정신 이상이다. 이 사실은 가장 파괴적인 수준의 악에서 특히 자명하게 드러난다. 존 밀턴은 오직 바보만이 자기집이 불붙어 무너지고 있는 줄도 모르고 저 건너 "황량하고 거친 땅을 암울하게" 바라보며 "엄청난 고뇌와 당혹감"으로 가득 차 이렇게 선언한다고 했다. "천국에서 종노릇하느니 지옥에서 왕 노릇하는 게 낫다."[25]

죄는 부패시킨다. 죄는 퍼져 나가서 죽인다. 그래서 성경에는 긴박감, 심지어 절박감이 느껴지는 예언이 많다. 선지자들이 이스라엘의 죄를 꾸짖는 것은 단순히 이 죄가 하나님의 법을 어기기 때문이 아니라 궁극적으로 화평을 깨뜨리기 때문이고, 더 나아가 화평을 깨뜨리는 사람들까지 파멸시키기 때문이다. 이스라엘은 하나님의 법령과 언약으로 조성되고 구속받고 규제되는 나라다. 이스라엘은 존재 자체가 은혜로운 시혜자에게 의존되어 있다. 그러므로 선지자들이 보기에 하나님을 거스르는 죄는 터무니없을 정도로 어리석다. 이는 자기가 달고 있는 호흡 유지 장치의 플러그를 빼는 것과 같다. 타인의 평온한 삶을 침해한 것에 대해 나단이 다윗 왕을 고소할 때, 미가가 불의에 항거해 소리를 높일 때, 호세아가 우상 숭배를 질책할 때, 이사야가 이스라엘 민족의 교만을 경고할 때, 혹은 아모스가 거짓 예배를 고소할 때, 이들의 고발 내용은 절대 포괄적이지 않으며 고발의 정황 또한 추상적인 율법이 아니다. 고발 내용은 언제나 구체적이고(예를 들어, "그 지도자와 재판관은 뇌물을 구하며"[미 7:3]), 정황은 언제나 위기 상황이다. 이 나라는 자청해서 멍청한 짓을 저질렀다. 저주받은 바보처럼 놀아나고 있으며 자멸의 위험에 처해 있다.[26] 이런 상황에서 선지자는 선견자seer요 지혜자 역할을 한다. 죄 가운데서는 흥하느냐 망하느냐 하는 긴장감도 높아지고, 그로 인한 반향도 더 넓게 퍼지며, 부패 정도도 사람들이 생각하는 것보다 더 깊다는 것을 선지자는 내다본다. 선지자는 대개 불쾌감을 안기는 방식으로 백성들에게 그렇게 말한다.

죄가 가장 주된 형태의 어리석음인 것은 쓸데없고, 헛되고, 비현실적이고, 선한 것을 망치기 때문이다. 물론 어리석음에도 나름의 유행이 있다. 사실 이것이 바로 어리석음이 그렇게 어리석은 이유다. 어리석음에 유행이 있다는 건 트림에도 유행이 있고 바퀴벌레에게도 유행이 있다는 것만큼이나 어리석다. 어리석음에 나타나는 유행은 그 시대 죄악의 특성을 반영한다. 우리 시대의 경우 참을성 없음, 쾌락주의, 자기도취, 책임 회피, 자아와 자아의 선택을 신격화하는 것 등이 유행이다. "부패한 우리의 시대정신"은 제한이나 책임 앞에서 짜증을 낸다고 토머스 오든^{Thomas Oden}은 말한다. 우리 시대는 "미숙한 부모가 자녀 양육하기를 거부하는 것" 같은 태도를 보인다.[27] 그 시대의 특징적인 죄가 무엇인지 알면 그 시대의 어리석음과 그 시대에 유행하는 전제가 무엇인지 알아맞힐 수 있다. 우리 시대의 경우, 도덕이 단순히 개인 취향의 문제이고, 모든 침묵은 사람들의 수다나 배경 음악으로 채워져야 하고, 미국인의 76퍼센트가 각종 유형의 피해자이고,[28] 생각하는 것보다는 느끼는 게 더 좋고, 책임보다는 권리가 더 중요하고, 어린아이들 세계에서도 선택할 수 있는 권리가 다른 모든 권리를 대신하며, 진짜 자유는 아무런 덕행 없이도 누릴 수 있고, 자책은 고지식한 사람이나 하는 것이고, 하나님은 그냥 친구 아니면 심지어 잔심부름꾼으로서 우리를 부자로 만들어 주거나 우리를 행복하게 해주거나 혹은 종교적으로 흥분시키는 게 하나님이 할 일이고, 누군가를 존경하는 것보다는 누군가에게 부러움의 대상이 되는 게 더 만족스럽고, 정치인과 설교자는 진실하기보다 유쾌한 게 더 낫고, 그리스도인의 예배는 재미

있지 않으면 실패라고 하는 게 이 시대에 유행하는 어리석음이다.

어떻게 하면 이런 종류의 나쁜 판단에서 회복될 수 있을까? 우리는 근본으로 돌아가야 한다. 시합에서 자꾸 지는 농구팀은 레이업 숏과 풋워크 훈련으로 돌아가야 한다. 제 상태가 아닌 바이올린 연주자, 바흐의 무반주 파르티타 E 장조 서곡을 곡조만 연주하거나 리듬만 따라잡을 뿐 두 가지를 한꺼번에 하지 못하는 연주자는 음계와 아르페지오 연습으로 돌아가야 한다. 산산조각 난 결혼 생활을 재정비하려는 부부는 서로에게 예의를 갖추는 초보적인 방식부터 다시 배워야 한다.

이는 어리석음을 정복하고자 하는 모든 이들에게도 마찬가지다. 가르쳐도 말을 듣지 않는 태도, 건방짐, 전반적인 판단 잘못, 분별력 결핍이 관계된 문제에서 최선의 처방은 바로 지혜를 얻는 것이다. 그리고 "여호와를 경외하는 것이 지혜의 근본"(잠 9:10)이다. 지혜는 경외와 함께 시작된다. C. S. 루이스가 『사자와 마녀와 옷장』The Lion, the Witch, and the Wardrobe에서 아슬란이라는 존재를 특징지을 때 알고 있었던 것처럼, 하나님은 선하시지만 안전하지는 않다. 그분은 "선하신 동시에 무시무시하다."[29] 이것이 바로 어리석은 사람만이 하나님과의 만남을 "재미있다"고 표현할 수 있는 이유다.

하나님을 두려워하는 사람들은 하나님께 대해 끔찍한 사랑을 품고 있다. 경외심으로 가득한 이 사랑은 하나님은 조롱당하지 않으신다는 것을, 우리는 뭐든 심은 대로 거둔다는 것을, 하나님은 속임당하거나 비웃음을 사거나 무시당하지 않으시고 오히려 신뢰받고 사랑받고 순종받으시는 분이라는 것을 아는 사랑이다. 지혜롭고 의로운 것은 모두 다 이 흔들림 없는 토대 위에 세워진다. "두려움과 사랑은 늘 병행해야 한다"고 뉴먼은 말한다. "늘 두려워하고, 늘 사랑하라. 죽는 날까지."[30] 하나님을 두려워하는 사람은 우리를 행복하게 만드는 것이 이 세상에서 하나님의 첫 번째 계획은 아니라는 것을, 우리는 행복에 대한 우리의 권리를 포기한 후에야 행복을 얻을 수 있다는 것을 안다. "누구든지 자기 목숨을 구원하고자 하면 잃을 것이요 누구든지 나와 복음을 위하여 자기 목숨을 잃으면 구원하리라"(막 8:35). 프레더릭 비크너가 일깨워 주는 것처럼, 이 말씀을 하실 때 예수께서는 도덕적으로 말해서 인생이 마땅히 어떠해야 하는지를 말씀하시는 게 아니다. 예수께서는 인생이란 게 어떤 것인지를 말씀하고 있다.

— **08**

중독의 비극

"스승님, 제가 큰 고민에 빠졌습니다! 제가 불러냈던 영들을 이제 쫓아내야 하
는데 그걸 못하겠습니다."

— 괴테, 『마법사의 제자』

크고 뒤죽박죽인 우리의 현실 풍경을 선명하게 하는 한 가지 착실
한 방법이 있는데, 그것은 그 풍경을 이웃하는 개념들과 비교해 보
는 것이다. 그래서 이 책 1장에서는 죄가 범죄, 질병, 어리석음, 부
도덕과 어떤 관계인지 간략히 살펴봤고, 7장에서는 죄와 어리석음
의 관계를 비교적 길게 살펴봤다. 이것은 죄를 이웃하는 다른 현실
들과 비교하고 대조해 봄으로써 죄의 본질을 구별해 내고 명쾌하
게 밝히려는 의도이다. 죄의 가까운 이웃들을 어떤 식으로든 조명
하다 보면 당연히 죄에도 빛이 비치기 마련이다. 특히 그 이웃들과
공유하는 경계선을 따라서 말이다.

경계 영역에 대한 탐구가 무엇보다 유익하고 필요한 곳은 죄와
중독 분야다. 죄와 중독 분야는 다른 분야들과의 경계선도 길고, 논
란의 여지도 많으며, 때로는 경계선 자체가 분간이 안 되기도 한다.
중독 문제를 살핀다는 것은 주로 죄의 주요 역학 원리를 살피는 것

이다. 더 나아가 인간의 행동을 평가할 때 자유와 책임이라는 어려운 문제를 다시 한 번 극적으로 제기하는 것이기도 하다. 이런 역학 원리를 규명하고, 이런 질문들을 제기하며, 그리하여 죄의 본질을 깊이 알게 되는 것이 이 장에서 우리가 할 일이다. 일반적으로 말해 우리가 탐구하고자 하는 것은 죄와 중독의 관계다.

중독의 넓은 세계

중독이란 어떤 물질(술·마약·최면제)이나 행동(섹스·일·도박)에 복합적으로, 점진적으로, 해로울 정도로, 대개는 무력하게 집착하여, 당사자가 강박적으로 기분 전환을 추구하는 것을 말한다. 사람을 중독시키는 것이 음식이나 음료처럼 생명을 유지하게 하는 기본 식품일 수도 있고, 관음주의처럼 약간 악한 것일 수도 있다. 중독을 조금 느슨하게 정의한다면 대부분 어떤 것이나 다 중독 물질이 될 수 있다. 중독을 주제로 글을 쓰는 사람들은 최근 몇십 년간 중독 요소 목록을 놀라울 만큼 확장시켰고, 그리하여 이제 술이나 기타 약물뿐만 아니라 섹스까지, 그리고 섹스뿐만 아니라 사랑과 낭만까지도 포함되었다.[1] 이제 그 목록에는 쇼핑, 종교, 운동, 비디오 게임, 돈, 영화 관람까지 계속 등재되고 있다. 의존 성향에 관한 이 시대의 시류를 따르는 어떤 작가는 피츠버그에 "바느질 혹은 직물 중독"도 있다는 고백을 인용한다.[2]

　중독 중에서도 비교적 색다른 중독을 얼마나 심각하게 다루어야 하는가 하는 문제를 제외하면, 중독의 기원 및 중독에 기여하는 요소들(화학적·신경학적·심리적·문화적·사회적·영적)의 숫자와 조합은 중독 물질이나 중독 행위 안에서도 아주 다양하고 중독자마다 다 다르다고 말하는 것이 안전할 것이다. 게다가 중독 의존성 또한 가벼운 수준에서 아주 치명적인 수준에 이르기까지 그 스펙트럼이 넓다.[3] 그런 다양성 자체만으로도 중독 현상이 얼마나 복잡한지 보증하지만, 여기에 더해 어떤 중독자는 복합 중독과 다중 중독 문제와 씨름하기도 한다. 이런 증상을 치료해 준다는 말에 혹하는 사람도 있다(어떤 경우, 정부가 헤로인 중독자에게 메타돈을 처방하는 건 무단결석 학생에게 정학 처분을 내리는 것만큼이나 도움이 안 된다). 중독에서 회복 중인 사람들을 보면, 자기의 중독증이 단일한 것이든 복합적인 것이든, 주로 화학적인 것이든 심리적인 것이든, 거기에는 "악마적"이라고밖에 할 수 없는 어떤 영적 차원이 있다고 믿는 것을 볼 수 있다.[4]

시작이 어떻든, 중독은 결국 고통으로 집중되고 그 고통을 경감시켜 줄 매개물을 찾는 자멸적인 선택으로 이어진다. 사실상 고통을 초래한 바로 그것으로 고통을 치료하려 하는 게 중독자가 덫에 걸리는 전형적인 메커니즘이다. 이 덫은 위에서 암시되었듯이, 위스키에서부터 양모에 이르기까지 무엇이나 미끼가 될 수 있다.

하지만 중독자가 그 미끼를 물게 되는 건 무엇 때문인가? 중독이 진행되는 각 단계마다 중독자는 인간 존재의 가장 강력하고 불가사의하고 치명적인 한 가지 힘에 이끌린다. 중독자를 끌고 가는 힘은 갈망이다. 단순히 두뇌, 배 혹은 음부陰部의 갈망이 아니라 궁극적으로 마음의 갈망이다.[5]

중독자도 사람이기 때문에 완전함과 충족감 그리고 신자들이 하나님이라 칭하는 궁극적 선을 갈망한다. 모든 우상 숭배가 그러하듯, 중독도 갈망이라는 이 치명적 힘의 꼭지를 열어, 중독자를 채워 주는 게 아니라 오히려 고갈시키는 그 중독 대상과 중독 진행 과정에 에너지를 대 준다. 따라서 중독자는 하나님을 갈망하는 게 아니라 초월을 갈망하며, 기쁨이 아니라 쾌락을 갈망한다. 그리고 때로는 그저 고통에서 빠져나오기를 갈망한다.[6] 어떤 치료사들은 중독자가 죄책감이라는 망상에 취할 수 있다고, 좀 더 단순하게 말해 욕망과 쾌락과 죄책감 그리고 니체가 말하는 권력 의지가 때로 뒤섞여 독한 혼합물을 만든 뒤 중독에 연료를 공급하기도 한다고 말한다.[7]

어느 경우든, 중독은 갈취범이 품삯을 차압하는 방식으로 갈망에 접근한다. 매번 직면할 때마다 요구는 점점 더 커진다. 자존감, 사랑하려는 의지 혹은 그 외 중요한 정신적 역량을 회복할 때마다 이 기생충이 그 기운을 다 빨아먹는다.

물론 담배에 집착하는 사람, 하루 일과를 끝내고 마시는 칵테일 한 잔에 집착하는 사람은 자기가 그런 드라마에 출연하고 있다는 사실을 알아차리지 못할 수도 있다. 어떤 사람은 알코올 같은 물질을 이용 혹은 남용하면서도 그 물질에 의존하는 상태가 되지 않는다. 어떤 사람은 약간 의존적이 되기는 해도 본격적인 중독까지는 가지 않는다. 어떤 경우—적어도 한동안은—마이너 리그 수준으로 진짜 중독 상태가 이어질 수 있다.

그러나 빅 리그 수준의 중독자에게 중독 상태는 기생충으로 느껴질 뿐만 아니라 교활하고 변태적으로 느껴진다. 그건 악마가 살아 움직이는 느낌이다. 단순히 뭔가가 아니라 누군가가 그 사람을 꾀고, 후리며, 낚아 올리는 것 같다. 그 누군가는 처음엔 그 사람을 유혹하는 데 성공하고, 그다음엔 유혹에 굴복할 만큼 허약하다고 그 사람을 고소한다. 알코올 중독자 모임에서 펴낸 『빅 북』 *Big Book*에서 말하다시피, 중독은 "교활하고 당혹스럽고 강력하고 끈질기며",[8] 이를 정복하려는 모든 일상적인 시도를 다 물리치는 승자이고, 공허를 메우려고 달려오는 악마이며, 쫓겨나면서도 다시 돌아오겠다고 자꾸 위협하는 그림자다. 그래서 중독자는 반복적으로 자기 자신과 약속하고 그 약속을 파기하며, 자기의 갈망이 하나의 집착으로 계속 좁아지고 굳어져서 자기가 집착하는 그것이 결국 자기 일과 자존감과 관계와 은행 계좌를 황폐하게 하리라는 것을 알면서도 강박적으로 그 갈망을 충족시키려 한다. 이렇게 해서 중독자의 의지는 중독 물질을 세상에서 내쫓고 싶은 마음과 그 물질을 개인적으로 은닉해 놓은 곳을 보호하고 싶은 마음으로 나뉜다. 가벼운 단계에서 심하지 않은 단계로 진행되면서 이 중독 상태는 중독이라는 말의 어느 한 가지 의미에서 그 사람을 매혹시키고 이어서 또 한 가지 의미에서 그 사람을 매혹시킨다. 이와 같은 중독자는 대개 자기의 "씨름은 혈과 육을 상대하는 것이 아니요……악의 영들을 상대"하는 것이라 믿게 된다(엡 6:12).

따라서 치료는 중독 연구 영역에서 말하는 것처럼 보통 다층적으로 이루어져야 한다. 먼저 정신과 의사가 알코올 중독에 의학적으로 접근하고, 그다음 심리적 접근이 이루어지며, 이어서 가족 체계적 접근이 이루어진다. 알코올 중독 치료 모임 Alcoholics Anonymous, 이하 AA의 프로그램을 따라가면, 환자가 영적 건강도 어느 정도 되찾을 수 있도록 줄곧 돕고자 할 것이다. 환자가 그리스도인일 경우, AA는 기도나 치유 혹은 특별한 경우 축귀 사역에 직접 나서든지 제안하든지 할 것이다.[9]

치명적 악순환

1983년에 패트릭 칸스Patrick Carnes는 섹스 중독에 관한 선구적인 책 한 권을 펴냈다. 이 책은 전반적인 중독뿐만 아니라 특히 성 중독에 대해 많은 것을 말해 준다.[10] 이 책에서 칸스는 망상("섹스는 나에게 가장 중요한 욕구다"), 집착(관음증 환자는 다른 사람이 벌거벗은 모습을 단 몇 초 구경하려고 가림막에 숨어 몇 시간씩 기다린다) 그리고 의례적 행위(관음증 환자, 치한, 바바리맨이 좋아하는 "특별한 일과")라는 순환 고리에 걸려든 사람들에 대해 설명한다. 쾌락을 좇는 이런 행위들에 일단 빠져들 경우 중독자에게는 절망의 찌꺼기만 남는다. 중독자가 걸려드는 덫은 무엇인가? 충분히 예측할 수 있듯이, 그저 좀 불량했을 뿐인 사람이 중독자가 되는 것은 그가 자꾸 집착에 굴복함으로써 절망을 완화하려 하고, 그렇게 함으로써 중독 상태가 다시 새롭게 시작되기 때문이다.

칸스는 섹스 중독자가 흔히 내성 효과tolerance effect를 경험한다는 점에 주목한다. 예를 들어, 어떤 종류의 위로든 음란물에서 위로를 받던 사람은 이 위로가 점차 밋밋해지는 것을 느끼게 된다. 음란물에 중독된 사람은 이제 치료 목적이 아닌 마사지 같은 것을 직접 체험해 보기도 하고, 어쩌면 붐비는 버스나 지하철에서 낯선 사람의 몸을 더듬는 지저분하고 명백히 불법적인 행동까지 한다. 이렇게 점점 위험도가 높은 행동에 나서면서 중독자가 기분 전환을 느끼는 지점도 점점 높아진다. 중독자는 '황홀경'을 추구하고, 이런 식으로 내성 효과를 높여 나간다.

물론 중독자는 어떻게든 자기의 문제를 해결해 보려고 한다. 대개는 아주 절박하게. 자기 자신을 꾸짖기도 하고, 하나님께 죄를 고백하기도 하고, 결심을 했다가 파기하기도 하고, 이번이 정말 마지막이라면서 날짜를 새로 정하기도 한다. 이들은 그 은밀한 삶에 수반되는 고민스러운 현실, 이를테면 거짓말, 기만, 희생양 만들기, 분노했다 자기 연민에 빠졌다 하기, 고립감, 발각되면 어쩌나 하는 두려움, 사랑하는 사람들과 진심으로 친밀한 관계를 맺지 못하는 문제 등을 어찌해 보려고 몸부림친다. 하지만 이 모든 일이 다 오르막길을 오르는 것처럼 힘든 것은, 중독자 뒤에 진을 치고 있는 영적 세력에 사회가 승인하고 자랑하는 다양한 유혹들이 담겨 있기 때문이기도 하다. 예를 들어, 중증의 도박 중독자는 정부와 심지어 자기가 다니는 교회에서도 자신이 어떤 게임을 해주기를 바란다는 걸 알게 된다. 어떤 알코올 중독자는 잡지를 넘기다가 우연히 술 광고를 보게 되는데, 이 광고는 아주 머리 좋은 사람이 교묘한 유혹의 요소를 집어넣어 만든 광고다. 비슷한 예로, 섹스 중독자가 TV 뉴스를 보는데 어떤 뉴스 한 꼭지는 정보를 제공해 줄 뿐만 아니라 뭔가 시청자를 성적으로 자극하려는 것 같은 장면을 보여준다. 이 같은 상황에서 어느 누구도 이런 문제에 취약한 사람을 특별히 보호하거나 오해를 풀어 주지 않는 게 보통이다. 그 누구도 시골 사제 역할을 자임해, 쾌락이 흔히 고민의 가면을 쓰고 나타난다고 중독자에게 경고해 주지 않는다.[11] 살아남기 위해 중독자는 필사적으로 자기 자신을 부인해야 하지만, 이런 상황에서는 사면초가의 심정이 될 수도 있다. 사방에서 적들이 불쑥불쑥 튀어나오고, 그 적들이 이 중독자의 약점에 대한 정찰 보고서를 갖고 있는 것 같은데 어떻게 그 적들 앞에서 힘을 쓸 수 있겠는가?

일반적으로, 모든 사람에게는 적어도 오감을 충족시킬 기본권이 있다고 전제하는 문화, 자기 부인은 어리석은 짓, 심지어 불경한 짓이니 그런 건 하지 말라고 하는 문화에서 중독자는 자기 스스로 길을 찾아 나가야 한다. 이런 문화에서 자아는 신성한 대상이기 때문이다.[12]

그러나 방종을 권장하는 그 문화는 실패한 신神에게나 어울릴 법한 조소를 흘리며 그 방종한 사람을 처벌하기도 한다. 이것이 바로 중독이 지니는 또 하나의 악마적 차원이다. 정신과 의사 제럴드 메이Gerald May가 관측한 바와 같이, 중독자가 자기를 이겨 내지 못하고 자꾸 실패하는 현상이 그의 자존감을 황폐하게 만드는 것은, 그가 살고 있는 문화가 인간은 인간 자신의 창조주라고 가르치기 때문이기도 하다.[13] 그래서 중독에 굴복한 사람은 그 문화가 자기 앞에 이런 조롱조의 질문을 던진다고 생각한다. "얼간이가 만들어 내는 게 자기 자신도 통제하지 못하는 얼간이밖에 뭐 있겠어?"("자동차 만드는 사람이 자기가 만든 차도 운전을 못하다니, 뭐 그런 인간이 다 있어?")

대개 그런 것처럼 자기 자신을 제어하려다 실패할 때, 그래서 늘 그렇듯 자존감이 곤두박질칠 때, 중독자는 자신의 집착적인 행동에서 위로를 얻을 수밖에 없다고 생각한다. 이렇게 해서 악순환

은 한 단계 더 심화된다. 중독은 이렇게 중독을 극복하려는 시도를 먹이 삼아 번성한다.[14]

칸스의 말에 따르면, 섹스 중독자의 은밀한 삶은 결국 극적인 방식으로, 옆구리를 찔러 가며 모든 걸 다 밝히게 만드는 강제적인 방식으로 드러날 수도 있다. 그래서 이 폭로 이벤트는 가혹한 자비요, 수치와 은혜를 동시에 선사하는 강력한 사건이다. "모든 중독자에게는 어떤 순간이 다가온다"고 칸스는 말한다. 다음과 같은 일이 벌어지는 순간이.

- 특수 수사대 차량들이 중독자의 집 앞으로 들어서고, 그는 그 차들이 왜 왔는지 짐작한다.
- 10대 아들이 아빠가 감춰 놓은 음란물을 발견한다.
- 바바리맨 짓을 하는 중에 자동차 사고를 당한다.
- 아이에게 새 구두를 사 줄 수 있는 돈을 지난번 매춘부에게 다 써 버렸다.[15]

이제 어떻게 해야 하는가? 회복의 기회는 마침내 자기 자신에게 기꺼이 진실을 말하고자 할 때에만 찾아온다. 중독자가 곤경에서 빠져나오는 유일한 길은 곤경을 통과하는 것이다. 직면해야 하고, 처리해야 하며, 고백해야 한다. 소중한 주변 사람들의 든든하고 자상한 지원으로 헤치고 나와야 한다. 지금까지 '중독 상태를 유지할 수 있도록 보호막이 되어 준' 부인^{否認}과 자기기만의 늪을. 중독자는 힘든 걸음을, 즉 (중독 벗어나기) 12단계의 첫 걸음을 내디뎌야 한다. 역설적이지만 중독자는 자신이 무력하다는 사실을 인정함으로써 자기 자신을 도와야 한다. 자기의 무력함을, 자기 삶을 자기 힘으로 도무지 어찌할 수 없음을 인정하는 용기 있고, 어렵고, 지극히 책임 있는 행동을 이행해야 한다. 중독자는 "영혼의 어둠 속에서 벌이는 기분 나쁜 숨바꼭질을, 혼자서 자기를 기피하고 자기를 외면하며 자기를 자신에게서 숨기는 그 게임을" 그만해야 한다.[16] 그래야만 어느 정도 건강한 삶으로 돌아갈 길이 열린다. 그렇게 돌아가는 길은 시간도 걸리고 조심도 해야 하며, 다른 사람들 특히 전문가의 도움도 필요할 것이다.

칸스에게는 이 밖에도 여러 가지 흥미로운 이야깃거리가 많다. 이를테면, 의존성과 상호 의존성 문제에서 가족 체계의 역할에 대해서라든가, 자기의 행동 패턴이 도착적이라는 중독자의 자각에 대해서라든가(벌거벗은 모습을 20초 보려고 3시간을 기다리는 건 "관음증 환자에게도 정신 나간 짓"이다), 다중 중독 혹은 전형적인 이중 중독(섹스와 음식 중독, 도박과 알코올 중독)에 대해서라든가 말이다.[17] 하지만 그는 중독자의 행위가 선택에 의한 것이 아님을 처음부터 분명히 한다. "중독자에게는 선택이란 게 없다.……중독이 모든 행위를 담당한다." 섹스 중독자는 "자기의 성적 행위를 통제할 수 없다."[18]

죄인가 증상인가?

여기서 피할 수 없는 의문이 제기된다. 훔쳐보기, 바바리맨 짓, 성추행을 설명하면서 칸스는 사실 죄에 대해 이야기한 것이 아닌가? 사실상 죄의 아주 너저분한 사례를 든 것이 아닌가? 습관적으로 매춘부와 유료 전화 데이트를 하며 지저분한 대화를 나누다가 한 달에 한 번씩 수상쩍어하는 아내의 눈초리를 피해 전화 요금 고지서를 감출 때, 공중화장실을 어슬렁거리며 묻지마 섹스 상대를 물색할 때, 아이들과 함께하는 행복한 시간을 희생해 가며 점점 더 위험해져 가고 시간도 많이 잡아먹고 돈도 많이 들어가는 은밀한 성적 행위에 몰두할 때, 왜 이런 일들을 그냥 죄라고 일컫지 않는가? 왜 중독이라는 말을, 당사자를 피해자로 보게 만드는 용어를 불러들이는가?

이런 질문을 하다 보면 이 문제의 핵심 사안에 이르게 된다. 그것은 바로 "죄와 중독은 사실 어떤 관계인가?" 하는 것이다.

이 문제를 규명하려면 우선 중독에는 흔히 도덕적으로 잘못된 생각과 말과 행동이 포함된다는 사실을 주목해야 한다. 예를 들어, 그리스도인이든 아니든, 진지한 사람치고 자기 파괴적인 약물 남용이나 근친상간 판타지 혹은 자기 자신이나 남에게 습관적으로 거짓말하는 행위를 옹호하는 이는 없을 것이다. 이런 행위는 샬롬을 결딴낸다. 적어도 중독자나 중독자의 거미줄에 얽혀 든 수많은 사람들의 입장에서는 그렇다. 이런 행위는 중독이 진행되는 과정에 들어맞든 들어맞지 않든 분명 잘못된 행동이며, 따라서 사람은 이런 행동을 해서는 안 된다.

그런데 우리 앞에 제기된 질문은, 이런 행동들이 중독의 패턴에 들어맞을 경우 과연 이것이 죄인가 하는 것이다. 즉, 이런 행동을 하는 사람은 유죄인가, 이 사람은 비난과 책망을 받아 마땅한가, 이 행동이 불러일으키는 문제에 대한 해결책은 회개인가 치료인가 아니면 둘 다인가 하는 것이다.

칸스는 성적인 중독자에게는 선택권이 없으며 중독 자체에 책임이 있다고 말한다. 하지만 이는 결코 전문 관측자의 확정된 결론이 아니며(예를 들어 제럴드 메이는 이 입장에 반대하는 것 같다), 어느 경우든 증거로 뒷받침되기에는 특별히 힘든 결론인 듯하다. 중독자가 자기 자신을 자기도 어찌할 수 없다는 것을 칸스는 어떻게 아는가? 자기기만이 중독 과정의 한 요소임을 전제할 때, 중독자 자신은 이 문제에서 신뢰할 만한 증인이 못 된다. 그렇다면 다른 누가 권위 있는 증인일 수 있을까? 의지와 선택의 설득력 있고 교묘한 활동을 측정하고 평가할 수 있는 사람은 거의 없다. 타인은 차치하고 자기 자신을 대상으로 해도 마찬가지다. 우리가 중독자들에게서 볼 수 있는 건 파괴적인 기만과 집착과 행위라는 패턴이다. 사람이 어느 정도 그 패턴을 제어하는지, 자기에게 독이 되는 걸 어느 정도 선택하는지, 그 유해한 선택이 다양한 외부 요인들에 의해 어느 정도 결정되는지 우리는 알 수 없다.[19]

중독자는 죄악 된 선택을 하는 나쁜 습관을 지닌 사람인가? 아니면 생물학적·사회적 힘의 희생자로서, 그 힘에 저항할 수는 있으나 궁극적으로 그 힘을 이겨 내기에는 무력한 사람인가? 아니면 그런 힘 때문에 습관으로 나쁜 선택을 하는 사람, 혹은 나쁜 선택을 함으로써 그런 힘을 자각하는 사람인가? 어떤 중독증은 일부 노이로제 증상처럼 사실상 나쁜 행동에 대한 중독자의 자기 정죄와 자기 처벌인가?[20] 예를 들어, 어떤 알코올 중독자는 말만 하지 않았을 뿐, 슬픔뿐만 아니라 죄책감에도 깊이 빠져드는 프로젝트를 분주히 이행하고 있는 건 아닌가? 혹시 중독자들은 손쉬운 방법을 쓰는 예술가, 즉 "노력이나 고통이나 수고 없이" 만족감을 얻으려 하는 사람들인가?[21]

물론 궁극적으로 중독자에게 중독증의 끌어당기는 힘과 반대 방향으로 선택하고 행동할 힘이 없다 해도, 자기가 저지르는 도덕적 악에 대해서는 여전히 책임이 있다. 그러므로 이 악은 죄로 여겨져야 한다. 어쩌면 이 사람은 자기 자신에게 중독된 것일지도 모른다. 그는 올바로 선택하고 행동할 능력이 있음에도 잘못 처신한 것일지도 모른다. 중독자도 여느 사람과 똑같을진대, 그의 습관에는 그의 선택과 행동을 설명해 줄 만한 어떤 역사가 있다. 이 사람을 옥죄는 습관은 자신의 행동 사슬의 한 부분이다. 예를 들어, 어쩌면 이 사람은 술을 너무 많이 마시는 자기 자신을 너무 오랫동안 너그럽게 봐줌으로써 자기 자신을 알코올 중독자로 만든 것일 수도 있다. 간단히 말해, 물리적으로나 심리적으로 어떤 물질이나 행동 패턴의 고리에 걸려든다고 해서 그 고리가 도덕적으로 용인되는 것은 아니다(코카인에 취해 무아지경에 빠졌다는 사실이 오토바이로 보행자를 친 행위에 대한 변명이 되지는 않는다). 이 책 1장에서 말했다시피, 본의 아닌 죄도 죄다.

더 나아가 더욱 중요한 것은, 한때 빠져들었던 중독증으로 저지르는 일에 대해서도 책임을 져야 한다는 점이다. 예를 들어 그 중독에 대해 도움을 구하는 상태든, 그 중독증을 무슨 공로 훈장처럼 차고 있든(어떤 하위문화에서는 술 종류를 많이 가지고 있는 사람에게 찬탄을 보낸다), 한 가지 중독증을 다른 중독증에 대한 핑계로 들이대든 말이다. 어느 경우든 회복을 진지하게 고민하는 중독자라면 자기의 중독증을 중심으로 벌어진 난파 사태에 대해, 그리고 이제 시작되어야 할 구조 작업에 대해 어느 시점에서는 책임을 져야 한다.

죄악 된 행실이 언젠가는 중독 과정을 촉발하거나 혹은 중독 과정에서 드러나거나 혹은 둘 다일 수도 있음을 인정한다고 해보자.[22] 아무튼 중독에는 보통 도덕적 악의 패턴이 포함된다. 이 도덕적 악이 경우에 따라서는 죄인 것이 틀림없다. 거짓말, 게걸스레 먹고 마시기, 맞을 만한 행동을 하니까 때리는 거라며 아내를 구타하기, 엿보기나 노출하기나 성추행 같은 성적 의례 등 칸스는 이런 것들을 자명한 죄로 서술한다. 이런 행동들은 우리가 다 알다시피 이런 행동을 하는 사람에게 책임이 있는 부도덕한 행위다.

하지만 다른 사람이 자기 행위에 대해 얼마나 책임을 지는지, 그들이 "그 행위를 얼마나 제어할 수 있었는지" 우리는 알지 못한다. 그것이 바로 우리와 하나님의 한 가지 중요한 차이점이다. 그러므로 논의를 목적으로 우리가 어떤 중독자의 부도덕 행위를 죄라 칭한다 해도 이는 잠정적으로 그렇게 하는 것이다. 우리가 모든 사실들을 다 안다면, 아마 이런 행위들 중 몇 가지는 도덕적 악의 좀 더 일반적인 현상으로 격하해야 할지도 모른다. 사실 부모가 자식을 번갈아가며 때리고, 비웃고, 무시하고, 괴롭히고, 심한 경우 그냥 유기해 버리는 가정 출신 아이의 갈가리 찢긴 마음과 상흔을 지켜볼 때, 다 자라서도 자기 삶을 도무지 관리하지 못하고 슬프고 고독했던 어린 시절의 그림자에 갇혀 살면서 이것에 중독되었다 저것에 중독되었다 함으로써 그 고통을 덜고 마땅히 사랑이 자리 잡았어야 할 그 빈 공간을 채우려는 사람을 볼 때, 우리는 원래 충만하게 채워져 있어야 할 그 빈 공간을 중독 물질이 자꾸 더 크게 만들 뿐이라는 사실을 알게 된다.[23] 이런 사람들이 있다는 걸 알게 되고 대부분 예측 가능한 이들의 성격 병리를 지켜보노라면, 이 모든 것을 무질서한 죄[chaos sin]라고 부르기가 망설여진다. 이 사람들의 행실에 그런 딱지를 붙이는 건 독선적이고 주제넘어 보인다.

이런 경우, 우리는 뭔가 좀 더 폭넓은 범주에 호소하고 싶어지는데, 그것은 아마 비극이라는 범주일 것이다. 인간의 타락과 마찬가지로 갖가지 중독이라는 혼돈은 무엇보다도 인간의 성품과 죄에서 나오지만, 중독자의 가정과 이웃 그리고 어쩌면 중독자의 유전자에도 존재하는 유혹과, 질서를 파괴하는 힘에서 비롯되기도 한다. 뱀은 내부에도 있고 외부에도 있다.[24] 집안의 습관, 문화적인 기대(이를테면 남자는 남자다워야 한다는), 부모의 행동 패턴, TV와 광고와 록 뮤직 영상이 발생시키는 영적 위력, 그 밖의 여러 요인들이 어우러져 중독 가능성이 있는 사람들을 압박한다. 그 압박이 강하면 사람이 이에 굴복하여 치명적인 의존의 악순환에 빠져들게 된다.

중독을 비극으로 여긴다는 건 단순히 중독자의 행동 패턴뿐만 아니라 그런 식으로 행동하는 사람에게 초점을 맞추는 것이다. 비극이란 말에는 그 중심인물의 중요성과 가치 개념이 함축되어 있다. 비극은 순진한 희생자나 악한의 몰락이 절대 아니다. 이런 몰락은 전혀 비극적이지 않고 시시하기만 하다. 비극이란 말에는 책임 있고 중요한 인물의 몰락이라는 개념이 담겨 있다. 약물 남용[substance abuse]하는 사람이 아니라 의미[substance] 있는 사람 말이다. 실제로 비극이란 말은 선천적으로 훌륭하지만 그 훌륭함을 손상시키다가 종국엔 갖가지 힘에 의해 무너지는 사람의 몰락을 암시한다. 그 힘에는 인격체의 작용도 포함된다. 놀라운 동시에 예측 가능하고 예방 가능하며 불가피해 보이는 어떤 방식으로 합력해 악을 이루는 그런 작용 말이다. 비극적인 인물은 허약한 동시에 고집스럽고, 어리석은 동시에 죄책이 있는 어떤 복잡한 조합을 보인다. 그래서 그런 비극적 인물을 볼 때 우리는 그 사람을 비난하고 싶기도 하고 동정하고 싶기도 하다(예를 들어 셰익스피어의 리어 왕을, 그리고 딸들에게 자기에 대한 사랑을 단언해 보이라고 했던 그 멍청하기 짝이 없는 요구를 생각해 보라). 비극에서 죄는 분명 하나의 힘으로 작용하지만, 죄가 결코 유일한 힘은 아니며 심지어 가장 명백하게 드러나는 힘이 아닌 경우도 있다.

중독 현상에서도 마찬가지다. 중독자는 다른 모든 이들과 마찬가지로 죄인이다. 하지만 흔히 이들은 쉽게 파악할 수 없는 여러 가지 복합적 요인들로 인해 몰락한 비극적인 인물이다. 그 복합적 요인들을 깔끔하게 분류해서 제시하는 이는 아마 교만하고 어리석은 치료사들뿐일 것이다. 어떤 경우든 우리는 죄와 중독의 관계를 통상적으로 비판하거나 통상적으로 허용하는 식의 태도를 거부해야 한다. 중독은 그저 다 죄일 뿐이라거나 죄의 성격이 없는 질병일 뿐이라고 말해서는 안 된다. 예를 들어, 알코올 중독 같은 경우에 역사적으로 이런 식의 단순한 설명이 번갈아 따라다녔지만, 둘 중 어느 설명도 완전히 적절한 것 같지는 않다.[25]

주목할 만한 점은, 중독자의 나쁜 행실을 어떻게 분류할 것이냐는 결국 그다지 중요하지 않을 수도 있다는 것이다. 이 행실을 종합해 볼 때 그 결과가 결국 죄가 되든 아니면 병의 증상에 지나지 않든, 이 행실을 다루는 처방은 결국 똑같은 것으로 드러날 수 있다. AA는 알코올 중독이 질병이며, 알코올 중독자는 자기 병에 전적으로 책임을 지고 혹독하리만큼 성실하게 그 병을 다루어야 한다고 누구보다 끈덕지게 주장한다.[26] 더 나아가 중독자는 자기의 무력함을 인정해야 하고, 그에 따라 자기의 삶을 하나님이나 혹은 "더 높은 권세"에 굴복시켜야 한다고 누구보다 집요하게 주장한다. 한마디로, 굴복하는 사람은 자유롭게 되리라는 것이—적어도 오늘 하루는 자유롭게 되리라는 것이—이 주장에 담긴 생각이다.

사람들이 자주 주목하는 것은 AA의 12단계 프로그램이 기독교의 갱신 프로그램 문구와 비슷하다는 점이다. 나는 아무 힘이 없음을 인정하고, 나 자신을 하나님께 드리며, 내 잘못을 고백하고, 잘못을 교정하며, 은혜 안에서 성장하기를 구하고, 그런 다음 사람들에게 나아가 증거한다. 한 단계 한 단계 통과할 때마다 나는 의식적으로 하나님의 뜻과 능력에 의존한다.[27]

그런데 오늘날에는 새로운 목소리, 예를 들어 합리적 회복[Rational Recovery](AA와 12단계 프로그램의 맹점을 지적하며 그 대척점에서 중독자를 상담하고 교육 관련 자료를 판매하는 영리 단체이다—옮긴이)을 지지하는 사람들이나 특정 페미니스트들이 이 프로그램의 모순적인 성격에 대해 오래된 의문을 제기하고 있다. 새로운 굴복(하나님이나 "더 큰 권세"에 대한 굴복)이 어떻게 과거의 굴복(중독 요소에 대한 굴복)을 해결할 수 있는가? 의존이 문제라면 어떻게 의존이 해결책 또한 될 수 있는가?

샬럿 데이비스 캐슬[Charlotte Davis Kasl]은 12단계 회복 프로그램이 전통적으로 여성의 특별한 요구를 생략하는 방식으로 진술되어 왔다는 그 페미니스트들을 대변한다. 구체적으로, AA의 12단계는 중독 물질에 대한 자신의 무력함을 인정하고 이어서 자기 의지와 자기 삶을 하나님의 보호에 굴복시킴으로써 회복이 시작된다고 말한다. 그러나 캐슬은 이 처방이 이 시대의 많은 여성들에게는 효과가 없다고 말한다. "12단계는 1930년대에 백인 중산층 남성들이 만들어 냈다"고 그녀는 말한다. "놀라울 일도 아니지만, 12단계는 지나치게 부풀어 오른 자아를 눌러 터뜨리고, 전능한 남성 하나님에게 의지하게 만든다. 하지만 대다수 여성들은 건강하고 의식 있는 자아 결핍에 시달리고 있으므로 자기 내면의 지혜를 확인함으로써 자아 인식을 강화할 필요가 있다."[28]

캐슬은 계속해서 주장하기를, 여성들이 건강을 찾으려면 하나님을 포함해 다른 일이나 사람에게 의지하기를 아예 그만두어야 한다고 한다. 대신, 자기 삶을 책임질 수 있는 자기 나름의 능력을 주장하고 발휘함으로써 "내면에 있는 지혜를 일깨워야" 한다는 것이다. 이 프로그램을 이행할 때 도움을 받기 위해 여성들은 캐슬이 말하는 "우주/여신/대령大靈"에게 호소할 수 있다고 한다. 그런데 이 존재는 피골이 상접해 보여서 그 깡마른 상태로는 누구에게 신뢰를 받거나 예배의 대상이 될 수 없을 것 같다.

페미니스트들이 12단계 프로그램에 손사래를 치는 모습은 흥미로운 질문들을 한 무더기 부려 놓는다. 이는 좀 더 관심을 기울여 볼 만한 질문들이지만, 지금 우리의 논의 단계에서 이를 다 다룰 수는 없다. 일단 여기서는 죄가 때로 마초 프라이드와 수동적 굴종,

자기 우상화와 타인 우상화, 자기 찬양과 자기 거부라는 상호 보완적 형태를 띤다고 가정해 보자.[29] 남성과 여성의 전통적인 성 역할은 이런 형태를 얼마나 드러내는가? 이에 따라 그리스도인들은 사람들에게 겸손을 설교할 때 이 부분을 얼마나 참작해야 하는가? 이 설교를 반드시 들어야 할 사람은 누구인가? 중요한 사람들인가, 별 볼일 없는 사람들인가? 뽐내며 걷는 사람들인가, 주눅 들어 구부정한 사람들인가? 남자인가 여자인가? 듣는 이들에게 권능을 부여해 주는 성경의 메시지는 어떠한가? "내가 모든 것을 할 수 있느니라", "우리가 넉넉히 이기느니라" 유의 메시지 말이다. 이 설교는 누가 들어야 하는가? 잘나가는 CEO? 아니면 여리디여린 소망마저 갈가리 찢긴 채 퇴짜를 맞는 지쳐 빠진 사람들?

캐슬이 중요한 질문을 던지기는 한다. 즉, 지나치게 우쭐하는 자아와 지나치게 위축된 자아에 과연 적정한 자아 인식을 위한 맞춤형 처방이 필요한가 하고 말이다. 하지만 중독자 여성이 처한 곤경에 대한 분석과 이 분석에 근거한 조언은 캐슬이 거부하는 전통 못지않게 기이하다. 한 가지 기이한 점은, 캐슬은 여성들이 무력함으로 고통당하고 있다고 생각하면서도 여성들이 그렇게 말하는 것은 싫어한다. 그녀는 여성들이 어떤 중독 요소에 속박되어 있음을 인정함으로써 회복을 시작하기를 원치 않는다. 왜 그런가? 그것을 인정하면 여성들이 겪고 있는 전반적인 무력감이 강화되기만 할 것이기 때문인 듯하다. 그래서 캐슬은 대신 자기주장을 추천한다. "난 할 수 없어" 대신 "난 할 수 있어"라고 말하라는 것이다. 여성에게 필요한 건 자조self-help와 자기 확인이며, 이를 고양하거나 회복하기 위해 "외부의 어떤 것"에 의지하지 말아야 한다는 것이다.

여기서 우리는 두 번째 기이함을 만나게 된다. 이 개정 프로그램은 얼마나 현실적인가? 캐슬이 지체 없이 알아채다시피, 독립적이고 지나치게 우쭐하는 남성들도 결국 여성들과 다름없이 뭔가에 중독되지 않는가? 따라서 한 가지 명백한 의문이 제기된다. 독립성이라는 게 남성에게 효력이 없다면 왜 그게 여성에게는 효력이 있을 거라 생각하는가?

아마도 캐슬은 이렇게 대답할 것이다. 남성은 독립성 과잉으로 어려움을 겪고 여성은 독립성 결핍으로 고통당하고 있으며, 그래서 균형을 맞추기 위해 남성은 독립성을 잃어야 하고 여성은 독립성을 얻어야 한다고 말이다. 아주 공정하다. 하지만 여성 치료의 목표 지점이 남성의 냉담함과 여성의 곤경 사이 어디쯤이라면, 즉 마초도 아니고 기죽은 피라미도 아닌 멋지게 균형 잡힌 자아라면, 이런 자아 회복을 향한 움직임에는 능력이 요구된다. 건강하고 존중받는 인격체임을 주장하려면 용기가 필요하다. 이런 능력, 이런 용기는 어디에서 얻어야 하나? 자아를 그 능력과 용기의 근원으로 여겨 거기에 관을 연결한다는 건 캐슬이 이미 초과 인출되었다고 말하는 바로 그 계좌에서 수표를 발행하는 것과 마찬가지다.

캐슬과 다른 페미니스트들은 전통적인 성 역할이 중독이나 인간의 그 외 문제들과 관련해 역할을 다 했는가 하는 부분에서 의미있는 의견차가 있다. 정말 그 역할을 다 했다면, 즉 남성은 자기 우상화 쪽으로 향하는 경향이 있고 여성은 타인을 우상화하는 경향이 있다면, 메리 스튜어트 판 레이우엔Mary Stewart Van Leeuwen이 제안하는 것처럼 남성과 여성 모두 우상 숭배를 그만두고 하나님께로 돌이키는 것이 올바른 조치다. 하지만 캐슬은 이를 거부하고 완전한 자기 의존을 지지한다. AA가 설립된 건 바로 그 결함과 싸우기 위해서인데 말이다.

어느 경우든, 여성이 여성식의 우상 숭배를 남성식 우상 숭배로 바꾸는 것은 진보라기보다 마치 적과 동침해서 전염병을 얻는 것과 비슷해 보인다.

겹치는 원

서로 연관성 있는 조건들을 감안해서, 중독에는 흔히 죄도 포함된다고 해보자. 아니 거꾸로 말해 어떤 죄는 중독 증상을 나타내 보인다고 해보자. 죄와 중독을 상당히 많은 부분이 겹치는 두 개의 원으로 상상해 보자. 양쪽 끝에 있는, 두 원이 겹치지 않는 초승달과 그믐달 모양 부분에서 우리는 실제적인 죄를 거의 혹은 전혀 포함하지 않는 중독 사례, 그리고 중독 과정을 거의 보이지 않는 죄의 사례를 보게 된다. 예를 들어 태중 중독의 경우, 무고하게 감염되는 여느 화학적 중독이나 행위 중독의 경우와 마찬가지로 전자의 범주에 속한다. 임상적 정신분열증 환자나 우울증에 걸린 사람이 물질 중독에 빠져들면서도 한편으로 그 질환이 나을 방도를 찾는 경우처럼 말이다(이런 경우, 어떤 중독은 도덕적 악이라기보다는 '물리적' 악으로 분류된다).

후자의 범주에는 인간 삶의 그저 그런 면에 늘 어슬렁거리는 죄들, 특히 기분 전환이나 그에 대한 갈망에 거의 포함되지 않는 죄들이 여기 속한다. 예를 들어, 연로한 부모님이 지겹다는 이유로 부모를 철저히 등한시하는 사람은 나태와 불효 증세를 보이는 것이지 중독 증상을 보이는 것은 아니다.

　죄와 중독이 겹치는 것은 죄가 중독 증세를 보일 때, 죄가 어떤 전형적인 역학 원리를 중독과 공유할 때이다.[30]

중독의 역학 원리

1. 만족을 주는 행동을 반복해 이것이 습관이 되어 버리고, 점점 내성이 생기면서 이 행동에 대한 욕구도 점점 더 강해진다.

2. 그 행동에 불쾌한 후유증이 나타나며, 금단 증상과 자책도 여기 포함된다.

3. 그 행동을 절제하기로 혹은 그만두기로 맹세하지만 얼마 못 가 다시 빠져들고, 뒤이어 죄의식과 수치심을 비롯해 여러 가지 괴로움이 뒤따른다.

4. 이와 같은 괴로움을 줄이려고 또 다른 중독 행위를(혹은 동반 중독 행위를) 새롭게 시작한다.

5. 이 과정에 수반되는 인지 장애 때문에 일과 인간관계가 악화되며, 특히 중독 효과 및 자기가 어느 정도나 그 효과에 속박되어 있는지를 부정하고 착각하며 스스로를 기만한다.

6. 중독 요소에 몰두하는 정도가 점점 심해져 집착이 된다.

7. 중독 행동이 강박적이 된다. 이는 당사자의 의지가 적어도 부분적으로는 분열되고 약화되고 예속되었다는 증거다.

8. 다른 사람, 이를테면 주요 중독증을 지지하고 가능하게 하는 사람을 중독의 거미줄 속으로 끌어들인다. 이렇게 '상호 의존 관계'에 있는 사람도 그 나름의 일정한 중독 패턴을 보인다. 특히 중독자가 자기를 필요로 해야 하며, 그와 동시에 그 중독자를 자기가 제어하려고 한다. 그래서 이런 상호 의존 관계는 주요 중독증과 기생 중독증이 하나로 만나는 지점이다.

죄의 집합 어디에서 이런 증상이 나타나는 것을 볼 수 있는가? 놀랍지도 않은 일이지만, 보통은 탐욕·탐식·정욕과 같은 욕구 관련 죄에서 이런 증상을 볼 수 있는데, 이런 죄는 과장되고 잘못된 갈망들이 조합된 양상을 보인다. 건강한 사람은 만족감에서 생겨나는 자유(결핍에서의 자유)를 누리며, 이 만족감은 확고하고도 꾸준하게 욕망을 다스린 덕분에 생겨난다. 예를 들어, 건강한 사람은 사람이 누리고 사는 물질 중 없어도 되는 게 많다는 사실에 의도적으로 주목하고, 자기가 소유한 소박하고 내구성 있는 물질들에서 특별한 기쁨을 누린다. 건강한 사람은 대개의 경우 배고픔과 목마름을 가라앉힐 수 있을 만큼만 먹고 마실 뿐, 물릴 만큼 음식을 먹지 않는다. 이들은 성욕을 상호 헌신 관계, 서약과 신뢰로 맺어진 관계로 통합한다.

물론 이런 절제와 연단은 쉽게 얻거나 유지될 수 없다. 이런 면에서 실패하는 모습은 음울할 만큼 우리 모두에게 낯익은 풍경이다(이런 점에서 욕구를 절제하는 훈련은 외국어나 악기를 마스터하는 것과 비슷하다). 하지만 잘 훈련된 사람은 손실을 줄이고 실패를 방지하려고 노력한다. 훈련된 사람은 실패의 그림자에 어떤 덫이 숨겨져 있는지 잘 알며, 그 덫을 피해 나가려 의도적으로 애쓴다(예를 들어 '모 아니면 도'라는 덫이 있는데, 다이어트 중인 사람이 이 덫에 걸릴 경우, 어쩌다 땅콩 한 줌을 먹고 나서는 어차피 다이어트는 틀렸다면서 땅콩 한 봉지를 다 먹어 버릴지 모른다). 사람은 누구나 실패한다. 하지만 이유가 뭐가 됐든 중독 후보자는 실패 앞에 무릎을 꿇고, 그 실패를 초래한 바로 그 일에서 치명적인 위로를 얻으려 하며, 그렇게 해서 자기 자신을 상대로 전쟁을 시작한다. 이 전쟁을 멈추려면 노련하고 연민 많은 전문가의 값비싼 도움이 필요할 것이다.

　　죄와 중독이 서로 겹친다는 사실을 감안할 때, 신학자들이 전문 치료사들 못지않게 그런 전쟁 이야기를 자주 한다는 건 별로 놀라운 일도 아니다. 아우구스티누스는 『고백록』*Confessions* 한가운데서 의지의 예속, "내키지 않는 마음까지 질질 끌려가 묶이고 마는 습관의 폭력"에 대해 깊이 생각한다. 성경과 연관시켜 보면, 아우구스티누스는 바울이 말한 육체와 영의 싸움, 의지로는 옳은 일을 하려고 하지만 실제로는 그른 일을 하고, 그래서 그때마다 지고 마는 내면의 전쟁 이야기를 하고 있는 구절을 향해 가고 있다(갈 5:17, 롬 7:22-25). 아우구스티누스는 자신이 경험한 정욕과의 긴 싸움에 관한 이야기를 하고 있다. 도덕적 악의 그 두렵고 설명할 수 없고 궁극적으로 무시무시한 역동성에 우리가 자기 자신을 예속시키고 있다고 그는 말한다. 비극을 보면 다 그렇듯, 적은 외부뿐만 아니라 내부에도 있다. 우리는 자기가 잘못하고 있다는 것을 알고 있고, 그런 행동을 하고 싶어 하지 않으면서도 여전히 계속한다. 자기 존재의 다른 어떤 차원에서는 그 일을 하고 싶어 한다는 게 그 이유다. 그 차원에 있는 욕구에 굴복할 때, 우리에게 남는 건 우리가 만들어 내기도 하고 분개하기도 하는 그 예속 상태다. 한 번씩 잘못된 선택을 할 때마다 우리를 옭아매는 사슬의 고리가 하나씩 생겨난다.

> 나는……다른 누가 강요한 족쇄가 아니라 나 자신이 선택한 족쇄에 묶여 있다. 원수는 내 의지를 움켜쥐었고, 그렇게 해서 나를 죄수로 옭아맬 사슬을 만들었다. 의지가 뒤틀린 결과는 욕정이다. 욕정에 굴종함으로써 습관이 형성되고, 습관이 형성되면 그 어떤 저항도 필요치 않게 된다. 이 고리가……서로 연결됨으로써……가혹한 예속 상태가 나를 속박한다.[31]

고대의 한 교부가 써 내려간 이 몇 마디 문장은 현대의 알코올 중독자나 음식 중독자의 고백에도 그대로 등장할 법하다. 아우구스티누스가 말하는 이 사슬은 중독의 역학 원리를 그대로 꿰뚫고 있으니 말이다. 특히 이는 욕구와 관련된 죄의 역학 원리로서, 이런 종류의 죄는 십중팔구 고전적인 중독 증상을 드러낸다. 또한 그 죄의 주인공을 자신의 죄에 사슬로 옭아매 즉시 그 죄의 주체이자 피해자가 되게 한다.

하지만 모든 죄는 적어도 몇 가지 역학 원리를 비롯해 그 외 특정한 일반 특성을 중독과 공유한다. 예를 들어, 모든 죄가 다 완전한 중독 증상을 드러내 보이지는 않을지라도, 죄의 형태 중 자기 본위적이고 어린아이처럼 욕구 충족이 지체되는 걸 견디지 못하고 행동이 제한되는 걸 합리적으로 받아들이려 하지 않는 그런 양상이 포함되는 것이 많다. 게다가 죄는 중독과 마찬가지로 의지를 분열시키고 속박하며, 스스로 작용해 마음의 습관이 되고, 켜켜이 쌓인 자기기만 밑에 숨어 버리는 경향이 있다. 더 나아가, 사람들은 흔히 죄가 초래한 고통을 경감하기 위해 또 다른 죄를 짓는다. 그래서 우리에게 낯익은 소용돌이 모양의 특정한 죄의 패턴이 만들어지는 것이다.

중독은 이를 비롯해 다른 여러 가지 방식으로 우리 모두에게, 자기 자신이 중독자로 불리게 될 줄 꿈에도 몰랐던 사람들까지 포함해서 우리 모두에게 낯익은 전통을 확산시킨다. 여러 가지 중요한 면에서 "중독 경험은 곧 인간 경험"이다.[32] 사람이라면 누구에게나 "버릇이 있고", 버릇은 곧 죄가 관련된 영역이기 때문이다. 중독은 습관이 어떻게 작용하는지, 습관이 어디로 가는지, 습관이 왜 끈질긴지 우리에게 보여준다. 실제로 우리는 중독을 수확의 대법칙, 갈망하고 행동하고 습관을 형성하며 그것이 또 새로운 갈망으로 이어지는 법칙을 보여주는 공개 실험으로 생각할 수도 있다.

중독은 죄의 주된 역학 원리를 보여주는 극적인 초상이고, 뒤틀린 갈망과 분열된 의지와 가로막힌 자유와 한 개인의 행복에 대한 도착된 공격을 보여주는 무대이며, 죄의 보편적인 비극을 전면에 부각시키는 극적 장치의 일면이다. 다시 말하지만, 중독은 도덕적 악의 점진적이고 치명적인 성과와, 패트릭 매코믹Patrick McCormick이 "죽음 쪽으로의 전향"이라고[33] 일컫는 그런 부패의 전개 양상을 우리에게 보여준다.

중독자의 입장에서 이런 전향은 하나의 굴복 행위에서 시작되고 끝난다. 먼저 욕구에 굴복하여 실패를 맛보고, 그다음 그 실패를 복구하기 위해 하나님께 굴복한다. 리처드 마우Richard J. Mouw가 일컫는 '중독 신학'theology of addiction은 굴복에 관한, "자기를 내어 주는" 것에 관한 신학이다.[34] 중독은 우리의 굶주림과 목마름, 우리의 궁극적인 관심사, 우리 마음의 집착과 갈망 그리고 이런 것들에 우리 자신을 내주는 행동에 관한 일이다. 이런 것들이 한꺼번에 달려들면 중독은 마침내 우상 숭배에 관한 일이 된다. 마침내 중독자는 자기 우상을 위해서라면 못할 일이 없게 된다. 우상을 위해 죽는 것까지 포함해서 말이다. 마우의 말에 따르면, 모든 알코올 중독자의 삶에는 마르틴 루터의 찬송가를 자기 식으로 부르게 되는 때가 있다고 한다. "친척과 재물과 명예와 생명을 다 빼앗긴대도 술병만 있으면 나 진탕 취하리로다."[35]

이 중독은 의지와 절망, 도전과 헛수고가 씨실과 날실로 어울린 짜임새이기 때문에 어떤 단순한 방식의 설명을 배제한다. 사실 중독에서 구제되는 일은 궁극적으로 다면적일 수밖에 없고, 죄와 죄의 참상에서 구속받는 일로 연장될 수밖에 없다. 하지만 중독자와 모든 죄인들에 대한 질문은 단순하고 긴박하다. 누구의 이름에 도움이 있는가? 사나 죽으나 당신의 유일한 위로는 누구 혹은 무엇인가? 당신은 궁극적으로 누구에게 혹은 무엇에게 속해 있는가?

하나님께 돌이키는 중독자는 중대하고도 올바른 결단을 내린 것이다. "하나님의 엄하심은 인간의 관대함보다 더 친절하고, 하나님의 강요는 우리에게는 자유"이기 때문이다.[36] 하지만 단순한 결단만으로는 충분하지 않다. 다른 모든 죄인들과 마찬가지로 중독자도 오래된 습관을 벗어 버리고, 낡은 시나리오를 해체하고, 묵은 빚을 청산하고, 그런 다음 회복의 길로 한 번에 한 걸음씩 작지만 확실한 걸음을 착실하게 내디디며, 우리가 회복하고자 하는 자아는 절대 우리의 처분 아래 있지 않음을 늘 기억하는 고통스러운 과정이 필요하다. 종교 철학자 다이어저니스 앨런Diogenes Allen은 이렇게 말한다. "악이라는 방식을 통해 우리는 우리 자신이 하나의 신비라는 사실을 깨우친다. 우리 자신이 신비라 함은, 우리가 자기 자신을 완전히 통제하지 못하고 통제권을 얻는 어떤 방식도 찾아내지 못하기 때문이다."[37] 그러므로 중독자에게는 단순히 용서하시는 하나님만이 아니라 치유하시는 하나님도 필요하며, 용서하시는 선한 분만이 아니라 위대한 의원도 필요하다. 다른 모든 죄인들과 마찬가지로 중독자에게도 영적 건강이 필요하다. 죄와 마찬가지로 중독은, 그리고 중독에 전형적으로 수반되는 그 모든 참상은 그렇게 고백과 치유와 또 오랜 구속의 과정을 거친다. 우리는 죄와 중독에서 구속되어야 할 뿐만 아니라 그 참상에서도 구속되어야 한다. 특히 더 큰 죄와 더 심각한 중독의 계기가 되는 그런 참상에서 말이다. 회복 과정에 있는 죄인들이라면 다 알듯, 이 치유와 해방의 과정, '삶 쪽으로의 전향', 다시 춤추는 법을 우리에게 알려 주는 이 일련의 학습 과정은 중독 자체만큼 교묘하고 좌절스럽고 강력하고 끈기 있는 것으로 드러날 것이다.

— 09

공격

살인을 금지하심으로 하나님께서는 살인의 뿌리가 되는 시기, 증오, 분노, 앙심 등을 미워하신다고 우리에게 가르치십니다. 하나님이 보시기에 이 모든 것은 다 살인입니다.

— 하이델베르크 교리문답 제106문답

그의 삶에는 매일 하루치의 아름다움이 있다,
나를 추하게 만드는.

— 『오델로』에서 (카시오에 대해) 이아고가 하는 말

린든 베인스 존슨Lyndon Baines Johnson은 케네디 대통령이 암살당한 지 몇 시간 뒤 댈러스의 대통령 전용 비행기 안에서 대통령 취임 선서를 했고, 1964년 미국 역사상 최대의 압도적 득표수로 베리 골드워터를 물리치고 대통령에 선출되었다. 그러나 그로부터 겨우 4년 뒤, 그는 행정 수반으로서의 위신과 신뢰가 바닥에 떨어진 채 재선에 도전하지 않겠다고 선언했다. 임기 말년의 존슨은 어디를 가든 시위대의 피켓과 구호 소리에 맞닥뜨려야 했다. 그런 일을 당하지 않고 모습을 드러낼 수 있는 곳은 군사 기지뿐이었다. 그중에서 특히 베트남 전쟁에 대해 점점 깊어져 가는 혐오, 이 문제에 대해 존슨이 공식적으로 발언한 것에 대한 불신, 그리고 산산조각 난 대통령 이미지의 파편을 드러내는 한 가지 구호가 두드러졌다. "이봐, LBJ! 오늘은 젊은이를 몇 명이나 죽였소?"

　여러 권짜리 전기의 주인공 대부분이 그렇듯 린든 존슨도 복합적인 인물이었다. 러셀 베이커^{Russell Baker}가 언젠가 말했던 것처럼, 그는 "러시아 소설에서 툭 튀어나온 인물, 서로 융합되지 않는 인간 본능의 폭풍우" 같은 사람이었다. 존슨은 "죄인이자 성인, 교양 없는 익살꾼이자 정치인, 냉소자이자 감상주의자, 불멸에 대한 갈망과 자멸에 대한 욕망 사이에서 분열된 사람"이었다.[1] 1949년 트루먼 대통령의 민권법 입법에 반대해 (남북전쟁 전의) 옛 남부 출신 상원의원 연합에 가세한 사람도 이 사람이고(존슨은 이 입법안을 가리켜 "거의 가학적"이라고 했다), 20년 뒤 대국적 측은지심이 발동해 미국 역사상 최대 규모의 민권법운동과 선거제도 개혁을 추진한 사람도 바로 이 사람이었다.[2] 인종 정의를 비롯해 그 외 주요 개혁을 골자로 하는 이 새 프로그램의 설계자이자 엔지니어 및 옹호자로서 존슨은 미국 대통령 중 가장 큰 업적을 이룬 대통령 중 하나로 두각을 나타냈다.

또한 그는 탁월한 거짓말쟁이로서, 1948년부터 벌써 거짓말로 정적들을 찔러 피를 보는 법을 알고 있었다. 존슨의 전기 작가 한 사람의 말에 따르면, 존슨의 대통령 역할이 결국 파산에 이른 건 그의 "거짓말과 이중성" 패턴이 "정치인에게 허용된 수준을 초과"했고, "언행 불일치"^{credibility gap}(존슨 행정부 시절에 등장한 완곡어법) 정도를 넘어섰으며, 때로 망상의 수준에 육박했기 때문이다.[3] 존슨은 진실을 이야기하기를 힘들어했다. 그냥 진실을 말하는 게 아니라 진실을 표현하고 진실을 인식하며 진실을 확인하기를 힘들어했다. 그는 지금이 몇 시인지 말하지 못하는 사람 같았다. 압박을 받는 상황에서는 그 상황을 지배하는 데 필요하다고 생각하는 말만 했다. 그

리고 거짓말이 발각되어도 전혀 당황하지 않는 것처럼 보였다.[4]

1948년 텍사스 주 역사상 가장 악명 높은 상원의원 경선 당시, 선거 부정에 관한 갖가지 혐의와 의혹이 널리 확산된 가운데, 예비 선거에서 하원의원 린든 존슨은 거의 100만 표에 이르는 투표 수 중 겨우 87표 차로 코크 스티븐슨^{Coke Stevenson} 주지사를 물리쳤다. "역사를 바꾼 87표"였다. "미스터 텍사스"로 불리던 스티븐슨은 독학으로 공부해서 변호사가 된 꾸밈없고 직설적이고 보수적인 목장주로서, 청렴결백함으로 온 텍사스 주에서 칭송이 자자한 사람이었다. 스티븐슨이 경선에서 크게 우세하다는 게 의심의 여지 없는 세평이었다.

그래서 존슨은 이 세평을 공격하기로 했다. 처음에는 스티븐슨을 "노인", "아무것도 하지 않는 사람"이라고 부르는 데 만족했지만, 스티븐슨의 자존심은 그런 인신공격에 대응하는 걸 허용하지 않았다. 이를 알게 된 존슨은 모든 공격을 최대한 인신공격 쪽으로 돌리기로 했다. 그는 스티븐슨의 점잖은 태도를 웃음거리로 삼았고, 그의 정직성에 의심의 눈초리를 보냈으며, "대규모 노조 간부들"과의 "은밀한 거래"에 관해 "진실을 말해" 달라고 그에게 요구했다. 존슨의 말에 따르면, 스티븐슨은 선거에 이기면 노조의 힘을 제한하는 테프트 하틀리 법 폐지를 표결에 부쳐 주기로 간부들과 약속했다고 했다.[5]

도덕적으로 견실한 보수주의자였던 스티븐슨은 노조와 그러한 거래를 한 적이 없었고, 존슨의 그런 도발에 대응함으로써 그 도발에 힘을 실어 줄 마음도 없었다. 사실을 말하자면, 그는 테프트 하

틀리 법을 지지하는 사람이었고, 실제로 그렇게 말했다.[6] 그는 자기
의 발언 기록을 보고 판단해 달라고 시민들에게 정중히 요청했다.
그러나 그는 존슨의 명시적인 도발에 관해서는 침묵했고, 이 침묵
이 결국 유권자들을 혼란시키기 시작했다. 특히 그 침묵을 유죄로
해석해야 한다고 존슨이 유권자들에게 권고한 뒤로는 더욱 그랬다.
강연, 라디오 광고, 인터뷰, 팸플릿, 직접 우편을 통한 회람, 선거용
특별 '신문' 그리고 돈을 주고 험담꾼이나 '선교사'를 고용해 순박
한 사람들이 모여 사는 선거구에 들어가 반문맹인 주민들 사이에
소문을 퍼뜨리는 방법으로 존슨은 스티븐슨이 노조와 거래를 벌였
다는 주장을 되풀이하면서 그의 명예를 자꾸 공격했다. 한편 스티
븐슨은 존슨이 악의적으로 그의 명예에 흠집을 내고 있다고 측근
들이 알려 오는 와중에도 여전히 자기 페이스를 유지했다.[7]

그렇게 선거일이 가까워 오는 중, 스티븐슨이 충분히 참았고 이
제 자기에게 대응해 오리라는 걸 감지한 존슨은 사악한 정치 천재
의 일격을 생각해 냈다. 그는 "이제 때가 되면" 스티븐슨이 절박해
져서 테프트 하틀리 법을 지지하는 입장을 밝힐 것이라고 공개적
으로 '예언'함으로써 그에게 열려 있던 마지막 기회의 창을 닫아 버
렸다. 존슨은 스티븐슨이 그렇게 하는 건 "속 마음" 때문에 선거에
질 수는 없다는 걸 알기 때문이라고 마무리까지 했다.[8]

존슨의 일격은 사악할 만큼 영리했다. 그는 먼저 정적에게 가짜
혐의를 씌웠고, 그런 다음 정적이 그 혐의를 부인하지 않는다고 비
난했다. 존슨은 스티븐슨을 옴짝달싹 못하게 만들었다. 이제 와서
아니라고 할 수도 없고 그렇다고 할 수도 없게 만든 것이다.

공격하고 도망치다

존슨이 스티븐슨을 공격하는 광경에서 우리는 죄에 나타나는 유명한 패턴의 전반부인 공세攻勢 부분을 볼 수 있다. 그리스도인들은 인간의 죄가 특징적 '자세' 혹은 '움직임'으로 나타난다는 것을 오랜 세월 동안 주목해 왔다. 그중 가장 기본적인 것은 공격하고 도망치기를 번갈아 하는 패턴이다. 죄인들은 다른 사람을 공격하든지 아니면 무시하든지 한다. 이들은 다른 누군가의 삶을 침해하든지 아니면 다른 누군가의 삶에 대한 책임에서 도망친다. 그런데 이 타인들은 창조주의 소유이기에 이들을 향해 죄악 된 행동을 하거나 이들에게서 도망치는 건 하나님께 죄를 짓는 것이기도 하다. 그래서 죄인들은 직접적인 신성 모독과 불경 행위와 마찬가지로 이런 죄악 된 행동을 통해서도 하나님께 반역하고 등을 돌린다. 이들은 하나님께서 금하시는 행동을 하고, 하나님께서 요구하시는 일을 회피한다. 심지어 이들은 자기 학대나 자기를 돌보지 않는 행위를 통해서 자기 자신까지 비슷하게 대한다. 타인이나 하나님 혹은 자기 자신과 관련해 죄인들은 침해하거나 회피하든지 아니면 차례대로 두 가지를 다 한다. 이것이 바로 죄의 패턴이며, 이 패턴은 죄 자체만큼이나 역사가 길다.

창세기 3장에 나오는 성경 최초의 부부는 하나님의 유일한 금지 명령("동산 각종 나무의 열매는 네가 임의로 먹되 선악을 알게 하는 나무의 열매는 먹지 말라"[창 2:16-17])을 어기고, 그다음 하나님의 임재에서 도망친다. 이들은 하나님의 고유성, 선과 악을 '알 수 있는' 혹은 선과 악을 정할 수 있는 하나님의 배타적인 특권을 공격한다. 이들은 자기 창조주에게 반역하며, 죄책감과 수치심에 휩싸여 그분에게서 몸을 숨긴다. 더 나아가, 이들은 타인을 고소하는 동시에 자기 책임을 회피하는 멋진 기술을 습득한다.

여호와 하나님이 아담을 부르시며 그에게 이르시되……내가 네게 먹지 말라 명한 그 나무 열매를 네가 먹었느냐. 아담이 이르되 하나님이 주셔서 나와 함께 있게 하신 여자 그가 그 나무 열매를 내게 주므로 내가 먹었나이다. 여호와 하나님이 여자에게 이르시되 네가 어찌하여 이렇게 하였느냐. 여자가 이르되 뱀이 나를 꾀므로 내가 먹었나이다 (창 3:9,11-13).

아담과 하와의 맏아들 가인도 그대로 따라 한다. 가인은 동생 아벨을 공격해서 죽게 한 뒤 하나님의 질문에 모르쇠를 잡는다. "네 아우 아벨이 어디 있느냐. 그가 이르되 내가 알지 못하나이다. 내가 내 아우를 지키는 자니이까"(창 4:9).

기독교 철학자 헨리 스터브Henry Stob는 이런 접근-회피 패턴이 성경에 얼마나 깊게 자리 잡고 있는지 심지어 성경이 보여주는 지옥의 이미지에서도 이를 볼 수 있다고 지적했다. 예수께서 지옥을 "바깥 어두운 데"로 묘사하시고 몇 구절 뒤에서는 "영원한 불"로 말씀하고 계신 것을 언급하면서(마 25:30, 41), 그는 이 이미지가 하나님을 향한 죄인의 자세가 어떤 당연한 결과를 낳는지를 반영하고 있다고 말한다.

성경에 나타난 지옥은……죄인이 반역자로 인지되는가 아니면 외인으로 인지되는가에 따라 아주 뜨겁기도 하고 아주 차갑기도 하다. 어느 경우든 지옥은 하나님의 창조물이 아니다. 지옥은 성산에 올라가 거룩하신 분, 곧 영광으로 환히 빛나시며 범접할 수 없는 빛 가운데 거하시는 분을 그 보좌에서 밀어내려고 하는 자들이 만든다. 하나님을 향해 공격을 개시하며 그분의 배타적 신성의 경계를 넘어가는 자는, 그 무엇으로도 대체되지 않으며 대체될 수도 없는 그분의 화염 속에서 나방처럼 타 죽는다. 또한 지옥은 하나님께 등을 돌리고 빛에서 도망쳐 하나님의 부재를 표시하는 영원한 어둠을 향해 가는 자들이 만든다. 그러므로 지옥은 저지되지 않은 죄가 이미 정해진 프로그램에 따라 당도하게 되는 당연한 결말이다. 죄는 반역이거나 아니면 도피다. 죄가 계속되면 결국 끓는 용광로에 이르든지 아니면 춥고 황량한 밤에 이르게 된다.[9]

물론 공격하고 도망치는 움직임은 악뿐만 아니라 선을 표현할 수도 있다. 모든 것은 우리가 누구를 혹은 무엇을 공격하고 누구에게서 혹은 무엇에게서 도망치느냐에 달려 있다. 예를 들어, 선거 부정을 공격하는 사람은 샬롬이라는 대의를 섬기는 사람이다. 보디발 집안에서의 요셉처럼 간음이 유혹하며 포위해 오는 것을 피해 도망치는 사람도 마찬가지다(창 39:7-12). 그러나 부모가 자녀의 인격을 살해하거나 자녀의 심신 발달을 소홀히 한다면, 남편이 아내를 구타하거나 방기한다면, 상호저축 사업자가 투자자와 납세자의 돈을 사취한 뒤 처벌을 피하려고 외국으로 도망친다면, 인간이 하나님을 모독하거나 무시한다면, 이는 간단히 말해 사람이 선을 범한 것 혹은 선에서 이탈한 것이고, 도덕적·영적 악에 휘말려 든 것이며, 만약 그 행동에 유책성이 있을 경우 이는 죄에 연루된 것이다.

이제 이런 행동을 하나하나 차례로 따져 보자. 이 장에서는 공격 행동을 살펴보고 10장에서는 도망치기 행동을 살펴보자. 그리고 흥미와 다양성을 높이기 위해 이 장에서 새로운 전략을 시도해 보자. 죄의 본질에 대해 일반적인 고찰을 한 뒤 짤막한 사례를 제시하는 게 아니라(앞 단락에서처럼), 특정한 죄 혹은 죄의 집단을 골라 이를 자세히 검토한 뒤 같은 부류 죄의 상징으로 삼아 보자.

이때 우리에게 필요한 것은 공격 죄, 위반 죄의 대표격 죄인, 본질적으로나 기저 면에서 '거역'의 자세를 볼 수 있는 죄다. 살인·강간·폭행 같은 명백한 범죄가 자연스레 떠오르지만, 이런 극적인 죄를 저지르는 사람은 비교적 소수인데, 어쨌든 이 범죄의 이면에는 마음속 깊은 곳의 동기와 일반적 심리 상태가 자리 잡고 있다. 우리가 탐구해 보고자 하는 것은 바로 그 깊고도 더 일반적인 영역이다.

이를테면 거짓말, 즉 제9계명을 범하는 죄에 대해 생각해 보면 어떨까? 하이델베르크 교리문답의 권위 있는 주석에 따르면, "네 이웃에 대하여 거짓 증거하지 말라"(출 20:16)는 "모든 종류의 거짓말과 속임수"를 배제하되, 특히 남을 중상모략하고 남의 말을 왜곡하며 남을 부당하게 고소하는 거짓말을 금한다.[10]

물론 사람들은 책임이라는 올가미에서 빠져나오려고 종종 거짓말을 한다("경찰 아저씨, 저 사람 지갑이 왜 내 겉옷 속에 들어와 있는지 나도 도무지 모르겠어요"). 그런데 때로 사람들은 거짓말을 무기로 사용하기도 한다. 사람들은 거짓말을 이용해 타인을 공격하고 꼼짝 못하게 하고 조롱하고 비방하고 비난한다. "넌 아무것도 한 게 없어. 그리고 앞으로도 그럴 거야." "그 사람, 말뚝보다 더 멍청해." "마틴 루터 킹 2세는 그냥 공산주의자에 지나지 않는다고!" "로널드 레이건은 하와이가 미국한테 가장 중요한 우방인 줄 안다니까." "코크 스티븐슨은 노조 간부하고 은밀한 거래를 했습니다."

막대기와 돌은 우리 뼈를 부러뜨릴 수 있지만, 거짓말은 우리 마음과 우리가 평생 쌓아올린 이력을 무너뜨릴 수 있다. 거짓말은 명성을 망가뜨리고, 결혼을 파선시키며, 소요를 일으킨다. 훌륭한 대학교와 같은 비교적 세련된 환경에서도 비방은 교수들 간에 경쟁의식과 정년 전쟁과 행정 부정을 초래해 학생들의 학교생활을 위험에 빠뜨리고, 그 무신경한 거짓말쟁이를 제외한 모든 이들에게 불쾌감을 안긴다.

이것도 민간인들의 거짓말이니 이 정도에 그치는 것이다. 속담에도 있다시피 전쟁이 벌어질 때 최초의 사상자는 바로 진실이다. 전시 특유의 선전 문구를 보면 대개 적을 악마로 묘사하고 있는데, 거기에다 이 악마를 어떤 특정 인종 그룹 출신으로 만들면 모든 상황이 더 수월해진다. 한 예로, 제2차 세계대전 때 미 재무부는 일본인과 독일인 중 피부색도 희고 루터교도처럼 보이는 독일인보다는 일본인을 악마로 만드는 데 집중하면 전시 공채war bonds를 더 많이 팔 수 있다는 사실을 시장 조사를 통해 밝혀냈다. 그래서 이들은 일본인을 사팔뜨기에 누런 피부에 뻐드렁니를 지닌 외계인처럼 묘사했다. 또한 미국 정부는 일본계 미국인 11만 명을 잡아들여 강제로 억류했는데, 그중 6만 명은 미국에서 태어난 미국 시민이었다. 이렇게까지 했어도 일본계 미국인이 스파이 행위를 한 사례는 단 한 건도 발견되지 않았다. 미국에 더 위험한 나라는 독일이고, 강제 노동과 살육을 일삼던 독일 수용소에서 살아 나온 사람들이 폭로했듯 독일이 더 체계적으로 악하다는 사실에도 불구하고 미국 정부는 이렇게 했다.[11]

사람은 어떤 동기로 거짓말을 동원해 상대를 공격하는가? 여러 가지 동기가 있다. 사람들은 상대를 이기려고 하는 경쟁 심리에서, 혹은 남을 비방하여 논란을 불러일으키는 걸 즐기려고, 혹은 인종 차별주의나 성차별주의적 태도에서 거짓말로 남을 공격한다. 참이든 거짓이든 상대를 공개적으로 비난하고 악명을 얻고 싶어 하는 사람들도 있다. 모든 사람을 다 미워하고 인간 전반에 대해 악담하는 사람은 거의 없는 것 같다. 하지만 거짓말을 하는 크고도 지속적인 동기 하나가 우리 인간의 속성을 관통하는 단층선을 따라 길게 늘어져 있는 것으로 보인다. 이는 가인과 아벨만큼 역사가 길고, 고등학교 동창생 여왕 왕관을 놓친 차점자의 얼굴에 간신히 감춰진 신경질적인 불쾌감만큼이나 현대적이기도 하다. 이 동기가 사람들을 부추겨 타인의 명성을 난도질하게 만들고, 타인의 성취를 폄하하게 만들며, 타인의 장점을 과소평가하게 만들고, 타인의 행동 동기에 의문을 품게 만들며, 타인의 진정성에 이의를 제기하게 만들고("세상에 그렇게 착한 사람은 없어!"), 이런 모든 방식들로 상대를 깔아뭉갤 수 없을 경우 심지어 상대를 죽이기까지 하게 만든다.

그 동기는 바로 시기심이다. 시기심 자체가 하나의 추악한 죄이고 추악한 죄의 동기이기도 하다.

선별해서 살펴보는 시기심의 역사

1989년, 아이오와 주의 한 신문에는 고전적인 삼각관계를 다룬 연재 기사가 실렸다.[12] 매력적인 젊은 여성 둘이 한 남자를 두고 다툼을 벌이고 있었다. 신디와 소냐는 한 동네에서 자라며 학교도 함께 다녔고, 지역 미인 대회에서 경쟁을 벌이기도 했다. 신디가 이길 때도 있었고 소냐가 이길 때도 있었다. 예를 들어 신디는 추수의 여왕 타이틀을 땄고, 소냐는 그 지역 고등학교에서 동창생 여왕으로 선발되었다.

하지만 이 두 여성의 본격적인 경쟁이 불붙은 건 연애 영역에서였다. 어쩌다 보니 두 사람 모두 짐이라는 남자를 사랑하게 되었는데, 체격 좋고 전도유망하고 결혼 상대로 아주 적격이라고 근방에 소문이 자자한 청년이었다. 신문 기사에서는 예쁜 여자 두 명이 자기를 놓고 싸움을 벌이는 광경을 보며 짐이 무슨 생각을 했는지에 대해서는 아무 말도 하지 않는다. 당혹스러웠을 수도 있고 어쩌면 그 광경을 즐겼을 수도 있지만, 어쨌든 짐은 선택을 해야 했다. 그는 선택했다. 그는 신디를 버리고 소냐를 택했고, 짐과 소냐는 결혼 계획을 발표했다.

이 소식을 접한 순간 신디는 칼로 찔린 듯한 기분, 짐과 소냐가 자기 갈빗대 사이로 단도를 쑤셔 넣고 돌리는 듯한 기분이었음에 틀림없다. 신디는 연애에 실패하고 실의에 빠져 본 적이 없어서 이 아픔을 어떻게 풀어야 할지 도무지 알 수 없었다. 짐을 잃은 것 자체도 화가 났지만, 경쟁 상대가 상을 획득해서 당당하게 단상을 걸어 내려갔고, 그가 좋아서 희희낙락하고 있으며, 얄밉기 그지없는 그에게 복이 많다 못해 철철 넘쳐흐른다고 생각하니 독이 바짝 올랐다. 이에 신디는 소냐를 해치우기로 마음먹었고, 결국 행동에 옮겼다. 아이오와의 어느 가을 밤, 추수의 여왕은 가죽 벨트로 동창생 여왕의 목을 졸라 죽였고, 온 마을은 슬픔으로 목이 메었다.

이것이 우리가 지금까지 들어 온 이야기다. 이는 인간이라는 종족에게 너무도 깊고 오래 자리 잡고 있는 범죄 이야기라서, 그 첫 번째 에피소드는 인간이 잘못되기 시작한 순간과 거의 동시에 등장한다. 성경의 서막이 끝나 갈 무렵, 성경에 "죄"라는 말이 처음 등장하는 부분에서 두 형제는 제사 때 바치는 제물 문제로 파국을 맞는다.

> 세월이 지난 후에 가인은 땅의 소산으로 제물을 삼아 여호와께 드렸고 아벨은 자기도 양의 첫 새끼와 그 기름으로 드렸더니 여호와께서 아벨과 그의 제물은 받으셨으나 가인과 그의 제물은 받지 아니하신지라. 가인이 몹시 분하여 안색이 변하니 여호와께서 가인에게 이르시되 네가 분하여 함은 어찌 됨이며 안색이 변함은 어찌 됨이냐. 네가 선을 행하면 어찌 낯을 들지 못하겠느냐. 선을 행하지 아니하면 죄가 문에 엎드려 있느니라. 죄가 너를 원하나 너는 죄를 다스릴지니라. 가인이 그의 아우 아벨에게 말하고 그들이 들에 있을 때에 가인이 그의 아우 아벨을 쳐 죽이니라(창 4:3-8).

이 간결하고 수수께끼 같은 이야기에서, 범죄의 내용은 살인이고 동기는 시기심이다. 가인이 하나님께 드리는 예배에는 뭔가가 잘못되어 있었다. 그의 예배는 효과가 없었다. 잘 듣지를 않았다. 그런데 가인은 어쩔 줄 몰라 한 게 아니라 화를 냈다. 겸손히 몸을 낮춘 게 아니라 분을 냈다. 가인은 신비로운 하나님 앞에, 얼마나 식성이 까다로운지 그가 바친 채소에 손도 안 대려고 하시는 그 불가사의한 분 앞에 맞장을 떴다. 그런데 그때 그 이야기 어디에선가, 그런 일이 있는지 거의 알아차리지 못할 만큼 은밀하고 교묘하게 가인의 분노가 소용돌이친다. 가인은 입맛 맞추기가 너무 힘든 하나님이 밉다. 가인은 분노에 휩싸인 채 빙글빙글 돈다. 아벨이 시야에 들어올 때까지.

따지고 보면 가인이 누구 때문에 하나님과의 사이가 틀어졌는가? 모든 면에서 다 승자인 듯한 사람은 누구인가? 누가 자꾸 가인을 그늘로 밀어 넣는가? 가인은 아벨을 유심히 바라본다. 그의 눈에 이제 아벨은 동생이 아니다. 가인의 눈에 보이는 건 경쟁 상대뿐이다. 사랑하고 추어올려 줘야 할 존재가 아니라 과대평가되지 않도록 적당한 크기로 잘라 줘야 할 대상이다. 아벨은 나를 뭘로 생각할까? 아벨은 어디쯤에서 멈출까? 아벨 앞에서 사람들은 왜 자꾸 패배자 같은 기분이 들까?

독을 품고 있는 작은 불길이 가인의 내면을 집어삼키고 있다. 그리고 그가 내린 끔찍한 결론은, 오직 동생의 피만이 그 불을 끌 수 있다는 거였다.

아벨의 제물은 더 값비싸고 양이 많았는가? 아니면 오랜 세월 동안 은사를 그토록 불공평하게 분배해 온 바로 그 신비로운 섭리가 아벨을 그냥 더 좋아한 것일까?(우리가 다 알다시피 아름다움과 지성 그리고 깊은 잠의 은사는 몇몇 사람들에게만 임한다)

성경 본문을 보면, 이 두 형제는 하나님 앞에 드린 제물도 다르고 성격도 다르다는 것을 알 수 있다. 성경 기자는 우리가 아벨의 제사에 헌신과 진정성이 담긴 것을 알아채기를 바란다. 아벨은 그냥 뜬금없이 복을 받은 게 아니다. 하나님께서 아벨을 더 좋아하신 데에는 어떤 이유가 있다.[13]

하지만 우리가 알아야 할 것은, 가인이 이것을 알아도 별로 달라질 게 없다는 점이다. 시기하는 자는 내 성공이 내가 힘들여 획득한 것인지 아니면 하늘에서 황금 낙하산이 내 무릎으로 곧장 떨어진 것인지 개의치 않는다. 어느 쪽이 됐든, 시기하는 자가 보기에 내가 누리는 혜택은 아주 불공평하다. 이런 점에서, 시기하는 자는 신학적 스위치 타자switch-hitter(좌타석과 우타석 모두 들어갈 수 있는 양손 타자—옮긴이)다. 이들은 어떤 때는 펠라기우스주의자이고 어떤 때는 아우구스티누스주의자다. 그러나 어느 때든 이들은 잠재적인 살인자다.

창세기 4장은 인류가 존재한 이래로 인간이 자기들 사이의 차이점들과 충돌했다고 말한다. 단순히 의견 차이가 아니라 훨씬 더 심각하게는 재산, 신분, 인종, 성, 사회적 용인, 지성, 신체적 매력, 성취, 전반적인 성공 정도에서 사람들 사이에는 차이가 있다. 시대를 거듭하면서 가진 자와 못 가진 자는 서로를 노려보면서 그 차이를 두고 드잡이를 벌였다. 성경 화자는 짧고도 무시무시한 망치질로 이 유혈 역사의 첫 장을, 축복과 저주와 시기와 살인 그리고 표標를 지닌 한 인간의 추방 이야기를 빚어낸다. 이 모든 이야기가 생겨난 건 형제 중 하나는 복을 받았고 다른 하나는 받지 못했기 때문이다.[14]

우리에게 이 이야기를 들려줄 때 성경 기자는 이야기를 마칠 때 보다는 이야기를 시작할 때 훨씬 더 많은 내용을 다룬다. 하지만 우리가 한 가지 확신할 수 있는 것이 있다. 가인과 아벨 이야기는 단순히 어떤 개별적인 사건을 찍은 스냅 사진이 아니라는 점이다. 그보다 이 이야기는 일종의 패러다임, 즉 앞으로 나타나고 또 나타날 어떤 패턴을 성경에서 최초로 다룬 사례다. 이 패턴에서 하나님은 놀라울 정도로 어느 한 사람을 다른 한 사람보다, 대개는 형보다 아우를 더 좋아하시며, 그래서 덜 사랑받는 자와 그의 치명적인 시기 문제를 처리하셔야 했다. 그래서 가인과 아벨 이야기를 읽을 때면 다른 이름들이 우리 기억의 지평을 따라 나란히 줄을 서기 마련이다. 이를테면 야곱과 에서, 레아와 라헬, 이삭과 이스마엘, 요셉과 그 형들, 심지어 헤롯과 예수님까지 말이다.[15]

축복과 시기로 구성되는 이 성경 역사 중에서 우리는 특히 사울과 다윗 이야기에 등장하는 의미 깊은 에피소드를 접하게 된다(삼상 16-31장). 눈이 아름다운 10대 소년인 목자 다윗은 블레셋 사람 골리앗을 쳐 죽이고, 그리하여 거인 킬러로, 뿐만 아니라 그의 주권자이자 미친 듯 날뛰는 난폭한 왕 사울의 공식 라이벌로 변모한다.[16] 사울은 오랜 세월 동안 논란의 여지 없는 이스라엘의 전쟁 영웅이었다. 그런데 이제 재주 많은 한 샛별이 떠오르고 있다. 하나님의 손길이 임해 있는 사람 다윗, 사울보다 더 능력 있는 킬러임이 분명한 다윗이 바로 그였다. 늙은 전사 사울은 자기 안에 마귀가 준동하기 시작하는 것을 느낀다. 물맷돌 따위로 행운을 움켜쥔 건방진 촌뜨기 애송이 녀석에게 뒤처지다니 얼마나 소름끼치는 일인가! 잘나가는 이 젊고 겁 없는 녀석이 내 자리를 넘볼 기세로 착착 준비하는 광경은 얼마나 불길한가! 군중이 그 녀석에게 환호하는 소리, 여인들이 그 녀석을 두고 노래하는 소리를 듣는 건 얼마나 굴욕적인가? 특히 한 노래가 마치 뭉툭한 주사기처럼 사울의 마음을 찔렀다. "사울이 죽인 자는 천천이요 다윗은 만만이로다"(삼상 18:7).

신중하게 삼가서 말하고 있긴 하지만 성경 화자는 다음과 같이 지적한다. "사울이 그 말에 불쾌하여 심히 노하여 이르되 다윗에게는 만만을 돌리고 내게는 천천만 돌리니 그가 더 얻을 것이 나라 말고 무엇이냐 하고 그날 후로 사울이 다윗을 주목하였더라"(삼상 18:8-9).

사울은 다윗을 "주목했다." 사울은 다윗에게 시기심으로 가득한 악한 시선을 던졌다. 그다음 날, 다윗이 수금 연주로 사울 내면의 폭풍우를 가라앉혀 주려고 할 때(다른 무엇보다도 다윗은 탁월한 음악가였다), 사울은 다윗에게 창을 던져 벽에 박아 죽이려 했다.

사울 왕의 삶에서 교만은 분노로 이어지고, 분노는 시기로 이어지며, 시기는 그로 하여금 살인을 시도하게 만든다. 스타가 슈퍼스타에 가려 빛을 잃는 이 고전적 사례에서 사울은 위병 교대식 광경을 보고 두려워하며, 살의를 품을 만큼 분개한다.

가인과 아벨 이야기는 사울과 다윗 이야기를 예견한다. 실제로 시기심에 얽힌 이 최초의 이야기는 인류에게, 낙원에서 추방된 그 종족 전체에게 씨실과 날실로 엮인 하나의 패턴을 예견한다.

우리는 '아마데우스'Amadeus 라는 영화에서 그 패턴을 볼 수 있다. 이 영화에서 볼프강 아마데우스 모차르트Wolfgang Amadeus Mozart 는 세상 물정 모르지만 재능만은 최고인 멍청이로 나온다. 그는 우쭐대기도 하고, 여자들 꽁무니를 쫓아 방 안을 뛰어다니기도 하고, 뜬금없이 낄낄거리기도 한다. 그는 그 경이로운 재능을 이용해, 거꾸로 읽으면 지저분한 뜻이 되는 상스러운 말을 만들어 내곤 한다. 다른 사람들의 작품을 지루하다 비웃으며 자기의 영민함을 찬양한다. 하루 또 하루 그는 그렇게 원대하고, 간절하며, 천의무봉天衣無縫인 아름다움을 창작해 낸다. 이 아름다움이 어느 정도인가 하면 라이벌인 안토니오 살리에리Antonio Salieri를 두 개의 인격으로 분열시킬 정도다. 한 인격은 그 천재를 경배하고 싶어 하고 또 한 인격은 그를 죽이고 싶어 한다.

살리에리로 말하자면, 평범하기 짝이 없는 사람, 천재와 비교할 때 나는 그저 그런 사람일 뿐임을 늘 기억하고 살아야 하는 세상 모든 범인凡人의 전형과 같은 사람이다. 그는 모차르트가 자신의 촛불에 비치는 태양, 자신의 실개천으로 쏟아져 들어오는 급류라는 걸 알고 있다. 특별히 분통 터지는 아이러니라면, 그는 사실 모차르트의 음악이 자신의 음악보다 훨씬 더 훌륭하다는 걸 알아볼 수 있을 만큼의 재능, 딱 그만큼의 재능만 있다는 것이다. 그는 하나님의 목소리로 하나님을 섬길 수 있게 해 달라고 그분께 간구했다. 하나님은 그 거룩한 보물을 그 외설스러운 꼬마 놈에게 주시는 것으로 응답하셨다. 하나님 영광의 음악적 현현顯現인 그 놈(아마데우스는 '하나님의 사랑을 받는 자'라는 뜻이다)이 음악가로서 성공에 성공을 거듭하고 배설물을 이용해 쾌감을 느끼는 장난까지 즐기며 활보할 때(모차르트는 역사상 가장 유명한 분변음욕증scatology 환자라고 한다ㅡ옮긴이), 그를 시기하는 이 라이벌은 앵거스 윌슨^{Angus Wilson}의 표현처럼 "패배자가 짐짓 너그러운 척 언짢음을 감추며 고통스럽게 지어 보이는 우거지상 웃음"을 짓고 있었을 것이 분명하다.[17]

시기의 단층선은 가인과 아벨에게서 시작하여 사울과 다윗, 살리에리와 모차르트를 거쳐 추수의 여왕에게로 이어지고, 이 여왕은 어느 날 밤 두 주먹에 가죽 벨트의 양 끝을 거머쥐기 시작한다. 그 오래된 단층선이 우리 모두에게까지 이어져 있는 건 놀라운 일도 아니다. 사회 비평가 헨리 페어리가 말했듯이, 우리는 "다른 누군가의 행운에, 심지어 다른 누군가의 재미있는 농담에" 환호하려 애쓰는 사람인 한편,[18] 내면에서는 무고한 아벨과 죄인 가인이 우위를 차지하려 여전히 싸우고 있는 사람들이기 때문이다.

그 단층선을 따라가 보면 시기는 단순한 탐심보다 더 비열한 죄임을 알 수 있다. 무엇보다도, 시기하는 사람이 원하는 건 남들이 가진 걸 자기도 가졌으면 하는 것이 아니다. 그가 원하는 건 다른 사람이 그걸 못 가지게 하는 것이다. 18세 형은 16세 동생이 밤늦게까지 외출을 허락받는 게 못마땅해 동생의 귀가 시간을 놓고 부모님을 상대로 공작을 벌인다. 그래 봤자 형이 얻을 수 있는 건 아무것도 없고 그저 그 작전에서 이겼다는 사실 뿐인데 말이다(굳이 뭔가를 얻는다면 동생의 반감뿐이다). 형은 그저 자기가 그 나이 때 누리지 못했던 것을 동생이 누리는 게 싫을 뿐이다. 형은 과거에 남학생 동아리에서 선배에게 괴롭힘을 당했던 후배, 혹은 비상식적인 근무 스케줄을 감당해야 했던 병원 레지던트하고 비슷하다. 그런 일을 겪었다는 이유만으로 신참에게 좀 느슨한 기준이 적용되는 걸 참지 못하는 사람 말이다.

시기하는 사람이 자기 라이벌을 위해 기도하되 잘되기를 바라는 기도가 아니라 잘못되기를 바라는 기도를 한다고 할 때[19]("하나님, 저 친구 집 우물물은 다 마르게 하시고 대신 지하실에 물이 차게 해주세요"), 이 사람은 아무 동기도 없는 원한이나 혹은 단순한 탐심에서 그런 기도를 하는 것이 아니다. 탐한다는 건 다른 누군가가 가진 것을 너무도 열렬히(기독교 전통에서는 이를 "지나치게"라고 한다) 원해서 그걸 훔치고 싶은 마음까지 품는 것을 말한다. 시기한다는 건 다른 누군가가 좋은 것을 가진 게 너무도 화가 나서 그걸 망쳐 버리고 싶은 마음을 품는 것이다. 탐하는 사람은 빈손이고, 그래서 다른 누군가가 가진 좋은 것으로 자기의 빈손을 채우고 싶어 한다. 시기하는 사람 역시 빈손이지만, 이 사람은 자기가 시기하는 대상도 빈손이기를 원한다. 더 나아가 시기에는 개인적 분노의 느낌이 배어 있다. 시기하는 사람은 다른 누군가가 복 받는 것을 불쾌히 여길 뿐만 아니라 복 받는 사람까지 싫어한다. 탐심은 사람보다는 물건에 훨씬 더 초점을 맞춘다. 사람에게 초점을 맞출 때조차도 그 사람을 물건으로 보는 경향이 있다. 그래서 사무엘상에서 시기 어린 사울의 시선은 다윗에게 머무는 반면, 사무엘하에서 탐내며 눈동자를 굴리는 다윗의 시선은 저 고결한 사람 우리야의 아내 밧세바에게 머문다.[20] 탐내는 사람은 욕망한다. 시기하는 사람은 화를 낸다. 물론 시기하는 사람도 시작은 탐내는 것으로 시작할 수 있다. 시기하는 사람도 처음에는 다른 누군가가 가진 것을 못내 갈망할 수 있다. 가인이 원래는 하나님께서 아벨에게 주신 축복을 원했던 것처럼 말이다. 그러나 채워지지 못한 탐심은 시기심으로 굳어질 가능성이 크다. 시기하는 사람은 대개 불만에 사로잡힌 탐욕자다.

남이 가진 것을 시기하다가 그것을 빼앗아서 가지고 갈 수 있다면 그건 아주 다행이다. 하지만 그것은 부수적인 이득일 뿐이다. 시기하는 사람이 정말로 원하는 것은 뭔가를, 혹은 누군가를 망치는 것이다. 그래서 창세기를 보면, 가인은 두 번째 기회가 주어졌을 때도 하나님의 복을 일축했다.[21] 그 무렵 가인은 이제 하나님의 복을 원하지 않았다. 그가 원한 건 아벨의 죽음이었다.

에덴 동쪽 놋 땅, 곧 방랑의 땅이요 시기하는 자의 유배지인 그곳에서 가인의 아들과 딸이 번성하여 세계 곳곳으로 퍼져 나갔다. 이제 어디를 가든 다 에덴 동쪽이고, 어디를 가든 시기하는 기색으로 자꾸 붉으락푸르락하는 얼굴들을 만날 수 있다.

- 인디애나 주의 한 고등학교 졸업 앨범 편집자는 라이벌이었던 친구들 사진에 흠집을 내서 그 친구들에게 보복을 한다. 앨범을 교정본 뒤 인쇄소로 넘기기 직전, 사진 속에서 자기 남자 친구와 사귀었던 여학생들의 치아를 검은 색으로 칠하고 겨드랑이에 털을 그려 넣는다.

- 오클랜드 빈민가 출신의 영리하고 공부 잘하는 14세 흑인 소녀는 똑똑한 머리로 열심히 공부해서 의사가 되려는 꿈을 꾼다. 하지만 꿈을 향해 열심히 달려가는 이 소녀는 악천후를 만나고 만다. 소녀보다 성적도 안 좋고 더 소외되어 있던 한 친구가 그 꿈을 못마땅해하고, 그 꿈을 이루려는 그 아이의 단호한 노력을 비웃으며 "건

방지고" "백인처럼 행동하려고" 한다며 욕한다.

- 시카고에 있는 한 출판사 간부의 부하 직원들이 그 간부의 업무에 대해 거짓말을 하면서 그의 명성을 훼손시킨다. 이들은 그의 판단력이 형편없고 우유부단하다고, 사실이 아닌 이야기를 퍼뜨린다. 그는 부하들이 자기 등에 칼을 꽂고 있다는 사실을 전혀 모르고 있다가 어느 날 상사들에게 사임을 요구받고서야 알게 된다.
- 텍사스의 한 꿈 많은 13살 치어리더의 엄마는 라이벌 치어리더의 엄마를 살해하려고 살인 청부업자와 계약을 맺는다. 라이벌 소녀가 이 계획을 알게 되면 크게 당혹할 것이고, 치어리더 시험을 보려고 준비하던 계획은 다 엉망이 되고 말 터였다.

시기하는 사람이 자기의 적의를 행동으로 옮길 때 보통은 파괴자 역할을 맡는다. 이 사람은 이제 훼손하고, 흠내고, 망치고, 부수는 행동에 나선다. 목표물은 명성일 수도 있고 꿈일 수도 있으며, 재산의 일부, 평화로운 마음 상태, 심지어 사람의 목숨일 수도 있다. 이 과업을 위해 그는 정치적 거짓말을 이용할 수도 있고, 모욕이라는 방법을 쓸 수도 있고, 전통적인 군사 무기를 동원할 수도 있다. 1990년 8월, 이라크의 독재자 사담 후세인의 군대가 이라크보다 더 잘사는 이웃 나라 쿠웨이트를 침공했고, 이 침공 때 다수의 쿠웨이트 부자 시민들이 살해당했다. 철수를 요구하는 국제적 압력이 강해지고, 뒤이어 미군의 격렬한 공격이 이어지자 사담은 1991년 2월 마지막 주 결국 쿠웨이트에서 물러났다. 쿠웨이트를 떠나기 전 그는 이제 자기 몫이 될 수 없게 된 유정油井에 불을 지르고 이제

두고 갈 수밖에 없게 된 해변을 오염시켰다.

시기심에 사로잡힌 파괴자는 아름다움, 부 혹은 완전함을 그대로 내버려 두지 못한다. 최악의 경우 그는 건강한 것, 혹은 번성하는 것이라면 무조건 못마땅해한다. 할 수만 있다면 천국 그 자체까지도 거부하려 한다. 아름다움이나 복된 것을 마주할 때 시기하는 자가 원하는 건 가인을 불러일으키는 것이다. 시기하는 자는 그 악한 자의 자손이다. 그는 자기가 천국을 못 가질 경우 적어도 다른 사람들의 삶에 지옥을 초래할 수는 있다.

적개심, 교만 그리고 파멸

가인과 아벨 시대로부터 추수의 여왕 시대에 이르기까지, 쿠웨이트 유전 방화에서부터 텍사스의 중학교 치어리더 전쟁에 이르기까지, 시기의 목표는 언제나 누군가에게서 뭔가 특별히 좋은 것을 박탈하는 것이다. 박탈의 과녁은 도덕적 아름다움으로 반짝거리는 것일 수도 있고, 그냥 뭔가 똑똑하거나 부유하거나 잘생겼거나 재미있거나 혹은 뛰어난 것일 수도 있다. 어떤 특정한 사람이 그 과녁일 수도 있다. 아벨이나 모차르트처럼 말이다. 특정한 계층이나 인종이나 나라 전체, 이를테면 부자 혹은 많이 배운 사람, 혹은 집안이 좋은 사람, 동양인, 일본인 혹은 일본 왕족이 과녁일 수도 있다. 시기하는 사람은 이들이 누리는 혜택을 못마땅해한다. 시기하는 사람이 원하는 건 그런 혜택을 없애는 것, 그리고 필요하다면 그 혜택을 누리는 사람까지 없애는 것이다.

이유가 뭔가? 요점이 뭔가?

요점은 분노다. 다른 사람이 혜택을 누린다는 사실이 이 시샘하는 사람을 분노케 한다. 눈 밝은 독자라면 알아차릴 것이다. 성경에서 시기를 다루는 이야기를 보면 성경 기자들이 시기에 대해 명시적으로 말하지 않고 분노에 대해 말한다는 것을. 그래서 하나님께서 아벨을 축복하셨을 때 가인은 몹시 분했다. 이스라엘 여인들이 "사울이 죽인 자는 천천이요 다윗은 만만"이라고 서로 노래했을 때, 성경 기자는 "사울이 그 말에 불쾌하여 심히 노하"였다고 간결하게 덧붙인다(삼상 18:6-7). 사울에게 후계자가 있음은 물론이다. 살리에리는 매우 화가 났다. 모차르트와 하나님 둘 모두가 자기를 불쾌하게 했기 때문이다. 추수의 여왕도 매우 화가 났다. 신문 기사에 따르면, 배심원단은 이 여인이 "질투심에 화가 나서" 라이벌을 살해했다고 결론을 내렸다 한다.[22]

기본적으로 시기는 분개, 즉 분노가 부패된 형태로 나타나는 것이다. 분노란 강한 불쾌감이 적대적인 자세와 결합된 것이라고 해보자. 분노한 사람은 감정적으로 무언가와 혹은 누군가와 대적한다. 분노가 아무 대상 없이 얌전하게 허공을 떠다니는 경우는 드물다. 분노는 이 사람 혹은 저 사람을 향해, 이런 상태 혹은 저런 상태를 향해 불타오른다. 분노가 어떤 만성적인 짜증으로 자리 잡으면, 무조건 아무것에나 대고 그 짜증을 발산한다. 격렬하게 타오르든지, 그냥 연기만 피워 올리든지, 아니면 냄새만 피우든지, 분노는 늘 불쾌감을 초래하는 것에 대해 시비를 건다. 분노는 열정적인 시비꾼이다.

분개는 특별한 그리고 대개 연장된 형태의 분노다. 분개는 분노한 사람이 특히 자기 개인에게 부당하고 모욕적이며 자신의 품위를 손상시킨다고 여기는 것을 겨냥해서 품는 분노다. 예를 들어, 이 사람은 자신의 이민자 신분 및 이민자 특유의 옷차림, 태도, 억양에 분개한다. 자기가 속한 인종에 분개하거나 친척들의 무례한 무지에 분개할 수도 있다. 자신의 시험 점수에, 교통 위반 딱지에 분개한다. 그런 점수를 받을 만해서 받았고, 위반 딱지 받을 행동을 해서 받았는데도 말이다.

어떤 분개는 아주 정당할 수도 있다. 1940년대 앨라배마 주 몽고메리의 시(市) 유지들은 흑인 승객과 백인 승객의 접촉을 최소화하려고 버스 탑승 규정을 만들었다. 그중 흑인이 버스 통로를 지나 뒷좌석으로 가는 걸 금지하는 규정이 있었는데, 그렇게 하다가는 백인 좌석을 지나야 했고, 그러다가 우연히 백인 승객들과 몸이 닿을 수도 있기 때문이었다. 굴욕적인 대안이었지만, 흑인들은 버스 앞문으로 승차해 요금을 내고 하차한 뒤 뒷문으로 가서 다시 승차해야 했다. 어디에나 그런 사람이 있기 마련이듯, 어떤 백인 버스 기사는 요금을 낸 흑인 승객들이 뒷문으로 가서 다시 승차하기 전에 버스를 몰고 가 버리는 장난을 치기도 했다.[23] 물론 여기서 문제는, 흑인들이 그런 굴욕 앞에 분노했다는 게 아니라 백인들이 이를 아무렇지도 않게 생각했다는 것이다.

선한 사람들은 다른 모든 면에서와 마찬가지로 정서적으로도 악에 대적한다. 선한 사람들은 한마디로 말해 부당한 상황에 의분을 느끼는 기능이 있다. 정당한 분노 말이다. 선한 사람들은 타인이 압제당하거나 타인의 명예가 손상되는 것을 보고 의로운 분을 낸다. 이들은 지구 건너편에서 자행되는 불의에 분개한다. 또 자기 자신이 모욕을 당하거나 부당한 대우를 받을 때도 흥분한다. 이들은 아주 가까이에서 벌어지는 악의적인 부당함에 분개한다.

분노는 분개라는 미덕의 저변에도 있고 시기라는 죄의 저변에도 있다. 조롱받거나 모욕당하거나 속임당하는 것에 분개하는 사람을 생각해 보라. 이런 사람도 자기가 부당한 대우를 받았다 생각하고 시기하는 사람도 자기가 부당한 대우를 받았다고 생각한다. 하지만 이 둘 사이에는 결정적인 차이가 있다. 분개하는 사람은 악한 것에 화내는 반면 시기하는 사람은 선한 것에 화낸다. 시기하는 사람은 다른 누군가의 능력이나 흠 없는 상태를 보고 치욕을 느낀다. 이 사람은 다른 누군가의 타고난 매력을 보고 굴욕을 느낀다. 정치적인 면에서 이 사람은 평범한 법과 질서에도 억압을 느끼며, 타인의 경제적·정치적 권력 앞에서도 자기가 폄하된 듯한 기분이 든다.[24] 이 사람은 타인이 힘겹게 노력해서 이뤄 낸 성취까지도 사실상 부당하다고 생각한다("왜 늘 저 여자가 이겨야 하지? 이건 너무 부당해!") 정말로 시기가 심한 사람의 경우, 타인의 성공이나 타인이 받는 복, 특히 라이벌이나 무엇보다도 특별히 가까운 라이벌의 성공이나 복이 그 사람에게는 모욕이요 일종의 무례다.

그런데 왜 다른 누군가의 좋은 일이 나 자신에게는 부당한 일이 될까? 다시 말해, 이 문제의 핵심은 무엇일까?

핵심은 교만이다. 핵심은 개인적인 우위이다. 시기하는 사람이 타인의 좋은 일에 분개하는 것은 그것이 자신의 교만을 발로 짓이기기 때문이다. 시기하는 사람이 보기에 라이벌에게 벌어지는 모든 좋은 일은 다 자기를 한없이 작아지게 만드는 일이다. 아니 어쩌면 의도적으로 작아지게 만드는 것일 수도 있다. 스페인의 작가 미구엘 데 우나무노Miguel de Unamuno가 말한 것처럼, 시기하는 사람은 자기중심적 태도와 냉소주의 때문에 라이벌의 성공을 오로지 자기를 고통스럽게 하기 위한 것이라고 상상할 수도 있다![25]

시기는 시기를 낳는 교만과 마찬가지로 불가피하게 자기를 남과 비교한다. 시기하는 사람이 경쟁자를 헐뜯고 싶어 하는 건 다음과 같은 이유 때문이다. "그의 삶에는 매일 하루치의 아름다움이 있다, 나를 추하게 만드는."[26] 시기의 핵심은 누군가를 잘라서 적당한 크기로 만들고 싶은, 타인과의 비교의 토대를 바꾸고 싶은, 라이벌의 다리 관절 힘줄을 잘라 자기에게 중요한 의미가 있는 모든 경쟁에서 그 라이벌을 탈락시키고 싶은 욕구다.

여기서 예측할 수 있는 것은, 시기하는 사람이 분개하는 선은 대개 자기가 소유한 선보다 약간 우월한 선이라는 것이다. 고전적인 패턴을 보면, 지금 잘나가고 있는 사람은 부자에게 분개하고, 마라톤 기록이 3시간 58분인 사람은 3시간 54분인 사람에게 분개하며, 귀여운 사람은 아름다운 사람에게 분개하고, 열심히 공부해서 B+ 받은 학생은 전 과목 A 받은 학생, 특히 천하태평으로 전혀 공부를 안 하는 것 같은데 점수는 A만 받는 학생에게 분개한다.

이것이 고전적인 시나리오다. 하지만 헨리 페어리가 주목한 것처럼, 평등주의 문화에서 시기심에 사로잡힌 패배자에게는 하나의 선택안이 있다. 승자를 직접적으로 공격하기보다 게임의 법칙을 공격하는 것이다. 패배자들은 경기장을 평평하게 만듦으로써 실패에 복수할 수 있다.[27] 전통적인 기준으로 가늠한 타인의 우월성 때문에 자기가 위축감을 느꼈을진대, 그 기준을 없애지 못할 이유가 무엇이겠는가? 기준이 사라지면 모두가 다 시인이고, 모두가 다 화가이며, 마이크와 확성기만 있으면 누구나 다 가수다. 테니스를 잘 치지 못하겠거든 네트 높이를 낮추면 된다. 페어리는 이 방법에 대해 다음과 같이 말한다.

> 우리는 자기가 못하는 일은 폄하한다. 어떤 일에 재능과 훈련과 열심이 요구될 경우, 우리는 그런 것 없어도 그 일을 할 수 있다는 걸 보여준다. W. H. 오든Auden이 한번은 말하기를, 적어도 운율학의 기본 법칙을 따르지 않는다면 시작詩作의 요점을 이해할 수 없을 거라고 했다. 이는 십자 낱말 맞추기를 할 때 일곱 음절 단어를 찾지 못해 아홉 음절짜리 단어를 정답 칸에 억지로 꾸겨 넣는 것과 비슷하다. 핵심을 정확히 파악하는 것, 어떤 일의 성취 여부는 바로 거기에 있다.[28]

시기하는 사람이 아주 교만한 경우, 이 사람은 다른 누군가에게서 뭔가 탁월하게 좋은 것을 보고 분개할 뿐만 아니라 자기와 비슷하게 좋은 것을 보고도 분개한다. 그래서 시험에서 A를 받고서도 A를 받은 사람이 자기 하나뿐이기를 바란다. 피아노 경진 대회에 나가 우승할 경우, 시기하는 사람은 우승자가 자기 하나뿐이기를 바란다. 1등 자리를 누군가와 나누게 될 경우 그는 패배자 같은 기분이 든다. 노벨상을 탄다 하더라도, 이듬해 또 그 이듬해 새로운 수상자가 발표되는 것을 들으며 그는 우울해한다. 이제 다른 사람도 자기와 똑같은 수상자이고, 그들이 받은 상이 자기 상보다 새 것이기 때문이다.[29] 진짜로 시기심 많은 사람에게는 다른 사람이나 다른 사람들이 가진 좋은 것이 키 큰 나무 밑 덤불과 같아서, 덤불의 잔가지를 쳐내 그 키 큰 나무가 아무것도에도 가리지 않고 우뚝 설 수 있어야 한다. 교만한 시기자는 자꾸 하나님 직에 출마하려는 것이라고 말할 수도 있다. 타인에게 있는 좋은 것을 창조하시고 소중히 여기시는 성경의 하나님이 아니라, 좋은 것이라면 모두 삼켜 버리는 범신론자의 하나님 말이다.

시기란 다른 누군가의 좋은 것에 대해 분개하는 것, 거기에 더해 그 사람에게서 그걸 빼앗고 싶어 몸이 근질거리는 것이다. 그리고 거기서 빚어지는 당연한 귀결은, 독일인들이 말하는 '샤덴프로이데',schadenfreude 즉 다른 누군가가 좋은 걸 빼앗기는 것을 보고 고소해하는 것이다. 시기하는 사람은 타인의 행운을 유감으로 여길 뿐만 아니라 그 상황을 반전시키고 싶어 한다. 시기하는 사람은 타인의 불행을 기뻐하고 그 불행이 오래 계속되기를 바란다. 그래서 시기심 많은 음대생은 라이벌 학생이 음악회 공연 도중 노래 가사를 깜빡하는 것을 보고 속으로 기뻐한다. 어느 목사는 자기보다 존경받는 목사가 음주 운전으로 구속되는 것을 보고 겉으로는 안됐다는 듯 행동하지만 속으로는 쾌재를 부른다. 한 야구 선수는 역시 야구 선수인 자기 아들이 아버지인 자기의 평생 기록을 넘어서려고 몇 년 째 몸부림쳤으나 결국 불가능하다는 걸 확인하고 아무도 모르게 흡족해할 수도 있다. 클라이브 제임스Clive James가 한번은 '내 원수가 쓴 책이 재고로 남았으니'The Book of My Enemy Has Been Remaindered

라는 제목의 시를 썼다.[30]

일반적으로, 그것이 바로 작가 워커 퍼시가 다음과 같이 질문하는 이유다.

자아가 비록 타인을 사랑하고, 타인을 배려하며, 전쟁보다 평화를 좋아하고, 불화보다 일치를 좋아하며, 죽음보다 생명을 좋아한다고 말하더라도 사실상 마음속으로는 전쟁이나 전쟁의 소문, 비행기 추락 소식, 암살, 대량 살인극, 부고訃告를 즐긴다는 게 사실인가? 아는 사람이 길거리에서 갑자기 쓰러져 죽었다는 동네 뉴스, 이웃집 사람이 누구와 싸웠다든가 불륜을 저지르다 들켰다든가 공금을 횡령하거나 기타 부끄러운 짓을 하다가 걸렸다든가 하며 수군거리는 것은 말할 것도 없고?[31]

시기(그리고 시기에 부수되는 태도인 남의 불행을 고소해하기, 즉 '샤덴프로이데')는 인간의 심리 속에 자리 잡고 있는 적의敵意의 가장 비열하고 비영웅적인 형태를 보여준다. 시기는 순전한 악이다. 유독 물질과 구역질이 시기하는 사람에게나 다른 모든 사람에게 다 좋지 않은 것처럼 말이다. 시기에 관해 영어로 쓰인 가장 유명한 9행의 시에서 에드먼드 스펜서Edmund Spenser가 말한 것처럼, 시기하는 사람을 괴롭히는 건 바로 그 자신의 죄이기 때문이다.

그리고 그의 옆, 굶주린 늑대의 등에는
심술궂은 시기가 올라탔다. 아구창 걸린 이빨 사이로

독즙 뿜는 두꺼비를 여전히 질겅거리며.

독즙은 턱 주변으로 온통 흘러내렸다.

하지만 남 몰래 시기는 자기 목구멍을 씹었다.

그리고 이웃의 부富를, 그를 늘 그렇게 우울하게 만들었던.

뭔가 좋은 걸 봤을 때 그에게 그건 곧 죽음이었고

울어야 할 이유로 그보다 더 큰 이유는 없었기에 그는 울었다.

하지만 누군가 해를 당했다는 소식을 들었을 때는 기이한 기쁨이 점점 커져 갔다.[32]

시기는 시기하는 사람에게 독을 주입해, 그의 영혼이 괴저병에 걸리게 만든다(사실 정말로 사악한 시기자는 이 사실을 알고 라이벌의 마음에 제3자에 대한 시기심을 심어 주려고 한다). 그러나 적어도 인격을 갖춘 사람에게는 시기의 대상이 되는 것 역시 기쁜 일이 아니다. 물론 어떤 이들은 "존경받기보다는 오히려 시기의 대상이 되려고" 하지만, 이는 다만 이들 자신도 교만과 샤덴프로이데에 오염되었기 때문이다. 이들은 상대를 위협하려고 허풍 떨며 욕하는 농구 선수들의 방식으로 세상을 사는 사람들이다. 이들은 라이벌을 박살 내고서 행복해하는 게 아니라 라이벌을 비웃고 악담을 퍼부어 아무것도 할 수 없는 분노에 빠뜨리고서는 행복해한다.

시기하는 사람은 누군가 자기를 시기하기를 바란다. 어떤 사람의 성공을 보고 비참한 기분이 들 때 이들은 형세를 역전시키고 싶어 한다. 성품이 훌륭한 사람들은 그렇지 않다. 시기의 대상이 되는 게 이들에게는 어색한 슬픔이다. 왜 그럴까? 시기의 대상이 된다는 건 독을 내뿜는 무언가가 나를 겨냥한다는 뜻이고, 놀랍게도 그 독은 적절한 해독제를 찾기 힘든 독이기 때문이다. 내가 뭔가를 잘하면 상대는 나에게 분개할 것이다. 나를 시기하는 사람을 무시하면 그건 그 사람의 교만에 칼자국을 내는 것과 마찬가지다. 나를 시기하는 사람을 친절히 대해 주려 하면 그 사람은 내가 생색낸다고 생각할 것이다. 내 태도에서 동정의 기미가 보이는 것조차도 그 사람에게는 시기심에 불을 붙이는 천연 가스가 된다. 앤 벨포드 울라노프Ann Belford Ulanov와 베리 울라노프Barry Ulanov는 신데렐라 이야기 연구를 통해 지적하기를, 신데렐라는 언니들이 시샘하기 전에는 아무 힘도 없는 존재라고 한다. 어려운 상황을 반전시키기 위해 그녀가 할 수 있는 일은 아무것도 없다. 언니들은 신데렐라의 삶을 잿더미로 만드는데, 그녀는 타고난 아름다움과 너그러움으로 언니들을 대한다. 그리고 언니들은 이 탁월한 모습에 짜증이 난다.[33]

제프리 초서Geoffrey Chaucer의 작품에 등장하는 사제는 시기가 "두말할 것도 없이 성령을 거스르는" 죄라고 말한다. 이는 "더러운 죄……세상에서 가장 악한 죄인데, 왜냐하면……시기는 모든 덕목과 선을 다 거스르기 때문"이다.[34] 사제는 시기가 초래하는 피해를 덧붙인다. 시기가 있는 곳마다 인간 마을과 그리스도인의 공동체가 난파를 당한다고 그는 말한다. 시기하는 사람들은 뒤에서 험담한다. 이들은 미소 짓는 얼굴로 축하를 건네지만, 그 미소를 다른 빛에 비추어 보면 비웃음으로 보일지 모른다. 이들은 자기 경쟁자를 누군가가 칭찬할 때 그 칭찬을 인정하지만, 곧이어 그 경쟁자를 거장의 그늘 속으로 밀어 넣는다("맞아요, 그 친구 아주 훌륭한 첼리스트

지요. 그런데 로스트로포비치 연주 들어 봤어요?") 시기하는 사람은 험담을 퍼뜨린다. 다른 사람에 대해 안 좋은 소식을 모아 뒀다가, 모두들 모여 즐거운 시간을 보내려 할 때 마치 애피타이저처럼 그 이야기를 풀어 놓는다. 시기하는 사람은 투덜거린다. 시기하는 사람은 못마땅해 중얼거린다. 시기하는 사람은 저렇게 앞질러 나가서는 안 되는 사람들이 앞질러 나간다고 불평한다. 심술, 원한, "모든 우정을 허사로 만드는 불화", 비난, 악의 등 이 모든 것들은 다 시기에서 흘러나와 함께 어우러져 우정과 선한 교제를 원한 사무친 도살장으로 만들어 버린다.

초서의 그 사제는 신약성경에 등장하는 악의 목록을 쭉 훑어 내리다가 시기와 친하게 지내는 비열한 벗들에게 시선을 고정시킨다. 시기는 그 목록에서 방탕과 다툼과 더불어 등장한다(롬 13:13). 다툼과 당 짓는 것과 분노와 비방과 함께 등장한다(고후 12:20). 분쟁과 의심과 악의와 더불어 등장한다(딤전 6:4). 이런 것들은 공동체를 무너뜨리는 지독한 죄요, 공동의 평화를 공격하는 죄다. 이런 것들은 가인과 아벨이 시대를 따라 내려와 지금도 여전히 몸부림치고 있음을, 우리 안에서 그리고 우리 사회와 우리 교회 안에서 지금도 몸부림치고 있음을 보여주는 죄들이다.

하지만 그 몸부림이 언젠가는 그칠 거라 생각해야 할 이유가 있다. 그 이유는 올리버 오도너번Oliver O'Donovan의 표현처럼, 예수 그리스도가 "무고한 아벨과 죄인인 가인 둘 모두를 대표하셨고, 그 둘을 서로에게 그리고 하나님과 화해시키셨"기 때문이다.[35] 예수 그리스도 곧 본디 무고하신 분, 타고난 아벨이신 분께서 우리를 위해

"죄가 되셨다"(고후 5:21 참조). 그리스도는 아벨을 대신하셨을 뿐만 아니라 가인까지 대신하셨다. 이 오래된 대적 간의 끔찍한 싸움이 끝나던 날, 그 부활의 아침에 하나님께서는 시기의 희생자, 죽임당한 자, 수 세기 동안 그 "핏소리가 땅에서부터……호소"(창 4:10)했던 분을 일으키셨다.

그리스도인들은 샬롬에 대한 모든 소망을 다 이 사건에 둔다.

— **10**

도망치기

서방 세계는 마침내 인간의 권리를 애써 획득했다.……하지만 하나님과 사회에 대한 인간의 책임감은 점점 희박해져 가고 있다.

— 알렉산드르 솔제니친

60년대 초 예일 대학에서 스탠리 밀그램Stanley Milgram은 인간이 윗사람의 명령에 따라 가혹하게 행동할 의지가 있는지 알아보는 일련의 심리학적 실험으로 논란을 일으켰다. 밀그램이 알고 싶었던 것은, 아무 죄 없는 낯선 사람에게 고통을 끼치라는 명령을 받았을 때 평범한 사람들이 과연 그 명령에 따를 것인가 하는 거였다. 이 실험에서 그가 발견한 사실들은 우리에게 많은 것을 말해 준다. 우리가 언제든 타인을 공격할 수 있고 책임을 회피할 수도 있으며, 그 두 가지를 한꺼번에 다 할 수도 있다는 불편한 진실을 말이다.

밀그램은 일간 신문 '뉴헤이븐'New Haven에 '기억과 학습에 관한 과학적 연구' 수행을 도와줄 자원자를 모집한다고 광고를 실었다. 시급도 넉넉하게 약속했다. 이 광고와 그 후의 무작위 우편 광고를 통해 그는 노동자, 점원, 영업 사원, 교사, 엔지니어 등으로 구성된 일단의 피험자들을 모아들였다. 이들은 실험실에서 정해 주는 대로 예일 대학 인터랙션 연구소 이곳저곳에 한 사람씩 나타나 그곳에서 실험자를 만났는데, 실험자는 회색빛 실험복 차림의 다소 젊은 남자였다. 이 청년 옆에는 뚱뚱한 중년 남자도 한 사람 있었는데, 피험자들은 이 중년 남자도 자기들과 같은 피험자일 거라고 생각했지만 사실 이 사람은 밀그램에게 사전 교육을 받은 배우였다.

실험자는 아무것도 모르는 피험자들 한 사람 한 사람을 상대로 미리 조작된 제비뽑기를 통해 그 피험자를 '교사'로, 그 배우를 '학습자'로 정해 주었다. 그리고 학습 과정에서 체벌의 효과를 시험하는 게 이 실험의 목적이며, 교사가 할 일은 학습자가 테스트 질문에 틀린 답을 할 때마다 벌칙으로 충격을 주는 거라고 말해 두었다.

곧이어 배우/학습자는 일종의 전기의자에 끈으로 묶였고, 전기충격이 "매우 고통스러울" 수 있긴 해도 "생체 조직에 영구적인 손상"을 끼치지는 않을 거라고 피험자 앞에서 안심시켰다. 그리고 피험자를 큼지막한 충격 발생기 앞에 자리 잡게 하고, 그 기계가 전선을 통해 학습자와 연결되어 있다고 알려 주었다. 충격 발생기는 수평으로 길쭉한 모양에 스위치가 쭉 달려 있었는데, 스위치마다 "15볼트"에서 "450볼트"에 이르는 식별표가 붙어 있었다. 그리고 몇 개의 스위치가 한 그룹으로 묶여 "약한 충격", "적당한 충격", "강한 충격", "격렬한 충격", "위험-극심한 충격"으로 지정되어 있었고, 마지막 하나의 스위치에는 그냥 "XXX"라는 불길한 표시가 붙어 있었다. 밀그램의 기술자들은 진짜로 소리가 나는 버저와, 바늘이 앞뒤로 왔다 갔다 하는 전압계 그리고 스위치를 누를 때 딸각 소리를 내는 계전기를 설치해 두었다.

시험이 진행되는 동안 그 배우는—물론 이 사람은 사실 전기 충격 같은 건 전혀 받지 않는다—아주 형편없는 학생임이 드러났다. 네 개의 질문이 주어지면 대략 세 개를 틀렸다. 실험자는 학습자가 한 번 틀릴 때마다 강도를 한 단계씩 높여 충격을 주라고 피험자에게 지시했다. 15볼트에서 시작해 30개 단계를 거쳐 최고 450볼트에 이를 때까지 충격을 줄 수 있었고, 단계를 올릴 때마다 먼저 현재의 전압을 고지해야 했다.

배우/학습자는 이렇게 처벌의 강도가 높아질 때마다 그에 맞춰 그럴듯하게 연기를 했다. 75볼트에서는 끙끙거리고, 120볼트에서는 이러지 말라고 항의하고, 150볼트에서는 실험을 중단하고 자기를 풀어 달라고 요구했다. 180볼트에서는 "고통을 못 참겠다"고 울부짖었고, 270볼트에서는 "괴로운 비명이라고밖에 표현할 수 없는" 소리를 토해 냈다. 300볼트에서 학습자는 이제 실험에 협조하지 않겠다고, 질문에 답변하지 않겠다고 절망적으로 고함쳤고, 330볼트가 넘어가자 죽은 것 같은 침묵으로 빠져들었다.[1]

당연한 이야기지만, 많은 피험자들이 이 드라마에서 자기 역할을 점점 당혹스러워했다.[2] 이들이 이걸 계속해도 되겠느냐는 표정으로 돌아보면 실험자는 점점 더 권위적인 말투로 명령하며 이들을 재촉했다. "계속해 주세요"라고 했다가 "실험하려면 계속해 주셔야 합니다"라고 했다가 "절대적으로 계속해 주실 필요가 있습니다"라고 했다가 급기야는 "다른 선택이 없습니다. 계속 진행하셔야 합니다"라고 했다.

그런 압박감 아래서 대다수 피험자들은 긴장의 징후를 보이기

시작했다. 어떤 이는 실제로 전류를 보내지 않고 스위치에 손만 댔
다 떼었다. 어떤 이는 학습자에게 신호를 보내 정답을 알려 주고 이
를 구실로 자신의 부담을 줄이려 했다. 실험이 예상치 않았던 고통
스러운 과정으로 진행되는 것에 대해 이의를 제기하는 이들도 많
았다. 하지만 그러면서도 이들은 스위치를 계속 눌렀다. 매 단계마
다 다수의 피험자가 실험자의 지시에 불복하고 실험실을 나갔다.[3]
하지만 실험자의 지시에 따르는 피험자들은 모종의 요령으로 불안
감을 줄여 나갔고, 실험자에 대한 충성을 유지했으며, 학습자가 항
변하는 와중에도 계속 그에게 전류를 흘려보냈다.

얼마나 많은 피험자가 끝까지 실험자에게 순종했을까? 이는 피
험자와 학습자의 거리가 얼마나 가까웠느냐에 따라 크게 달랐다.
학습자가 다른 방에 있고, 그래서 테스트 끝 무렵 절박하게 벽을 두
드릴 때 외에 그의 목소리가 들리지 않을 경우엔 피험자의 65퍼센
트가 최고 단계의 가혹한 벌을 내렸다. 학습자의 목소리는 들리는
데 모습은 잘 보이지 않는 경우 피험자의 순종도는 62퍼센트로 약
간 내려갔다. 학습자가 피험자와 같은 방으로 들어와 이제 학습자
가 항변하는 소리도 들어야 하고 공포와 책망 어린 표정도 봐야 하
는 경우, 그래도 순종도는 40퍼센트로 상당했다(이때까지 고분고분
지시에 따르는 피험자 몇몇은 고개를 돌려 학습자의 얼굴을 보지 않음으로써
스트레스를 줄였다). 아둔한 학습자의 손을 충격판 위로 올려놔 주라
고, 그래야 좀 더 잘해야겠다는 자극을 받을 것이라고 피험자에게
지시하는 경우도 있었는데, 이런 가혹한 지시에 깜짝 놀라면서도
끝까지 학습자에게 충격을 보내 450볼트 단계까지 완수한 피험자

가 30퍼센트나 됐다.[4]

왜일까? 평범한 사람들이 왜 항변하고, 비명을 지르고, 그러다가 결국 말마저 잃고 마는 무고한 낯선 사람을 이런 식으로 벌할수 있는 것일까? 끝까지 실험자의 말을 잘 들은 사람 중에 타락한 괴물로 보이는 이는 하나도 없었다. 겉으로 보기에 적대적이지 않은 것은 물론이요, 특별히 공격적이라 할 만한 성향 같은 건 별로 없는 사람이 대부분이었다. 피험자들 중에는 건전한 교단 소속 교회에 다닌다고 밝힌 사람도 많았다. 한 사람 한 사람씩 면접했을 때 사실상 이들 거의 전부가 원칙적으로는 무고한 사람을 해치는 것을 반대한다고 말했다. 그런데 원칙적으로 거부했던 일을 실제로는 행했다. 그 일을 하면서 얼마나 스트레스를 받았든 말이다. 이들이 그런 행동을 한 건 실험복 차림의 누군가가 다른 선택은 없다고 말했기 때문이었다.

살아 있는 도구

9장에서 암시했다시피 죄인들은 조치를 취하거나 자세를 취한다. 고전적 패턴을 보면, 인간은 먼저 공격하고 이어서 도망친다. 이들은 공격하든지 피하든지 아니면 동시에 두 가지를 다 한다. 수동적 형태의 공격에서처럼 말이다. 예를 들어, 여러 가지 분노를 숨기고 있는 사람은 자기를 분노하게 만든 권세에게 저주를 퍼붓거나 혹은 가구를 부수면서 분노를 표현하는 게 아니라, 습관적으로 약속 시간에 늦거나 마치 해골을 연상시키는 미소를 짓거나 함으로써 그 분노를 표현할 수도 있다.

밀그램의 실험에서 알 수 있는 것은, 권위에 순종하는 이와 같은 패턴, 즉 자녀를 부모에게 복속시키고, 시민을 경찰관에게 복속시키며, 심지어 비행기 승객을 승무원에게 복속시키는 이 패턴에 근거해 사회가 질서와 안정을 유지하는데, 이 패턴이 사람을 악의 도구로 변모시킬 수도 있다는 점이다. 윗사람의 지시에 곧 순종할 자세가 되어 있었다는 사실을 고려하고, 그런 자세를 강화시키지 않을 수 없는 압박의 상황이었다는 점을 고려해도, 점잖은 사람들이 누군가의 요구에 따라 잘 알지도 못하는 무고한 사람을 공격하며, 그리하여 자기가 지닌 가장 기본적이고 영적인 책임을 회피한다는 건 정신이 번쩍 드는 사실이다.

이 책임은 무엇을 말하는가? 하이델베르크 교리문답은 십계명의 제6계명("살인하지 말라")을 해석하면서 아주 멋진 개혁주의 관례를 좇아, 그 계명이 금하는 것뿐만 아니라 그 계명이 요구하는 것까지 진술한다.

제107문: 이웃을 죽이지 않는 것으로⋯⋯충분합니까?
답: 아닙니다.⋯⋯하나님께서는 이웃을 우리 자신처럼 사랑하라고, 이웃을 향해 오래 참고 화평을 사랑하며 온유하고 자비롭고 친절하라고, 할 수 있는 한 이웃을 보호해 해를 당하지 않게 하라고 우리에게 말씀하십니다.

물론 밀그램의 실험에 참가한 피험자들은 곤경에 처했다. 피험자들은 우리가 타인에게 친절해야 하고 그들이 해를 당하지 않도록 최대한 보호해야 한다는 것을 누구 못지않게 잘 알고 있었다. 인터뷰에서 이들은 그 사실을 잘 알고 있다고 말했다. 하지만 이들은 권위에 순종하는 습관이 있었다. 게다가 실험에 참가하겠다고 서명했고 자기 역할에 대해 대가를 지급받았으므로 이는 실험 규정에 응하겠다고 은연중에 약속한 셈이었다. 적어도 처음엔 실험 내용에 대해 의심을 품을 만한 아무런 이유가 없지 않았는가? 실험 주체가 유명 대학에 적을 두고 있는 사회 과학자인 만큼, 어련히 잘 알아서 할까 하고 생각하지 않았던가?

사실 그랬다. 그러나 학습자의 항변과 호소, 고통스런 비명 소리가 귓속을 가득 채우면서 피험자들은 깨달음에 직면해야 했다. 생각할 수도 없었던 그 깨달음은, 자기들이 실수로 한 미치광이의 실험실에 들어왔고 지금 그 미치광이의 대리자 역할을 하게 되었다는 것이었다. 어떤 이들은 실험을 그만두고 가 버렸다. 반면에 어떤 이들은 이웃에게 전류를 흘려보내라는 지시에 순종함으로써 갈등을 해결했다. 이들 중 다수는 실험이 끝나고 모든 게 조작되었다는 사실이 밝혀진 후에도 자기가 그렇게 고분고분 지시를 따른 행위에 대해 변명했다.

다시 한 번 묻는다. 왜 그런가? 밀그램은 이 실험을 분석하면서 이른바 "대행자 위치"the agentic state에 대해 설명한다.[5] 밀그램은 말하기를, 사람이 여러 다양한 등급의 권위가 모여 구성하는 위계 구조로 들어가면 어김없이 그 대행자 위치로 이동하는 것 같다고 한다. 일단 이 구조 안으로 들어가면 그 사람은 이제 자기 자신을 책임 있는 도덕적 주체로 여기지 않고 다만 다른 누군가를 대행하는 자로 여긴다. 자기 자신을 한 인격체가 아니라 수단으로, 도덕적 책임의 중심이 아니라 하나의 도구로 보게 된다.

더 나아가, 일단 대행자 위치로 들어간 사람은 이제 원상태로 돌이키기가 매우 힘들다는 걸 알게 된다. 너무 깊이 들어온 것이다. 이미 탄력을 너무 많이 받은 상태다. 그 시점에서 불순종 상태로 들어간다는 건 시속 50킬로미터로 달리는 차를 갑자기 후진시키려 하는 것과 마찬가지다. 이 사람은 이제 자신이 도덕적으로 악화되는 상황에 매여 있으며, 그 상태를 포기하고 싶어도 빠져나갈 만한 적당하고 깨끗한 시점을 찾을 수 없다는 걸 알게 된다. 실험복 차림에 클립보드를 손에 들고 과학자 아우라를 풍기는 사람을 향해, 당신의 실험은 통제를 벗어난 게 분명하며 이제 그만둘 때가 되었다고 말한다면 이는 아주 건방져 보일 것이다. 과연 누가 그런 말을 할 수 있겠는가? 명확하게 규정된 사회적 상황을 이런 식으로 감히 붕괴시킬 수 있는 사람이 어디 있겠는가?

우리만 그런 것은 아니다. 나치 독일에서부터 밀라이My Lai(베트남 남부의 마을. 1968년 미군이 주민 학살을 자행한 곳이다—옮긴이) 사건, 워터게이트를 거쳐 비즈니스와 산업계의 일상생활에 이르기까지, 권위에 그릇되이 굴종한 악명 높고 낙담스러운 사례를 근래에만도 여럿 찾아볼 수 있다. 누군가가 병사에게 명령한다. 민간인들의 뒤통수에 총을 쏘라고. 또 누군가가 공장의 현장 주임에게 명령한다. 내부 고발자를 해고하라고. 변호사에게 명령한다. 증인을 매수해서 위증을 시키라고. 비서에게 지시한다. 불리한 증거를 파기하라고. 그러면 이들은 시키는 대로 따른다. 그런 일을 좋아하지도, 하고 싶지 않을지도 모른다. 그런데도 이들은 그렇게 한다. 그리고 판에 박힌 합리화로 자기를 변호한다. "전 지시를 따랐을 뿐입니다." "제가 정할 수 있는 일이라면 그렇게 하지 않을 테지만, 그래도 전 하라고 하는 대로 해야 합니다."[6]

트레블링카Treblinka(바르샤바 근처에 있던 나치의 유대인 집단 학살 수용소—옮긴이)의 지휘관 프란츠 슈탕글Franz Stangl의 생애를 통찰력 있게 풀어 놓은 글에서 지타 세레니Gitta Sereny는 나치의 지휘 체계에서 슈탕글이 어떤 곤경에 처해 있었는지에 대해 이야기한다. 슈탕글은 비교적 점잖은 업무를 효율적으로 잘 해낸 덕분에 나치 유력자의 관심을 끌었고, 이어 나치는 그에게 좀 더 "어려운" 임무를 부여함으로써 그의 수고에 보답하기 시작했다. 그 어려운 임무에는 요양원 입소자들을 안락사시키는 일을 감독하고 조력하는 업무도 포함되었다. 슈탕글이 주저하며 뒷걸음질 칠 때마다 지휘관들은 그가 이미 완수해 낸 일들을 상기시키며 "실험을 지속하려면 네가 계속해 줘야 한다"라고 말했다. 그리고 나치 고위 지도부는 마침내 슈탕글을 트레블링카로 배치했다. 이 업무를 거부하거나 포기하려면 거기 수용된 사람들과 똑같은 대가를 치르는 수밖에 없었다.

새 근무처에서 날마다 유대인 5천 명을 학살하는 일을 감독하면서 그는 날마다 양심과 싸웠던 것 같다. 하지만 그가 살고 있는 문화는 상관에게 복종할 것을 가르쳤고, 그의 경험은 상관을 두려워해야 한다고 가르쳤다. 자기 업무에 대해 의문이나 의심을 품다가도 과거에 이미 수많은 명령에 순응하며 저질렀던 일들뿐만 아니라 순종하지 않을 수 없게 만드는 경고("다른 선택이 없습니다. 계속 진행하셔야 합니다")가 떠올랐다. 이의를 제기했을 때 따를 징벌이 두려웠던 슈탕글은 명령에 순응했다. 순종하려니 그 일을 계속할 수밖에 없었고, 겁이 나니 꼼짝없이 그 일에 매어 있을 수밖에 없었다.

그러던 어느 날, 슈탕글의 아내가 남편이 어떤 일을 하는지 알고 괴로워하다가 사제를 찾아가 의논했다. 사제는 그의 아내를 위로했다. "우리는 끔찍한 시대를 살고 있습니다, 자매님." 마리오 신부는 그렇게 말했다. "하나님과 내 양심 앞에서 말하거니와 만약 내가 프란츠의 입장이었다 해도 똑같이 했을 것입니다. 내가 그의 모든 죄책을 사합니다."⁷

프란츠 슈탕글은 권위에 순종함으로써 이웃에 대한 의무를 저버리고 자기 자신을 악의 도구로 만들어 버렸다. 이는 그처럼 사람을 죽이는 일에 종사했던 그의 동료들에게 아주 친숙한 조치였다. 루돌프 회스Rudolf Höss는 아우슈비츠에서 수용자들을 대량 몰살시키라는 지시를 받고 이를 이행한 사람으로, 훗날 이렇게 말했다. "나는 지시를 받았고, 지시받은 대로 이행해야 했다. 이렇게 유대인들을 대량으로 학살하는 게 꼭 필요한 일인지 아닌지에 관해서는 나 자신의 의견을 형성할 수 있는 입장이 아니었다. 그러기 위해서는 폭넓은 시야가 필요한데, 나에게는 그런 시야가 없었기 때문이다."⁸ 물론 그가 말하는 그런 폭넓은 시야를 지닌 사람들, 이를테면 회스의 상관들도 그들 나름대로 지시를 받았고, 그 지시 체계를 거슬러 올라가면 그 정점에는 총통Führer이 있었으며, 총통의 시야는 유럽 전역을 다 포괄할 만큼 넓었다. 로마 가톨릭 신학자 제임스 버첼은 나치의 기이한 책임 세계, 모두가 지시를 받았는데 지시한 사람은 없는 이상한 세계를 다음과 같이 요약한다.

보편적인 증언에 따르면, 나치의 유대인 몰살 프로그램은 엄정한 권위의 망토 아래서 완수되었다. 이 증언 못지않게 공통적인 또 하나의 증언은, 그 권위가 언제나 다른 누군가의 권위였다는 것이다.……의료계 사람들은 법조계 사람들의 지령에 따라 일한다고 주장했다. 정부는 의료업과 관련된 결정은 의사들이 내린다고 발표했다. 하급 관리들은 상관에게 지시를 받았다고 했다. 고급 관리들은 부하들이 늘 월권을 했다고 주장했다. 모든 일이 다 총통의 이름으로 자행되었다. 하지만 살육을 지시하는 그 어떤 명령서에도 총통의 서명은 없었다.[9]

스탠리 밀그램이 위와 같은 실험을 하고 그 실험의 내용을 상세히 설명할 때 의제로 삼은 것은, 평범한 독일인들을 홀로코스트에 부역하게 만든 그 순종이 수십 년 후 코네티컷 주 뉴헤이븐의 평범한 미국인들에게도 나타날 것인지 시험해 보려는 것이었다. 그리고 위에서 살펴보았다시피 그 시험의 결과는 자못 불안스럽다.

다중 회피

그러나 대행자 위치로 들어가는 것은 우리가 책임을 회피하는 여러 가지 방식 중 하나일 뿐이다. 다른 방법 여덟 가지를 살펴보고, 그다음 우리가 저지르는 회피 행위 중 가장 의미심장한 것에 대해 생각해 보기로 하자.

1. 순응하기

1993년 봄, 캘리포니아 주 로스앤젤레스 근교의 중산층 거주지 레이크우드에서 10대 남학생들의 또래 압력^{peer pressure} 사건을 둘러싼 추문 소식이 전국적으로 퍼져 나갔다. 뉴스 출처가 밝히기를, 레이크우드에서 제일 인기 있는 고등학교 남학생 여러 명이 여자를 성적으로 정복하는 동아리("스퍼 포스")를 만들었으며, 이 동아리 멤버들은 여자와 섹스를 하고 오르가즘에 오를 때마다 1점씩을 얻는 규칙을 만들었다고 한다. 관측자들이 역겨웠던 건, 이 어린 학생들이 이런저런 방식으로 서로 경쟁하며 점수를 50점에서 60점까지 올렸고, 피해자들 중에는 열 살밖에 안 된 어린 여자아이도 있었으며, 여자를 이렇게 성적으로 이용하는 것을 멤버들이 자랑스러워했고, 아버지가 나서서 아들의 행동을 변호하는 경우도 많았으며("우리 아이는 혈기 왕성한 그 나이 때 미국 남자라면 누구라도 할 만한 행동을 했을 뿐이오"), 몇몇 엄마들은 피해자를 오히려 욕하거나("그 여자 애들이 쓰레기지") 이미 벌어진 일을 어쩌겠냐는 식으로 배짱을 부렸다는 점이다("어쩔 건데요? 호르몬이 넘쳐서 그런 걸"). 레이크우드 여학생들 중에는 또래들의 압력에 못 이겨 포스 멤버 20명 내지 25명과 성관계를 맺은 경우도 있다고 했다(특히 순진한 중학교 3학년 여학생들은 포스 멤버와 성관계를 맺어야 레이크우드의 또래 사회에 받아들여질 수 있다고 생각했다). 기를 쓰고 그 또래 사회에 들어가고 싶어 했던 어떤 여학생들은 "포스 멤버 전원과 했다"는 악명을 얻으려 했다. 남학생 몇 명은 이런저런 중죄 혐의로 체포되었다가 풀려난 뒤 학교로 돌아갔는데, 반 학생들은 이들을 환호로 맞았다고 한다.¹⁰

스퍼 포스 이야기는 하부 문화의 순응 이야기다. 우리가 주목할 것은, 순응과 순종은 구별되는 현상이라는 점이다. 사람들은 윗사람에게는 순종하고 또래에게는 순응한다. 순응에는 보통 모방이 포함되는데, 순종에는 모방이 없다. 순종한다는 건 어떤 명시적 요구에 따르는 것이고, 순응한다는 건 암시적 요구에 따르는 것이다. 마지막으로, 자기 행동(특히 문제의 소지가 있는 행동)을 해명할 때 우리는 순종한 것은 쉽게 인정하지만 순응한 것은 최소화해서 이야기한다.[11] 그 이유는, 우리가 순종은 사회생활을 하는 데 장점으로 여기고 순응은 개인적인 약점으로 여기는 경향이 있기 때문이다.

그러나 순응을 어떻게 여기든 우리는 순응을 하고, 그것이 때로는 멋진 결과를 이루어 낸다. 작은 마을에서 장사하는 사람들이 정직에 관해 높은 기준을 세워 두고 서로 이에 순응한다든가, 혹은 마을에 재난이 닥쳤을 때 전례에 따라 팔다리 튼튼한 사람은 모두 나와 구조를 돕는다든가 하는 것처럼 말이다. 그런데 우리의 또래 집단이 폭도나 건달 집단이라고 해보자. 우리의 또래 집단이 스퍼 포스라고 해보자. 아니 스퍼 포스 멤버의 부모들, "남자 애들이 다 그렇지"라고 하면서 아무렇지도 않은 태도로 어른의 책임을 회피하는 모습을 완벽하게 예시하는 그런 사람들이라고 해보자. 우리의 또래 집단이 1968년 3월 16일 베트남 밀라이에 있었던 찰리 중대라고 해보자. 우리의 또래 집단이 C. S. 루이스의 표현처럼 "인간 사회의 어느 좁은 지역"을 차지하고 있는 표준적인 사람들의 모임, "최소한의 예의가 영웅적인 미덕으로 통하고 극심한 부패도 어쩔 수 없는 결함으로 통하는" 그런 모임이라고 해보자.[12] 그런 상황에서 감히 성경의 다니엘처럼 행동하고자 하는 사람은 거의 없을 것이다. 또래의 습관과 기대는 너무나 강력하다. 또래 집단은 우리에게 압력을 행사해 행동을 하게 만들 뿐만 아니라 행동을 못하게 하기도 한다. 그래서 근친상간을 요구하는 사람도 없고 알코올 중독을 언급하는 사람도 없는 "(가짜로) 행복한 가정"이 존재하게 되고, 의사결정자 집단이 이미 가정하고 있는 내용에 들어맞지 않는다는 이유로 이들 집단이 제 편한 대로 "암암리에 공모하여 중요한 정보를 묵살해 버리는" 으스스한 현상인 "집단 사고"가 존재하게 된다.[13]

2. 공모하기

불의에 눈 감기, 짐짓 외면하기, 악을 모르는 척하기. 이게 바로 공모共謀다. 공모라고 하면 대개 능동적으로 음모를 꾸미는 걸 생각하지만, 꼭 그럴 필요는 없고 또 흔히 그렇지도 않다.

1964년 3월 13일 새벽 3시 20분경, 뉴욕 주 퀸즈의 한 술집 지배인으로 일하는 28세의 키티 제노브스Kitty Genovese는 그날 일을 마치고 가게 근처의 한적한 주택가에 있는 집으로 향했다. 아파트 건물 옆 주차장에 차를 세우고 30미터 거리의 집으로 가던 키티는 주차장 저쪽 끝에 한 남자가 서 있는 걸 보고 걸음을 멈췄다. 남자가 자기 쪽으로 다가오자 그녀는 돌아서서 달리기 시작했다. 반 블록 떨어진 경찰 호출 전화 부스까지 갈 생각이었다. 그러나 남자는 곧 그녀를 움켜잡았고, 칼로 찔렀다. 키티는 비명을 질렀다. "맙소사, 날 찔렀네! 누가 좀 도와줘요! 도와주세요!" 그 순간 거리 건너편 아파트 건물에 불이 켜지고 창문이 열리더니 한 남자가 소리쳤다. "그 여자 내버려 둬!"[14]

가해자는 어깨를 한번 들썩하더니 가 버렸다. 창문이 닫히고 불이 꺼졌다. 그랬더니 가해자가 다시 돌아와 키티를 또 찔렀다. 그녀는 이번에는 이렇게 소리 질렀다. "사람 죽어요! 사람 죽는다고요!" 창문이 다시 열리고 불이 켜졌다. 좀 전보다 더 여러 개의 창, 더 여러 개의 불빛이었다. 가해자는 주차장으로 가더니 자기 차를 몰고 사라졌다. 가해자가 사라지자 키티는 칼에 찔린 자리에 피를 흘리며 아파트 건물 출입구까지 기어갔고, 거기서 다시 건물 안에 있는 집까지 몸을 질질 끌고 올라갔다. 그때 가해자가 다시 나타나 아파트 건물로 다가와서는 한 집 한 집 출입문 손잡이를 돌려 보다가 키티의 집 계단 아래 바닥에서 그녀를 발견하고는 다시 칼로 찔렀다. 그는 이번에는 키티를 죽이는 데 성공했다.

35분에 걸쳐 세 차례의 칼부림이 진행되는 동안, 키티 제노브스의 이웃 중 단 한 사람도 이 일에 끼어들지 않았다. 야구 방망이를 들고 뛰어나와 그녀를 위험에서 구해 주는 체격 건장한 이웃 남자 하나 없었다. 더 나쁜 건, 세 번의 칼부림 중 적어도 한 번은 창문으로 그 광경을 내다봤고 키티의 비명 소리와 도와 달라는 간청 소리를 들은 사람이 30명도 넘었지만, 평소에 착실한 그 이웃 사람들 중 경찰에 전화를 걸어 도움을 청한 이는 단 한 사람도 없었다는 점이다. 한 남자가 많은 고민 끝에 친구에게 전화를 걸어 이럴 때 뭘 어떻게 해야 하느냐고 물었다고 한다. 결국 그 남자가 한 일이란 옆집의 다른 이웃을 찾아가 경찰에 알리라고 재촉한 것뿐이고, 그제야 그 이웃이 경찰에 전화를 했다. 2분 후 경찰이 도착했지만, 그녀는 이미 숨이 끊어진 뒤였다.

하나같이 모른 체했던 이 이웃 사람들을 나중에 인터뷰했을 때 이들은 이따금 겁먹은 표정으로 쭈뼛거리며 말했다. "말려들고 싶지 않았습니다.""남편이 그 일에 말려드는 게 싫었어요." 어떤 이는 몸이 너무 피곤해서 경찰에 전화할 여력이 없었고, 그래서 그냥 다시 자러 갔다고 기어들어 가는 소리로 웅얼거렸다. 몇몇 사람들은 그때 왜 피해자를 돕지 않았는지 자기도 모르겠다고 했다. 많은 주민들이 말하기를, 전화를 거는 게 두려웠다고 한다. 모두들 안전하게 자기 집 안에 있었는데 뭐가 두려워서 경찰에 전화하지 못했느냐고 물었더니(했어도 익명으로 했을 텐데) 이들은 아무 의미 없는 대답을 했다.

키티 제노브스 사건, 참으로 극적이고 소름 끼치는 이 유명한 사건은 20세기 후반 대도시 미국인들의 의식에 자리 잡고 있는 냉담함이 어느 정도인지를 보여주는 악명 높고 결정적인 순간, 바로 그 결정적 순간이 되었다. 이 일이 벌어졌을 당시, 많은 이들이 이 사건을 충격적이고, 괴이하고, 예외적인 일로 생각했다. 어떤 면에선 그러했다.

그러나 이 사건이 드러내는 공모의 양상은 그렇게 특이하지 않다. 도시의 거리에서 벌어지는 범죄를 놓고 볼 때도 그리 특이하지 않고 전반적으로 봐서도 특이하지 않다. 사람들은 어디에서나 공모를 한다. 외부인에게는 너무도 뻔히 보이는 가정 폭력 앞에 정작 그 집안 식구들은 시선을 돌린다. 권력에 굶주린 목사가 교인들을 기죽여 아무것도 묻지 못하게 하고 자기 뜻에 반대하는 교인은 무조건 질책하는데, 당회는 교인들이 그렇게 욕을 당하는 광경 앞에서 약속이나 한듯 입을 다문다.[15] 당회는 목사에게는 지극 정성의 관용을 보이고, 피해자인 교인들에게는 정의를 시행하지 않는다. 목사의 "해명, 부인하는 말, 재해석"은 너그럽게 경청하면서 목사의 비리를 고소하는 교인은 말썽쟁이로 여겨 내쫓는다.[16] 대규모 투자 회사의 고문단, 상임 이사, CEO들은 폭주하는 탐욕, 어음 돌려막기, 유흥업소에서 발행하는 영수증 등을 눈 감아 주고, 마피아의 자금 세탁 음모와 손을 잡는다. 이런 말썽의 징후들이 드러나기 시작하면 기업 광고 예산을 늘리는 것으로(건강한 이미지는 건강에 좋다), 회사가 망하기 전 "회사의 골수를 빼먹는 몇 가지 선택"을 고르는 것으로 대응한다.[17] 자동차 회사 관리들은 자기들이 생산하는 차량에 비교적 사소한 안전 기능을 추가하기를 거부한다. 그 안전 기능이 있었다면 막을 수도 있었을 충돌 사고 피해자에게 법적 합의금을 물어 주는 게 비용이 더 나가는지 기능 추가 비용이 더 나가는지를 저울질하면서 말이다. 이사들을 비롯해 임원들은 이 도박에 대해 알고 있고, 이를 승인하며, 자기들이 합의금을 물어 줘야 할 그 피해자, 이제는 장애인이 되어 버린 그 피해자의 아픔은 외면한다.[18]

3. 도시를 떠나기

인간은 의복이나 자동차나 예배 등에서만 유행을 따르는 게 아니라 직무 이탈에서도 유행을 좇는다. 사회적 스펙트럼의 양극단에서 직무 태만의 두 가지 예를 들어 보겠다. 1939년 여름, 윈스턴 처칠은 영국 정부의 동료들에게 계속 경고했다. 독일이라는 큰 나라가 범죄자 일당의 손아귀에 들어갔으며, 그 그림자가 길어지고 있고, 그래서 긴급한 결단을 내려야 한다고. 문제는 그런 결정을 내릴 권한을 지닌 상류층 인사들, 그러니까 의회와 정부를 운영하는 사람들이 주말마다 시내를 벗어나 전화가 연결되지 않는 곳으로 가서 국정은 아예 신경쓰지 않는다는 점이었다. 윌리엄 맨체스터는 이렇게 논평한다.

> 처칠이 호들갑을 떨든 말든 영국의 지배층은 처칠의 표현처럼 여전히 "주말이면 전원country에 들르는" 반면, 히틀러는 "주말에도 나라country 일을 봤다."……전원에서 주말을 보내는 시간을 줄여야 한다거나 비상사태를 대비해야 한다는 조언 앞에 돌아오는 건 싸늘한 시선뿐이었다. 영국의 지도자들은 누군가에게 재촉당하는 걸 싫어했다.……서두르는 건 어쩐지 영국답지 않은 것으로 치부되었다. 지배층이 유한계급으로 불린 데에는 다 이유가 있었다.[19]

필라델피아 노튼 구역 사람들의 삶을 다룬 책 『스트리트와이즈』Streetwise에서 엘라이어 앤더슨Elijah Anderson은 이 시대 미국의 사회 문제 중 가장 심각하고 민감하고 불화를 조장하며 점점 확산되어 가고 있는 문제 하나를 붙들고 늘어진다. 그것은 흑인 하층 계급(전국 흑인의 3분의 2에 해당하는)에서 비혼非婚 임신율이 급등하고 있다는 사실이다. 다른 어느 지역과 마찬가지로 노튼 지역의 청소년들과 청년들은 자기가 돌보지도 못할 아기를 낳는다. 이는 특히 남자들에게 해당되는 이야기다. 노튼의 도심 문화에서 젊은 흑인 남성은 가정을 이루거나 이미 이룬 가정을 부양하는 일에 별로 흥미가 없다. 이들은 "소꿉장난"(가족에 대한 책임을 받아들이는 것을 이들은 이런 말로 표현한다)을 조소하고, 그걸 하려는 사람을 비웃으며, 경우가 어떻든 여자들은 자기가 낳은 아이의 아버지가 누군지 정확히 가려낼 수 없을 거라며 여자들을 불신한다(사람들은 길모퉁이에 서서 아기가 누구를 닮았는지를 겨냥해, 그리고 아이의 출생이 불확실하다는 것을 소재 삼아 우스갯말을 하곤 한다). 노튼의 젊은 남성에게 여자를 "따먹고"(즉, 사랑하니까 결혼하자는 모호한 약속으로 여자를 꾀어 성관계를 맺고) 임신시킨 뒤(한둘도 아니고 세 명, 다섯 명씩이나), "비혼 상태에서 낳은 자녀에 대해 아무런 법적 책임도 지지 않고 넘어가는 것"은 자기의 힘과 생식 능력과 자기 상태를 입증하는 자랑거리다.[20] 다수의 하층 계급 젊은이들에게 사랑은 그저 또 하나의 협잡일 뿐이다.

4. 전문화하기

예일에서 그 실험을 진행하는 동안 스탠리 밀그램이 한 가지 주목한 광경이 있었는데, 그것은 어떤 피험자들이 옆방에서 비명을 지르고 있는 학습자에게 자신이 저지르고 있는 일 때문에 스트레스가 생기는 것을 줄이기 위해 단순히 그 실험의 기술적인 특징에만 과장된 관심을 보였다는 점이다. 이 피험자들은 학습자에게 문제를 던질 때 정교하리만큼 발음을 또박또박 했다. 충격 발생기 스위치를 누를 때도 사무적인 태도로, 아주 신중하게 누르기 시작했다. 이들은 임무를 '수행'하기 시작했다.[21] 사람들은 이런 식으로 자기에게 주어진 일을 전문화함으로써 사건의 의미를 축소시키고("난 그냥 내 일을 잘 해내고 있는 것일 뿐이야"), 그리하여 양심의 가책을 피하려 한다.

비슷한 예로, 폭격기 조종사도 평소에 교육받은 대로 이제부터 자신이 죽이게 될 사람들에게 생각을 집중하지 않고 그 살인을 수행하는 하이테크 무기를 능숙하게 작동하는 일에만 생각을 집중한다. 변호사들은 법률 용어를 교묘하게 다루는 전문가로 자기를 수련하는 한편, 그 전문적 기술이 어떤 대의에 도움이 되는지에 대해서는 질문을 피한다. 예수께서는 바리새인을 비롯해 당대의 존경받을 만한 신자들이 어떤 종교적 규례를 시시콜콜 지키는 데는 전문가였지만, 정의와 긍휼과 믿음이라는 더 중한 문제는 소홀히했다고 비난하셨다(마 23:23).

5. 의미를 축소하기

사람들은 도덕적인 빚이 있을 때 그 빚의 일부만 갚아서 문제를 해결하려고 한다. 예를 들어, 회개라는 빚이 있을 때 사람들은 사과를 한다.[22] 사랑이라는 더 힘든 미덕을 발휘해야 할 때 사랑 대신 친절을 베푼다. 엄마는 자녀가 오래 기쁨을 누릴 수 있는 공간을 열어 주려고 애써야 하는데, 그런 노력 대신 짧은 행복을 안겨 주는 데 그치고 만다. 어떤 남자는 자기 아이들에게 아버지가 되어 주지 않고 그냥 양육비만 보낸다. 혹은 양육비 대신 생일 카드만 보낸다. 생일 카드마저도 안 보내고 그냥 보내야겠다는 생각만 하기도 한다. 어떤 남편들은 아내를 사랑하지 않고 대신 술집에 앉아 자기가 아내를 얼마나 사랑하는지 떠들어 대기만 한다.

6. 느릿느릿 가기

책임을 회피하는 한 가지 방법은 죽은 척하기, 절대로 아무것도 안 하기, 반복적으로 그렇게 하기다. 그래서 일도 별로 안 하고 하루 일당을 받아 가는 게으른 직원이 생긴다. 그래서 침대에서 빠져나오기 싫은데 빠져나오는 건 위선이라고 생각하는 게으름뱅이들이 생긴다. 그래서 일단 종신 교수가 되면 오래된 강의안을 지루하게 되풀이하면서, 더 이상 아무것도 궁금해하지 않고 생각이 무뎌져 가는 중년의 교수가 생겨난다. 그래서 사람들의 성결한 행위에 대해 주로 "별거 아닌 일"로 판단하고 마는 생기 없는 대학생들이 생긴다.[23] 그래서 "난 관심 없다"고 자기의 무심함을 정확히 표현하는 것조차도 번거로워하는 게으른 사람들이 생긴다.

사실상 한 편의 시사만화로도 볼 수 있는 구절인 잠언 19:24은 한 게으름뱅이가 밥을 먹는 모습을 묘사한다. 그는 "자기의 손을 그릇에 넣고서도 입으로 올리기를 괴로워"한다. 전에 내가 가르친 학생 하나가 이 광경을 묘사하기를, 그 게으름뱅이의 몸은 음식이 필요하다고 말하는데 게으름에 찌든 그의 의지는 겨우 한쪽 손을 어찌어찌해서 밥그릇으로 툭 떨어뜨릴 수 있을 뿐이라고 했다. 바로 그거다. 게으름뱅이는 음식을 떠서 입으로 가져오려고 하지 않는다. 그러려면 중력이라는 엄청난 힘을 거슬러 힘겨운 싸움을 벌여야 하기 때문이다. 그는 자기에게 그럴 힘이 있는지 시험해 봐야 할 이유를 떠올리지 못한다. 사실 그는 그 이유를 떠올려야 할 이유도 생각해 내지 못한다.[24]

무위,無爲 곧 쇼핑몰을 어슬렁거리며 시간을 죽이고, 잡담이나 늘어놓고, TV를 얼마나 많이 봤는지 자기 아이 성격보다 등장인물 성격을 더 잘 아는 지경이 되는 이런 상태는 사람들의 공동체에서 은사와 에너지를 앗아 가고, 우리 인생을 세상의 하나님과 구주 앞에서 하품이나 하는 형국으로 만들어 버린다. 힘을 내려고 하지 않는 사람, 무위에 자기 자신을 내어 주는 사람은 결과적으로 하나님 앞에 이렇게 말하는 것과 마찬가지다. 당신은 관심이란 것을 아무것도 아닌 걸로 여겼고, 그 결과 나를 포함해 그 누구도 구속하지 못했다고.

C. S. 루이스는 악마 스크루테이프가 후배 마귀 웜우드에게 설명하는 장면을 묘사한다. 그가 쫓아다니는 인간은 무위라는 방법으로 하나님에게서 빼앗아 올 수 있다고.

무위는 정말 강하지. 인생 최고의 시절을 슬쩍할 수 있을 만큼. 기분 좋게 죄를 짓는 것도 아니고, 뭔지도 모르고 왜 하는지도 모르는 짓에 지루하니 마음을 썼다 말다 하다, 자기 자신도 정확히 뭔지 모를 어렴풋한 호기심이나 채워 보다가, 손가락을 두드려도 보고 발길질도 해 보고, 좋아하지도 않는 곡조를 흥얼거리다가, 정욕이나 야망을 자극하지도 않는데 우연으로라도 일단 관계가 시작되면 너무 약하고 혼란스러운 그가 도무지 떨치고 나오지 못하는 그 길고 어두컴컴한 몽상의 미로에서 헤매는 세월을 말이야.……중요한 건 네가 환자를 원수에게서 얼마나 멀리 떼어 놓느냐 하는 것뿐이다.……도박으로 그런 재주를 부릴 수 있다면 살인보다 못할 게 없지. 사실 지옥으로 가는 가장 안전한 길은 한 걸음 한 걸음 가는 길이란다. 경사도 완만하고,

발에 닿는 감촉도 폭신하고, 갑자기 모퉁이가 나오지도 않고, 이정표도, 표지판도 없는 길 말이지.[25]

7. 틀어박히기

어떤 이들은 친구·일·교회·가족으로만 이루어진 작은 세계에 침잠해 그곳에 자기만의 아늑한 방을 만든다. 그 세계 안에서도 우리는 충분히 분주하게 살 수 있지만, 관심사는 그 좁은 공간에 국한된다. 더 넓은 세상에서 벌어지는 참상이나 신기한 일 혹은 슬픈 일이 TV 화면으로 스쳐 지나가는 것을 경멸이나 놀라움의 시선으로 지켜볼 테지만, 고립 상태가 만족스러우면 우리는 그런 일들에 크게 불편해하지도 않고, 어떤 경우든 그런 일들 때문에 불편해지고 싶지도 않다. 낯선 사람이 내 삶이나 내 집으로 들어오는 걸 환영하지도 않고, 낯선 사람을 만나러 밖으로 나가지도 않는다. 넓은 세상에서 벌어지는 일들을 깊이 알려고 하지도 않고, 그 일이 지도상 어느 나라 어떤 정황에서 일어났는지 알지도 못한다. 우리는 미래 세대에게 무엇이 필요한지를 무시해 버린다. 노숙자들을 진지하게 대해 본 적이 한 번도 없다. 빈곤이나 기근 소식에 가슴 아파하지도 않고, 다만 최소한의 자선 행위로 그런 고통을 구제하는 일에 참여했다는 생색만 낼 뿐이다. 능동적인 명령문으로 말씀하시는—가라! 전하라! 증거하라! 선언하라! 선포하라!—그리스도께 충성을 맹세하지만, 그럼에도 우리 그리스도인들은 생명의 양식을 자기 집 냉장고에 저장해 둔 채, 이미 그 양식을 가지고 있는 사람에게만 그 양식에 대해 말하는 편을 더 좋아한다. 우리는 그런 동종 교배적인 침묵으로 우리의 품위를 지킬 수 있다고, 불신자들은 본디 지옥에 속해 있으므로 지옥에 가도 괜찮다고 무의식적으로 가정하고 있는 것은 아닌가?

자기를 방어하는 영혼의 마지막 피난처는 아마 그 자신의 감정이라는 거미줄일 것이다. 이는 현대의 신경과민 환자에게 해당되는 이야기다. 이들은 우디 앨런의 방식을 따라, 자기 안에 켜켜이 쌓인 집착과 심리적인 불안을 끝없이 뒤지고 다니고, 자신의 창의성과 그 창의성에 대한 자의식의 근원과 개략적인 윤곽과 흐름과 소용돌이를 찾아다닌다.[26] 이는 신경과민이 좀 덜한 예절 세계 안에서도 마찬가지다. 작가 주디스 마틴Judith Martin, 필명 미스 매너(Miss Manner)은 자아가 제왕이고 자아의 감정이 주권적인 권위를 갖는 이 시대에서 예의 없는 사람들은 이제 자신의 태만 죄를 당혹스러워하지 않으며, 오히려 그 죄의 공로를 인정받기를 기대한다고 말한다.

죽어 가는 사람을 찾아가 보지 않고, 장례식에도 참석하지 않고, 타인의 환대와 호의 혹은 선물에 대한 답례로 감사 편지도 보내지 않는 이런 태만한 자세는 과거에 무례함의 증거로 간주되었고, 이런 태도가 생겨나는 건 이기심이나 게으름 때문으로 여겨졌다. 그러나 이제 이런 행위에 대한 여러 가지 해명("그 사람이 건강할 때의 모습을 기억하고 싶어요", "장례식에 가면 섬뜩한 느낌이 들어서요", "전 편지 쓰는 거 안 좋아 합니다", "사람들이 어떤 일을 하는 건 그냥 하고 싶어서 하는 거지 고맙다는 말을 들으려고 하는 것은 아니잖아요")을 들어 보면, (이런 태만 행위에도) 어떤 미덕이 있다는 말로 들린다.[27]

8. 죽기까지 즐기기

오락에 대한 미국인들의 관심이 어느 정도인지 측정할 수 있는 다른 지표가 없다면, 프로 운동선수와 연예인의 수입으로 이를 가늠해 볼 수 있다. 이 지표에 의하면, 우리는 훌륭한 법률·병원이나 의약품·정부·목회자·교육·건축 혹은 과학 연구보다 오락을 더 중시한다는 것을 알 수 있다. 이런 분야는 다 월급이나 사례금으로 수고의 대가를 받는 직업인데, 그 액수는 야구 선수나 록 가수 그리고 토크쇼 진행자가 벌어 들이는 돈에 비할 바가 못 되는 경우가 많다. 자본주의 문화에서는 돈으로 점수가 매겨지고, 의사나 축구 선수 같은 직종에서는 월급이나 연봉을 보면 잘나가는 사람과 그렇지 못한 사람을 구별할 수 있다. 그래서, 설령 벤치 신세일지라도 프로 농구팀 수비수의 전방 십자인대를 진찰하는 정형외과 의사는 문화적으로 자기보다 상위에 있는 사람을 보고 있는, 아니 우러러보고 있는 셈이다.

물론 머리 나쁜 운동선수도, 어릿광대도 다 중요한 사람들이다. 우리에게는 그 사람들이 필요하고 그 사람들이 하는 일도 필요하다. 이따금씩 오락을 필요로 하고 오락을 즐기지 않을 사람이 어디 있겠는가? 자기 일을 어느 정도 놀이처럼 대할 필요가 없는 사람이 어디 있겠는가? 인간 삶의 상당 부분을 진지함으로 어둠침침하게 만드는 건 교만 죄 아닌가? 복음의 빛과 종교개혁의 핵심은 성취가 아니라 은혜 아닌가? 그렇지만 우리가 오락에 얼마나 큰 가치를 부여하는지를 보면, 오락이 단순히 삶의 주된 업무에서 벗어나 유쾌한 휴식을 누린다는 의미에서 기분 전환거리가 아니라, 오락 때문에 삶의 본 업무에서 관심이 멀어지고 그 업무를 회피하게 되며 때로는 오락이 주 업무를 대신하는 무시무시한 거대 조직이기도 하다는 의미에서 기분 전환거리가 되었음을 시사한다.

오락은 본질상 진지하게 취급할 게 못 된다. 오락에서는 아무것도 얻을 게 없다. 월드 시리즈 승자는 뉴스의 첫머리를 장식하지만, 객관적으로 말해서 누가 이기느냐는 중요하지 않다. 중요한 건, 우리가 경기를 흥겹게 즐긴다는 것뿐이다. 비슷한 경우로, 토크쇼에 출연한 오늘의 유명 인사가 겨울 한 철을 말리부 해변에서 보낼지 아니면 팜스프링스의 골프장에서 보낼지에 대해 토론하는 건, 인생이라는 더 큰 경기에서 헛스윙하는 것에 지나지 않는다.

그러므로 사람들이 자기 업무를 잘 해내고, 아이를 안전하게 키우고, 교육을 받고, 도움을 필요로 하는 사람을 도우며 사는 것보다 오락에 더 중점을 두기 시작하면, 이는 곧 책임을 회피하기 시작하는 것이다. 문제는 이 회피가 아주 재미있다는 것, 그래서 우리 모두에게 매우 유혹적이라는 점이다. 이는 우리가 그 재미에 저항할 수 있는 힘을 앗아 간다. 우리가 저항하지 못할 때, 온 사회가 다 저항하지 못할 때, 소비 지상주의 및 비현실에 대한 갈망이 하나로 만나고 여유 시간을 소비하는 일이 곧 직업이 되는 식으로 삶이 달라진다. 옷·영화·스포츠 이벤트·프로 레슬링·콘서트·음반·CD·비디오 게임 그리고 특히 이런 것들이 조합되는 오락 제품에 대해 잘 아는 능숙한 소비자가 되는 것이 인생의 주목표가 되고 인생의 성공을 가늠하는 기준이 된다.[28]

얼마나 멀리 날아가든, 오락이라는 비행을 하려면 시간과 돈만

들어가는 게 아니다. 오락은 현실과 환상의 차이를 구별하는 능력을 앗아 갈 수도 있다. 1993년 말, 내셔널 퍼블릭 라디오^{National Public} Radio의 '모닝 에디션'^{Morning Edition}이라는 프로그램에 한 국립 공원 관리인이 인터뷰 형식으로 출연해, 당시 애리조나 그랜드 캐니언에서 관광객들이 사고로 다치거나 사망하는 비율이 늘어나고 있는 이유를 설명했다. 주된 이유는, 관리인의 신호와 경고에 따르지 않는 관광객이 많다는 거였다. 이들은 그랜드 캐니언을 놀이공원 정도로 생각하고는 여러 가지 위험 요소나 그에 대한 경고는 그저 흥을 돋우기 위해 꾸며 낸 걸로 여긴다는 것이다.

전 국민이 오락에 집착하면서 치르는 또 하나의 대가는, 교육이나 뉴스 보급, 정치적 논쟁 혹은 분별 있는 공공 생활 같은 진지한 활동들까지 우리를 즐겁게 해줘야 한다는 요구 조건에 따라 그 형태가 결정되고, 시간이 단축되고, 경시되며, 최악의 경우 별로 중요하지 않은 것으로 취급된다는 것이다. 그래서 대학은 레저 활동 강좌를 이수하면 학점을 주고, 방송사는 뉴스를 내보낼 때 음악뿐만 아니라 유명 배우급 언론인의 미소와 함께 묶어 내보내며, 정치인들은 이 뉴스 보따리에 어울릴 만하게 자신의 메시지를 가공한다. 평론가 닐 포스트먼^{Neil Postman}은 이런 현상을 예언자의 시각에서 분석한 책에서 말하기를, "미국에서 정치 강좌에 대한 가장 궁극적인 은유는 TV 광고다"라고 했다.²⁹

어쩌면 기독교 예배까지도 일부 영향을 받았는데, 왜냐하면 예배자들이 TV를 많이 보고 또 그중 일부는 TV 예배를 많이 시청하기 때문이다. 하지만 예배는 TV라는 매체와 잘 어울리지 않는다.

이는 현악 4중주 음악이 토요일 밤 자동차 경주장의 뜨겁게 달아오른 분위기와 어울리지 않는 것과 마찬가지다. 포스트먼이 관측한 바와 같이, TV 예배를 경험하는 공간은 거룩하게 구별될 수 없다는 것이 그 이유다. TV가 놓인 바로 그 거실에서, 바로 그 TV 화면으로 우리는 시트콤도 보고 하키 게임도 보고 만화도 본다. 게다가 우리는 어떤 방송으로든 채널을 돌릴 수 있고, 채널을 돌릴 수 있다는 사실을 알고 있다. 화려함과는 거리가 먼 기도 채널을 포함해서 말이다. TV에 관한 우리의 경험 어디를 둘러보든 우리는 알 수 있다. TV는 오락 매체라는 것을. TV 예배 경험 어디를 둘러보든 우리는 알 수 있다. TV 예배 프로듀서들은 적어도 우리만큼 위의 사실을 잘 알고 있다는 것을. TV 전도 방송을 여러 시간 시청하고 난후 닐 포스트먼은 제 정신인 시청자라면 누구나 자기 눈으로 확인할 수 있는 어떤 사실을 이야기한다. TV에서는 "신앙을 역사적이고 심오하고 성결한 인간 활동으로 만드는 그 모든 것을 다 벗겨 없앤다. 거기엔 예식도, 교리도, 전통도, 신학도 없고, 무엇보다 영적 초월성에 대한 인식도 없다. TV 전도 프로그램에서는 설교자가왕이다. 하나님은 조연으로 등장한다."[30]

그러므로 TV에 빠진 예배자가 교회에 출석하거나 혹은 세속 구도자들을 교회로 인도하는 방법을 고민할 때, 이들이 원하는 건시온의 노래가 아니라 바벨론과 할리우드의 노래, 아니면 그 비슷한 무언가이다. 사람들은 TV가 키워 준 어떤 기대를 가지고 예배에 참석하고, 복음을 전하는 설교자들은 그 기대에 부응하려고 애쓴다. 그런 경우, 예배는 반짝이 정장과 댄스용 최상품 가죽 덧신

차림의 유명한 복음 전도자가 진행하는 기독교 버라이어티 쇼로 전락한다. 진행자는 쇼에 출연한 유명 인사들과 잡담을 나누고, 중년 여성들로 구성된 특별 3인조 음악단을 소개하며, 이들은 파스텔 톤 이브닝 가운 차림에 거기 어울리는 깃털 덮개를 씌운 마이크를 쥐고 노래한다. 진행자는 눈이 튀어나올 만큼 신기한 곡예나 가라테 동작을 소개할 수도 있고 직접 시범을 보이기도 한다.[31] 쇼의 각 막膜마다 사전에 시간이 다 정해져 있고, 청중의 환호도에 따라 길어질 수도 있고 짧아질 수도 있다. 사도신경 대신 예수님을 위한 하이파이브를 외친다고 생각해 보라. 설교자가 "자, '하' 해보세요! '나' 해보세요! '님' 해보세요!"라고 외치면서 찬양 시간을 시작한다고 상상해 보라.

당연히 이런 유의 예배는 역사적 기독교와는 뭔가 다른 종교라는 인상을 준다. 어떤 초신자가 그런 예배를 마치고 나서 속으로 이렇게 생각한다고 해보라. "모든 게 틀렸었어. 나는 기독교에 죄 고백이나 자기 부인, 죄에 대한 책망, 이단에 대한 염려, 예수 그리스도를 위해서라면 기꺼이 목숨까지도 내놓을 수 있는 자세 등 좀 음울한 면이 있다고 생각했는데, 그렇지 않은 게 분명해. 기독교는 탄식이나 회개 또는 하나님 앞에서 자기를 낮추고 그분의 은총을 구하는 종교가 아니야. 기독교는 교리하고는 아무 상관없고 진리를 보존하려는 몸부림하고도 아무 상관없는 종교였어. 죄악 된 자아를 죽이고 하나님의 목적을 우리의 목적으로 삼는 법을 배우는 그런 고된 훈련을 해야 하는 종교도 아니고. 그리고 그런 일에 우리가 어쩔 수 없이 실패한다거나, 우리가 다시 시작할 수 있도록 예수 그리스도께서 끊임없이 은혜를 베푸신다고 말하는 종교도 아니야. 전혀 그렇지 않아! 내 생각이 다 틀렸던 거야! 기독교 신앙은 주로 잔치와 재미 그리고 개인적인 성장과 자존감을 높이는 다섯 가지 방법에 관한 거야. 특히 오락과 관련된 신앙이지."

이런 전개를 보면, 참 신앙이 부패하는 양상은 대체로 일반 문화가 부패하는 양상과 동일한 방향으로 진행된다는 것, 그리고 뉴먼의 표현을 빌리면 우리 시대의 신앙은 "훨씬 더 미신적이고, 더 편협하며, 더 음울하고, 더 거칠게" 되어 가는 데서 혜택을 본다는 사실을 떠올리게 된다. 이런 데서 혜택을 본다는 건 이 특질들이 바람직하기 때문이 아니라 이 특질들이 우리의 피상적인 쾌활함에 대한 해독제 역할을 하기 때문이고, 이 특질들이 쇼 비즈니스 기독교의 행복한 얼굴에 드리워지는 미소를 줄여 주기 때문이다.[32]

샬롬에서 도망치다

우리는 지금까지 이야기했던 방법들을 포함해 여러 가지 방식으로 책임을 회피한다. 몇몇 방법(분류하기, 자기기만, 도덕적 주관주의나 상대주의 채택하기)은 정신적 계략의 수준에까지 이르는데, 이 계략으로 우리는 자기에게 책임이 있다는, 그리고 그 책임을 이행하지 못했다는 인식을 회피한다.[33] 이런 교활함의 단면들은 방금까지 이야기한 전문화하기, 의미 축소하기, 공모하기에서 분명히 볼 수 있다. 그 밖의 회피 양태(순응하기, 틀어박히기, 느릿느릿 가기, 도시를 떠나기, 죽기까지 즐기기)는 이웃에 대한 의무를 더욱 노골적으로 태만히 하는 태도로 요약된다. 물론 이 두 종류의 회피는 서로 연결되어 있기 때문에 대개 함께 나타난다(못 본 체하는 걸로 공모하기에서 보았다시피). 의무 이행을 방해하는 게으름과 소심함은 우리의 의무가 뭔지 알지도 못하게 하고 우리가 의무를 회피했다는 사실을 직시하지도 못하게 한다.

하지만 그런 모든 회피의 핵심에는 또 하나의, 아니 어쩌면 다른 두 가지의 회피가 자리 잡고 있다. 자기 자녀를 버리는, 혹은 자기의 무의식 안에서 영원한 탐험 여행에 나서는, 혹은 길거리에서 칼부림당하고 있는 누군가를 도우러 나가지 않고 다시 잠자리로 돌아가는 죄인은 이웃에게만 등을 돌린 게 아니라 하나님께도 등을 돌린 것이며, 어떤 면에서는 자기 자신에게도 등을 돌린 것이다. 자신의 소명을 거부함으로써 그 사람은 자기 존재의 핵을 끄집어내, 자기 자신을 무게도 실체도 없는 빈껍데기로 만든다. 영적인 면에서 이 사람은 헨리 스터브가 말하는 "춥고 황량한 밤"으로 들어가기 시작한다. 이 사람은 스스로 복음에 외인外人이 되고 예수 그리스도께 낯선 사람이 된다.

어떻게 그렇게 되는가? 우리의 이웃은 우리와 똑같이 하나님의 자녀다. 그러므로 이웃을 하찮게 여기는 것은 하나님을 하찮게 여기는 것이요 형제나 자매를 실망시키는 행동이다.[34] 우리 자신은 하나님의 자녀다. 하나님과 형제자매를 실망시키는 것은 구속의 대大드라마에서 우리의 역할을 축소시키는 것이요, 우리를 그 드라마의 중심에 묶어 두는 줄을 끊어 버리는 행동이다. 따지고 보면 복음은 예수 그리스도의 담대하심을 그린 초상이다. 그분은 예루살렘으로 가서 그 공포를 마주하기 위해 자기 "얼굴을 부싯돌같이 굳게"(사

50:7) 하신 분이요, 그곳에서 마음을 단단히 먹고 한 가지 일을 떠맡으시며 그럼으로써 자기 이웃이 해를 당하지 않도록 힘을 다하여 보호하고자 하신 분이다.

하나님의 은사 곧 생명력, 사랑, 용서, 악에 맞설 수 있는 용기, 우리가 지닌 깊이에 대한 기쁨 그리고 그리스도께서 떠맡으신 그 끔찍한 역사에서 흘러나오는 그 밖의 모든 은사는 오직 하나님과 함께하는 데서만 얻을 수 있다. 그리고 우리는 우리에 대한 하나님의 목적을 받아들이고, 비록 힘들지라도 혹은 그렇게 하는 게 애초부터 고통스러울지라도 그 목적을 완수함으로써만 하나님과 계속 동행한다. 하나님께서 고르고 고르신 그 은사를 받을 수 있는 사정거리 안에 있으려면 하나님과 동행해야 하고, 하나님께 기대야 하고, 하나님을 붙좇아야 하고, 하나님을 인식하고 느낄 수 있어야 하고, 만사를 하나님과 연관 지어야 한다. 본래 자기 본위적인 우리의 욕망에 반하여 절제된 태도와 기대하는 마음으로 하나님을 경배해야 한다.

그런데 우리는 바로 여기에서 우리의 주된 회피 양상을 볼 수 있다. 이는 우리 모두가 수백 번은 저지른 회피다. 예레미야에게 고발당하는 이스라엘 백성처럼 우리는 "하나님을 잊었다"(렘 2:32; 13:25; 18:15 참조). 한 번 시작하면 여러 달 동안 그렇게 하면서 진지하게 하나님의 말씀을 경청하지도 않고, 하나님께 초점을 맞추지도 않으며, 마음과 뜻을 다하여 우리 자신을 하나님께로 돌이키지도 않는다. 우리가 그런 태만함으로 완전하고 값비싼 사랑으로 우리를 사랑하시는 유일한 분에게 상처를 입혔다는 생각, 우리가 죄뿐만 아니라 그분께서 피 흘려 얻으신 해결책에 깊이 얽혀 있다는 생각 등 이런 생각들이 그냥 견딜 만한 것이 되어 버리고 급기야는 일상이 되어 버린다. 마침내 우리는 그런 생각조차 멀리 치워 버리고 기능적인 무신앙 상태에 빠져 버린다. 그런 상태가 되면 하나님은 우리에게 그다지 현실적인 분으로 보이지 않는다. 그래서 우리는 기도도 하지 않는다. 기도를 덜 할수록 하나님은 점점 더 현실적이지 않은 분이 되어 간다. 하나님이 점점 더 현실적이지 않은 분이 될수록 우리의 책임 의식도 무뎌져 가고, 그리하여 우리가 하나님을 소홀히 여기고 있다는 인식 또한 점점 무뎌져 간다.

여기서 손해 보는 쪽은 우리라는 것을 강조하는 게 중요하다. 손해는 하나님의 몫이지만 우리의 몫이기도 하다. 이는 단순히 우리가 하나님께 경의를 표해야 하는데 그렇게 하지 못한다는 게 아니다. 일부 현대인들의 주제넘은 가정에도 불구하고, 하나님과 함께하는 삶이란 주로 윗분에게 굴복하는 문제가 아니다. 현대인들은 그런 이미지를 몹시 싫어한다. 우리는 하나님을 신뢰하고 하나님께 순종하며 하나님께 대한 우리의 헌신을 표현해야 하지만, 이는 단순히 하나님이 우리보다 강하시기 때문이 아니고 하나님이 우리를 괴롭히셔서 복종하게 만들기 때문도 아니다. 우리가 신뢰하고 복종해야 하는 이유는 신뢰하고 복종하는 태도가 합당하기 때문이다. 사실 우리는 하나님의 선하심과 위대하심의 어떤 면을 알고 있다. 우리는 우리가 하나님에 의해 만들어졌고 구원받았다는 것을 알고 있다. 우리는 우리가 하나님의 은혜로 존재해 왔다는 것을, 중독자처럼 용서받고, 받아들여지고, 천천히 그리고 고된 과정을 통해 새로워졌다는 것을 알고 있다. 사실 우리 죄의 진짜 깊이와 고집스러움조차도 우리는 은혜의 요람 안에서만 볼 수 있다.

하나님과 우리 자신에 대한 이러한 앎이 있어야 우리 앞에 기회와 의무의 문이 활짝 열린다. 하나님을 예배하고, 하나님을 기쁘시게 하고자 하며, 실패할 때 하나님의 사하심을 구하고, 새롭게 하시는 하나님의 은혜를 받으며, 감사하는 마음에서 우리의 삶을 이용해 우정과 섬김과 도덕적 아름다움의 온전한 패턴을 짜 나가는 그런 기회와 의무 말이다.[35]

우리가 처한 상황은 이렇게 묘사할 수 있을 것이다. 아들과 딸로 완전히 성장하기 위해, 하나님의 형상으로 성숙하기 위해, 세상의 구속이라는 드라마에서 성인 역할을 할 수 있을 만큼 자라기 위해 우리는 신뢰하고 순종해야 한다고. 하나님은 우리가 '어떤 존재여야 하는가'뿐만 아니라 어느 날 우리가 '어떤 존재일 수 있는가'까지 염두에 두신다.[36] 하나님께서는 노예가 아니라 똑똑한 자녀를 원하신다. 하나님께서 우리에게 원하시는 것은 무심한 순종이 아니라 하나님께 바쳐진 자유와 창의성과 에너지다. 하나님의 은혜는 그래서 있는 것이다. 은혜는 단순히 회계 원장의 대차대조를 맞추기 위해 있는 것이 아니라 샬롬을 위한 열심과 열정이 급성장하고, 제법 힘 드는 일도 잘 해낼 수 있으며, 또 세상의 모든 고통과 모든 경이 가운데서 삶이라는 선물에 오로지 기분 좋은 감사만 드릴 수 있을 만큼 성장하도록 자극을 주기 위해서 있는 것이다.

간단히 말해, 우리는 책임 있는 존재가 되어야 한다. 하나님께서 깊이 있고 가치 있는 과제를 믿고 맡기시되 그 과제에서 뭔가

의미 있는 것을 이루어 내기를 기대할 수 있는, 우리 삶으로 뭔가 의미 있는 것을 이루어 내기를 기대할 수 있는 사람이 되어야 한다. 여기 이 세상에 그냥 있게 된 사람은 없다. 그 어떤 사람의 삶도 우연이 아니다. 우리는 세상에 존재하라고 부름받았고, 기대를 받고 있고, 능력이 구비되었고, 과제를 부여받았다. 우리에게는 기다리는 분이 있다. 우리는 선한 창조 세계의 청지기 직분을 맡으라고, 세대 간의 기쁜 주고받음으로 맥박 치는 견고하고 활기찬 가정을 창조하라고 부름받았다. 우리는 낯선 사람에게 호의를 보이고, 친구와 선생님에게 감사를 표할 것을 기대받는다. 우리는 이웃을 위해 정의를 추구하고, 어디에서든 힘을 다해 고통의 폭정에서 이웃을 건져 내라는 과제를 부여받았다. 그중에는 그리스도를 본받아 자기만의 특별한 고통을 감당하라는 부름을 받은 이도 있다.

또한 우리는 우리의 삶을 기쁨으로 받아들이고, 삶의 역설과 모난 부분을 감지하며, 뭔가 견고한 것을 이루어 내고, 그것을 아름답게 만들라는 부름을 받았다. 그런 과제를 완수하기 위해서 우리는 그 과제를 주신 바로 그 하나님에게서 정서적·영적 자금 지원을 받아야 한다. 하나님의 빛을 향해 우리의 얼굴을 돌려, 그 빛으로 다가가 그 빛으로 따뜻해지며, 그 빛에 푹 잠겨 그 빛으로 새로운 활력을 얻을 수 있어야 한다. 그리고 이어서 하나님의 큰 계획, 곧 이생의 경계 너머 내생으로까지 뻗어 있는 그 계획 안에서 우리의 역할을 찾아야 한다. 책임질 줄 아는 사람으로 산다는 건 샬롬을 세워 나가는 일에서, 하나님과 인류와 모든 창조 세계가 정의와 조화와 성취와 기쁨으로 재직조되는 일에서 자기 역할을 찾는 것이다. 책임 있는 사람으로 존재한다는 건 그렇게 자신의 역할을 발견한 다음, 하나님의 은혜로 지원을 받아 이 역할을 완수하고 거기서 기쁨을 느끼는 것이다.

이 책 첫 장에서 필자는 샬롬이 창조와 재창조를 위한 하나님의 계획이라고, 그리고 죄란 유책성 있게 샬롬을 파괴하는 거라고 말했다. 이제 이 장을 마무리하면서 그 이미지를 확장해 보자. 죄의 공격으로 우리는 샬롬을 파괴한다. 죄의 도피 작전으로 우리는 샬롬을 내팽개친다. 책임을 저버릴 때 우리는 하나님의 임재와 축복에 등을 돌리고 밖으로 나가, 우리의 모든 퇴행보다 훨씬 오래 지속될 한 가지 일에서 이탈해 자기 자신을 태만자로 만드는 더디고 지루한 과정을 시작한다. 우리는 "빛을 미워하여 빛으로 오지 아니"한다(요 3:20). 그러고는 자기가 가진 모든 것을 다 긁어모아 먼 나라로, 바깥 어둠을 향해, 자기 상실의 장소, 자기 스스로 만든 곳을 향해 길을 나선다.

맺는말

로널드 레이건 전 대통령과 그 시대를 다룬 책에서 작가 게리 윌스는 문득 이야기를 멈추고 기독교의 원죄 교리에 대해 한 마디를 한다. 윌스는 "재앙이 서로 물고 물리며 연속되는 것, 역사에서 연이어 벌어지는 일련의 참화"를 언급하면서 이렇게 말한다.

> 치명적인 상호 연관성 안에서 우리는 서로에게 인질이다. 자기 조상이 아무런 낙서도 해놓지 않은 '백지'와 같은 본성은 없다.……한때 도덕적으로 불미스러운 일을 겪은 여자를 두고 사람들은 "과거가 있다"고 교묘하게, 그러나 잔인하게 묘사한다. 원죄 교리는 말한다. 원죄라는 말의 정확한 의미상 인류에게는 "과거가 있다"고.[1]

물론 우리의 과거에 불미스러운 일만 있는 것은 아니다. 덕망 있는 사람, 문명, 이삭 줍는 사람을 배려하는 관대한 법, 호스피스, 구호 기관, 중재의 대가,[大※] 이웃이 헛간을 지을 때 품앗이를 해주는 농촌 지역의 전통도 있다. 오늘날에는 집을 찾지 못하고 헤매는 알츠하이머 환자를 자기 집으로 데려와 환대하는 멋진 광경도 경험한다. 환희에 찬 예배, 50주년 결혼기념일 그리고 산다는 게 얼마나 달콤하며 하나님은 얼마나 좋으신 분인지 너무도 강렬히 느낀 나머지 그 느낌의 순수한 약속에 근거해 이를 큰 소리로 알리고 싶은 5월의 어느 아침도 우리 시대의 경험에 포함된다. 악은 시대를 가로질러 전진하지만, 악만 아니라 선도 그렇다. 선에는 고유의 탄력이 있다. 부패는 절대로 완전히 성공하지 못한다(신성 모독자도 하나님을 인정하는 것을 보라). 창조는 죄보다 강하고 은혜는 한층 더 강하다. 창조와 은혜는 우리의 수많은 망치질을 다 받아 낸 모루anvil다.

죄 자체에 대해 말한다는 것, 창조와 은혜라는 현실과 별개로, 죄에 대해 말한다는 것은 하나님의 결의를 잊는 것이다. 하나님께서는 샬롬을 원하시며, 샬롬을 회복하기 위해서라면 어떤 대가라도 치르실 것이다. 인간의 죄가 집요하긴 하지만 하나님의 은혜만큼 집요하지는 않으며, 끈질기기로 따지면 하나님 은혜의 절반에도 못 미친다. 뜻을 관철시키기 위해 어떤 어려움도 감당해 낼 각오로 따져 봐도 인간의 죄는 역시 하나님 은혜의 절반에도 못 미친다. 더 나아가, 죄를 단독으로 논한다는 건 죄의 본질을 오해하는 것이다. 죄는 기생자, 파괴자, 망치는 자다. 죄악 된 삶은 진정한 인간의 삶을 일부는 우울하고 일부는 웃기게 묘사한 풍자화다. 우리의 반역, 결함, 어리석음에 집중하는 것, 즉 세상을 향해 "나쁜 소식하고 (좋은 소식이 있다가 아니라) 또 나쁜 소식이 있다"고 말하는 건 기독교 신앙의 중심이 우리의 죄가 아니라 우리의 구주이심을 잊는 행동이다. 은혜 없이 죄를 말하는 건 예수 그리스도의 부활, 성령의 열매, 샬롬의 소망을 과소평가하는 것이다.

하지만 죄 없이 은혜를 말하는 것도 확실히 더 나을 게 없다. 죄 없이 은혜를 말하는 건 예수 그리스도의 십자가를 하찮게 여기는 것이요, 선한 사람들이 태초 이래로 자기 자신을 포함해 죄인들을 용서하고 받아들이고 명예를 회복시키려 했던 모든 몸부림을 다 가볍게 취급하는 것이며, 그리하여 늘 보혈과 함께 우리에게 임하는 하나님의 은혜를 값싸게 만드는 것이다. 골고다에서 예수께서 살이 찢기고 고통에 몸이 뒤틀렸는데, 우리는 그런 일의 본질이 뭐라고 생각했는가? 이와 같은 현실을 정면으로 바라보지 않은 채, 우리 자신의 죄와 그 결과를 고통스럽지만 정직하게 인정하지 않은 채 은혜를 말하는 건 은혜grace를 단순히 창조라는 음악의 꾸밈음으로, 단순한 장식음grace note으로 축소시키는 것이다. 간단히 말해, 기독교회가—심지어 최근의 그 인기 있는 열린 예배에서—죄를 소홀히 취급하거나 완곡하게 표현하거나 아니면 죄의 치명적인 현실을 약화시켜 표현하는 것은 복음의 신경 조직을 칼로 자르는 것과 마찬가지다. 죄를 100퍼센트 폭로하지 않을 경우 은혜의 복음은 주제넘고, 불필요하며, 급기야 아무 흥미도 느낄 수 없는 지루한 게 되어버린다는 것이 냉정한 진실이기 때문이다.

주

들어가는 말

1. Walker Percy, *Lost in the Cosmos: The Last Self-Help Book* (New York: Farrar, Straus & Giroux, 1983), p. 71.

2. Geoffrey W. Bromiley, "Sin", in *The International Standard Bible Encyclopedia*, vol. 4, ed. Geoffrey W. Bromiley (Grand Rapids: William B. Eerdmans, 1988), p. 519.

1장 샬롬이 파괴되다

1. 그리고 필립 얀시(Philip Yancey)는 이 장면과 그 향기를 내게 일깨워 준 사람으로, 상상력이 풍부한 다작(多作)의 친구로서 모든 작가들의 친구 목록에 올라 있다.

2. Ryszard Kapuscinski, *The Emperor: Downfall of an Autocrat*, trans. William R. Brand and Katarzyna Mroczkowska-Brand (New York: Vintage Books, 1984), p. 118.

3. 예를 들어, 이사야 2:2-4; 11:1-9; 32:14-20; 42:1-12; 60장; 65:17-25, 요엘 2:24-29; 3:17-18을 보라.

4. Irenaeus, *Against Heresies*, 5.33.3에 나오는 다음 말을 참조하라. "그날이 올 것이다. 포도나무가 자라 저마다 큰 가지가 만 개씩 뻗어 나가고, 큰 가지마다 만 개의 잔가지가 뻗어 나가고, 또 그 잔가지마다 만 개의 새순이 돋고, 그 새순마다 만 개의 포도송이가 달리며, 그 포도송이마다 만 개의 포도알이 달리고, 그 포도알이 압착되어 천 리터의 포도주가 빚어지는 날이. 한 성도가 포도 한 송이를 따려고 하면 다른 포도송이가 외치리. '내가 더 실해요. 나를 취하세요. 나로 말미암아 주께 감사하세요.'"(in *The Ante-Nicene Fathers*, vol. 1, ed. Alexander Roberts and James Donaldson [Buffalo: Christian Literature, 1885], p. 563).

5. Nicholas Wolterstorff, *Until Justice and Peace Embrace* (Grand Rapids: William B. Eerdmans, 1983), pp. 69-72를 보라. (『정의와 평화가 입맞출 때까지』 IVP)

6. Richard J. Mouw, *When the Kings Come Marching In: Isaiah and the New Jerusalem* (Grand Rapids: William B. Eerdmans, 1983), pp. 19-20을 보라.

7. 예를 들어, 출애굽기 32장의 금송아지 우상이 배신으로 여겨지는 것은 이 행위가 출애굽기 24:1-8의 언약적 맹세를 어기는 것이기 때문이다.

8. 예루살렘 성경은 3, 4절을 아마도 일부러 모호하게 번역하여, 시인이 고백하는 죄가 누구에게 지은 죄인지 그 대상을 불분명하게 남겨 놓는다. "내가 내 죄를, 다름 아닌 당신에게 범죄했음을 늘 생각하오니." 시편 기자는 주로 하나님께 범죄했다고 생각하는 것일까, 아니면 하나님께만 범죄했다고 생각하는 것일까?

9. 필자는 '행위'(acts)라는 단어를 생각하기·말하기·욕망하기뿐만 아니라 생각 및 말과 구별되는 '행동'(deeds)을 포괄하는 말로 사용했다. 예를 들어 공동기도서의 총고해 (general confession)에서처럼 말이다. "제가 생각과 말과 행동에서 범죄했나이다."

10. 여기서 제시한 정의는 존재론적 정의와 반대되는 규범론적 정의다. 즉, 이 정의는 죄 자체가 사실상 무엇인지보다는 어떤 행위가 죄로 간주되는지를 말해 준다. 다시 말해, 이 정의는 무엇이 죄 된 것인지(sinful)를 말해 줄 뿐 무엇이 죄(sin)인지는 말해 주지 않는다. 죄를 하나님의 율법을 범하는 것으로 설명한다 해도 역시 마찬가지다. 이는 죄의 존재를 좀 더 전형적으로, 좀 더 직접적으로 시험하는 정의다. 또한 죄를 중대하게 샬롬을 파괴하는 것으로 설명한다 해도 마찬가지다. 이 문제를 해결하려면— 이것을 만약 문제라고 한다면—죄를, 이를테면 인간 안에 있는 힘, 곧 인간의 생각·말·행동을 오염시키는 효과(규범론적으로 드러나는 효과를 포함해)를 낳아, 하나님을 불쾌하게 하고 그 행위자를 유죄자로 만드는 그런 힘으로 정의할 수 있을 것이다. 그러면 우리의 공격과 침입 행위뿐만 아니라 태만과 무관심의 행위 이면에도 역설적으로 이 힘이 자리 잡고 있다고 규정하게 된다.

11. 하나님께서 죄를 미워하시고 배격하시는 다른 이유가 있을 수 있음을 부인하는 것은 아니다.

12. 물론 나는 그 피조물의 종류와 나이로 볼 때 정상적인 범주에 드는 지적·물리적 한계는(예를 들어, 사람은 컴퓨터나 서러브레드 종 말처럼 빠르지 않다) 샬롬을 훼손하지도, 악으로 간주되지도 않는다고 생각한다.

13. 헨리 스터브는 수십 년 동안 이런 유형의 저녁 식사 시나리오를 이용해 칼빈 칼리지와 칼빈 신학대학원 학생들의 윤리적 재치를 테스트했다. 테스트 내용에서 세월이 흐르는 동안 달라진 건 점 요리 재료뿐이다. 그것도 대개는 더 형편없는 재료로.

14. 자연주의와 진화론은 양립 불가능하다는 막연한 느낌, 즉 진화론 자체가 사실 자연

주의자에게 자연주의를 거부해야 할 결정적인 이유를 제공한다는 이 의심이 C. S. 루이스나 그 밖의 사람들에게서 어떻게 정교하게 전개되어 왔는지를 알려면 Alvin Plantinga, *Warrant and Proper Function* (New York: Oxford University Press, 1993), pp. 216-37을 보라.

15. Bertrand Russell, "A Free Man's Worship", in *Why I Am Not a Christian* (New York: Simon & Schuster, 1957), p. 107. (『나는 왜 기독교인이 아닌가』 사회평론) 이 인용문이 포함된 단락은 20세기의 가장 유려한 자연주의적 무신론 선언문 중 하나로 손꼽힌다.

16. "하나님의 진노가 불의로 진리를 막는 사람들의 모든 경건하지 않음과 불의에 대하여 하늘로부터 나타나나니 이는 하나님을 알 만한 것이 그들 속에 보임이라. 하나님께서 이를 그들에게 보이셨느니라"(롬 1:18-19).

17. 단호하고 지적으로 이 구절과 병행하는 이 시대 이론에 대해서는 Alan Donagan, *The Theory of Morality* (Chicago: University of Chicago, 1977), 특히 1, 2, 7장을 보라.

18. 죄와 도덕적 비행과의 관계는 점점 더 고급 문학의 관심을 끌어 왔다. 예를 들어, *Religious Studies 20* (1984)에 실린 논쟁에서 Basil Mitchell, "How is the Concept of Sin Related to the Concept of Moral Wrongdoing?", pp. 165-73; Ingolf Dalferth, 같은 제목, pp. 175-89 그리고 David Attfield, "The Morality of Sins", pp. 227-37을 보라. 또한 Marilyn McCord Adams, "Problems of Evil: More Advice to Christian Philosophers", *Faith and Philosophy 5* (1988), pp. 121-43과 "Theodicy without Blame", *Philosophical Topics 16* (1988), pp. 215-45도 보라. 확실해 보이는 것은, 유책성 있는 도덕적 비행은 다 죄이지만 모든 비행이 다 유책성이 있지는 않다는 것이다(어린아이나 정신적으로 결함 있는 사람이나 정신 장애인이 저지르는 잘못, 혹은 도덕적으로 잘못된 행위가 외부의 영향력에 의해 결정되는 경우에서처럼). 죄 중에 도덕적으로 잘못인 죄는 얼마나 되며, 특히 우리가 어떤 기준을 가지고 이런 판단을 하는지에 관한 문제는 비교적 확실하지가 않다.

19. AIDS가 창궐하는 시대에는 이런 신학적 구별 작업이 목회적·정서적·영적 차원의 긴박감을 감당해야 하는데, 그런 작업을 생각하기가 쉽지 않다.

20. 이 사례들은 Richard Lederer, *Anguished English* (New York: Laurel, 1989), pp. 66, 88에서 빌려 왔다. 죄와 어리석음의 관계를 어떻게 다루어야 하는지 좀 더 확장된 논의를 보려면 7장 이하를 보라.

21. 이 부분은 로버트 로버츠에게 신세를 졌다.

22. 더 중한 죄와 덜 중한 죄를 구별하는 것은 가톨릭은 물론 개신교를 포함한 대다수 기독교 진영의 표준이다. 제2스위스 신앙고백서(Second Helvetic Confession) 8장을 생각해 보라. "우리는……죄가 동일하지는 않음을 고백한다. 비록 타락과 불신앙이라는 동일한 원천에서 생겨 나오긴 하지만, 어떤 죄는 다른 죄보다 더 심각하다. 주님께서 말씀하셨다시피, 복음의 말씀을 거부하는 도성보다는 소돔이 더 견딜 만할 것이다(마 10:15, 11:20-24)."

23. 이 믿음의 근거는 예수님의 산상 설교다. "또 간음하지 말라 하였다는 것을 너희가 들었으나 나는 너희에게 이르노니 음욕을 품고 여자를 보는 자마다 마음에 이미 간음하였느니라"(마 5:27-28).

24. 하지만 마음속에서 행하는 간음도 교묘하고, 점진적이며, 예측할 수 없는 방식으로 본인에게 피해를 끼친다. 그리고 그 피해가 파문을 일으켜 다른 이에게 영향을 끼친다. 그래서 마음속에서 벌어지는 간음과 실제 모텔 방에서 벌어지는 간음 중 어느 쪽이 더 무거운 죄인지 그 궁극적인 대차대조는 우리가 생각하는 것 이상으로 막상막하일 수도 있다.

25. Robert Merrihew Adams, "Involuntary Sins", *Philosophical Review* 94 (1985), pp. 3-31을 보라.

26. 애덤스의 말에 따르면, 자발적인 제어에는 적어도 다음 중 한 가지가 포함된다고 한다. 1) 뭔가를 행하려고(혹은 가지려고) 시도한다. 2) 진심으로 그것을 행할 의도가 있다. 3) 그것을 행하는 쪽을 선택한다("Involuntary Sins", pp. 8-9).

27. 『하나님의 도성』 14.15-16에서 아우구스티누스는 인간의 의지박약, 특히 다양한 형태의 리비도(libido)를 다스리지 못하는 데서 드러난 의지박약은 시적(詩的) 정의라고 말한다. 우리의 삶 한가운데 있는 불순종은 하나님께 대한 우리의 불순종을 반영한다. 아우구스티누스는 남성의 발기가 이제는 임의대로 이루어지지 않는다는 게 이에 대한 한 가지 극적인 예라고 조심스럽게 제안한다. 팽창과 이완(대개는 원하지 않는) 두 가지 모두 행위라기보다는 사건이라는 것이다. 영혼이 분열되되, 발기 부전이 자녀를 가지려고 열심히 노력하는 경건한 남자를 괴롭힐 뿐만 아니라 음탕한 난봉꾼에게도 귀신처럼 들러붙어 나쁜 짓까지 하게 만들 정도라는 것이다. Garry F. Wills, *Under God: Religion and American Politics* (New York: Simon & Schuster, 1990), pp. 282-83도 보라.

28. 이 이야기를 1950년대 판으로 각색한 작품으로 Melton A. McLaurin, *Separate Pasts: Growing Up White in the Segregated South* (Athens, Ga.: University of Georgia

Press, 1987)을 보라. 이 이야기에서 맥로린은 자신이 그때까지 배워 온 인종 차별주의라는 거짓말에 노출된 삶을 사는 흑인 친구들의 사례를 이용해 뿌리 깊은 인종 차별주의 환경에서 헤어났다.

29. 내가 가정하는 건 양립할 수 없음(incompatibilism)이 사실이라는 점이다. 즉, 어떤 행위(이 경우에는 어떤 악한 사고방식을 습득하는 것)와 관련해 행위자의 자유 그리고 이어서 행위자의 도덕적 책임은 그 행위가 행위자 아닌 다른 원인에 의해 결정된다는 사실과 양립될 수 없다는 말이다. 본의 아닌 죄와 유책성과의 관계, 양립 가능론과 양립 불가론이 본의 아닌 죄 이론에 끼치는 영향에 대해서는 Robert Merrihew Adams, "Involuntary Sins", pp. 28-31을 보라.

30. Robert C. Roberts, *Taking the Word to Heart* (Grand Rapids: William B. Eerdmans, 1993), p. 301을 보라.

31. 선례를 따라서, 이제 이어질 장에서는 죄로서의 도덕적·영적 악에 대해 말할 때 그 행위에 대한 행위자의 유책성 정도를 따로 묻지 않겠다. 대개 그런 식으로 이야기를 전개하겠지만, 항상 그렇지는 않을 것이다. 본의 아닌 죄의 사례에서 방금 봤다시피 때로 유책성 문제가 손을 들고 주목을 요구할 때도 있다. 이런 경우는 중독 문제나 특정한 사회적 맥락에서 불가피하게 보이는 도덕적인 악에 관한 문제에서도 또 보게 될 것이다.

32. Paul Ricoeur, "'Original Sin': A Study in Meaning", in *The Conflict of Interpretations* (Evanston, Ill.: Northwestern University Press, 1974), p. 284를 보라.

33. 아우구스티누스와 칼뱅주의 전통에서 주장하는 것처럼 우리가 원죄에 대해 유책이라면(하이델베르크 교리문답 제7문답과 제10문답은 우리가 잉태되었을 때부터 타락한 죄인이라고 말한다), 그리고 하나님께서 "우리가 인격적으로 짓는 죄뿐만 아니라 태어날 때부터 지니고 있는 죄에 크게 진노"하신다면, 우리에게는 과실이 있되 그 말이 자범죄와 관련해 통상 쓰일 때와는 조금 다른 의미에서 과실이 있다. 아우구스티누스와 칼뱅주의 전통에 따를 때 주된 차이점은—우리가 아담 안에 정액으로 존재했기 때문이든, 혹은 하나님께서 아담을 우리 "언약의 머리"로 정하셨기 때문이든—우리 인간은 태어나기도 전부터 스스로 죄책을 떠안는다는 것이다. 그리고 사람은 두 번째 본성에 의해 누구나 다 죄인이다. 그러므로 종교개혁의 주장인즉 우리는 죄를 짓기 때문에 죄인일 뿐만 아니라 죄인이기 때문에 죄를 짓기도 한다는 것이다.

2장 영적 청결과 부패

1. Thomas Kessner, *Fiorello H. La Guardia and the Making of Modern New York* (New York: McGraw-Hill, 1989), pp. 209-10, 236-37을 보라.

2. Athanasius, *On the Incarnation of the Word* 5.3.

3. 창세기는 하나님께서 무(無)에서 시작하셨는지의 여부를 명시적으로 말하지 않는다. 무로부터의 창조(creatio ex nihilo) 교리는 히브리서 11:3과 외경 마카베오하 7:28 같은 본문에서 더 그럴듯한 근거를 찾을 수 있다.

4. David J. A. Clines, *The Theme of the Pentateuch*, Journal for the Study of the Old Testament, Supplement Series 10, ed. David J. A. Clines, Philip R. Davies, and David M. Gunn (Sheffield: University of Sheffield, 1978), p. 75. 애굽에 내려진 재앙도 창조와 창조 질서에 대한 이와 비슷한 위협이요, 극도의 혼돈 및 자연의 한계가 초자연적으로 위반되는 것을 보여주는 유사한 위협이라고 할 수 있는데, 이를 풍성히 해석하는 글로는 Terrence E. Fretheim, *Exodus* (Louisville: John Knox, 1990), pp. 108-11을 보라.

5. 부패시키기, 벗기기, 빼앗기 개념이 신학적으로 서로 연결된다는 사실은 '스폴리오'(spolio: 벗기다)와 '코룸포'(corrumpo: 그르치다, 오염시키다, 무너뜨리다 혹은 망치다) 이 두 단어의 주된 의미로도 암시되고, 창세기 3:21-22를 둘러싼 교부들과 중세 전승에 의해서도 암시된다. 이 전승에 따르면, 아담과 하와는 자신들의 영혼이 헐벗은 것을 깨닫고 이를 부끄러워한다. 이들은 형이상학적인 추위를 겪고 있어서, 손수 지어 입은 보잘것없는 옷은 그 추위에서 이들을 제대로 보호해 주지 못한다. 이때 하나님께서 이제 막 타락한 이 인간들에게 지어 입히신 가죽옷은 짐승이 생명을 잃었음을(즉, 필멸성을) 나타내며, 이는 짐승의 희생제사 의례를 시연(試演)한 것이요, 그 필멸성이 인간에게 옮겨졌음을 암시하며, 22절에서 인간은 생명나무 열매를 따 먹고 영생하는 일이 없도록 그 새 가죽옷에 감싸인 채 동산 밖으로 호송된다. 따라서 이 가죽은 부패―죽은 짐승만 가죽이 벗기므로―와 은혜 두 가지 모두를 상징한다. 짐승의 필멸성이 인간에게 옮겨짐으로 인간의 죄성이 기하급수적으로 증가하는 데 한계가 생기고, 이 필멸성을 상징하는 가죽은 다시 추위에 떠는 인간을 따뜻하게 해준다.

6. Van Paassen, *That Day Alone* (New York: Dial Press, 1941), p. 311.

7. Augustinus, *De peccat. merit.* 2.22: "우리 지체 안에 거하는 이른바 '죄'는 이런 면에서, 즉 죄에 대한 징벌이 된다는 점에서 죄다." Cf. *Ennar. in Ps.* [7]: "하나님께서 죄를 어떻게 정하시느냐 하면, 사람이 범죄할 때 그에게 기쁨이 되는 것들을 그를 징벌

하시는 수단이 되게 하신다"(이 부분은 마크 윌리엄스[Mark F. Williams]의 글을 참고했고, 번역도 그가 옮긴 그대로 가져왔다).

8. 예를 들어 일치신조 1항 11조 (neg.), 제2스위스 신앙고백서 8항, 벨직 신앙고백서 15 항을 보라.

9. 아우구스티누스는 반(反)펠라기우스 입장의 책자들(예를 들어 '죄 사함과 세례에 관하여') 에서, 사람은 모방에 의해서가 아니라 전달에 의해 부패성을 갖게 된다고 주장하여 이 문제에 관한 주요 논쟁에서 자기 입장을 분명히 밝힌다(1.15). 주요 개혁자들은 아 우구스티누스가 죄는 전달된다고 단언했다는 것을 알았고, 그의 입장을 되살렸다. 예 를 들어, 칼뱅은 죄로 향하는 성향은 그 자체가 죄라고 주장했다(『기독교강요』 2.1.8).

10. 디도서 1:13, 2:8을 보라. 칠십인역 성경은 샬롬이라는 말을 번역할 때 흔히 이와 어 원이 같은 단어 '히지아이누'(hygiainoo)를 쓴다. 이 책에서 필자는 대체로 1장에서처 럼 사회적이고 우주적인 온전함과 관련해서는 '샬롬'이라는 말을 쓰고, 개인적인 온 전함과 관련해서는 '청결'이라는 말을 쓸 것이다.

11. Robert C. Roberts, *Spirituality and Human Emotion* (Grand Rapids: William B. Eerdmans, 1982), p. 93을 보라.

12. 좀 더 구체적으로 말해, "도덕적인 노력은 영적 성장에 꼭 필요한 부분이기도 하 고……자포자기의 토양이 되어 각 개인으로 하여금 예수 그리스도의 은혜에 민감해 지게 만들기도 한다"(위의 책, p. 56).

13. Edward A. Dowey Jr., *A Commentary on the Confession of 1967 and an Introduction to "The Book of Confessions"* (Philadelphia: Westminster Press, 1968), p. 246.

14. 추기경 존 헨리 뉴먼에 따르면, 천국은 만인을 위해 있지 않다. 천국은 후천적으로 습득하는 하나의 미각이며, 우리의 미뢰(味蕾)가 악어 등짝과 닮아 있을 때는 이 미각 을 얻기 힘들다. 거룩하지 못한 사람은 천국에서 불안하고 불행할 것이다("Holiness Necessary for Future Blessedness", in Newman's *Sermons and Discourses, 1825-39*, ed. Charles Frederick Harrold [New York: Longmans, Green, 1949], p. 24). C. S. 루이스는 *The Great Divorce* (New York: Macmillan, 1946)에서 특유의 강력한 상상력으로 이 주제를 전 개한다. (『천국과 지옥의 이혼』홍성사) 로버트 로버츠도 자신의 저서 *Spirituality and Human Emotion* 전체를 통해, 특히 pp. 87-90에서 이 문제를 아주 정교하게 논한다.

15. C. S. Lewis, *Mere Christianity*, paperback ed. (New York: Macmillan, 1960), p. 190. (『순전한 기독교』홍성사)

3장 전도, 오염, 붕괴

1. 이 내용은 헨리 바우마(Henry Bouma)의 미출간 원고 "Solving Crime without Seeking Justice" (1990)에서 가져왔다. 이 문제에 대해서는 제임스 페닝(James Penning)에게서도 추가적인 도움을 받았다.

2. Augustinus, *The City of God* 14.15, 16, 19, 28을 보라. (『하나님의 도성』 크리스천다이제스트) 기독교 신학자들은 헬라어 '에피투미아'(epithumia)를 번역할 때 '강한 욕망'(concupiscence)이라는 말을 오랫동안 썼는데, 이는 일반적으로 무질서한 갈망과 관련해 쓰이는 말이다. 고전 라틴어에서 '콘쿠피스켄티아'(concupiscentia)는 특별히 잘못되었거나 성적인 의미를 함축하지 않았음에도 기독교 신학자들은(이 점에서는 아우구스티누스가 그중 두드러진다) 오랫동안 이 말을 고의성 없는 욕구(타락 후 이제 더는 의지의 지배를 받지 않는 욕구), 특히 그 욕구의 고전적 형태인 정욕을 뜻하는 말로 썼다. 예를 들어, 아우구스티누스가 『하나님의 도성』 13.13, 15.7에서 concupiscence를 바울이 말하는 '사르크스'(sarx) 혹은 '육체'(flesh, 다의적인 듯한 용어)와 똑같은 의미로 여기는 것을 보라.

3. *Solzhenitsyn at Harvard: The Address, Twelve Early Responses, and Six Later Reflections*, ed. Ronald Berman (Washington: Ethics and Public Policy Center, 1980), p. 25를 보라.

4. John Massengale and James Frey, "American School Sports", *Journal of Physical Education, Recreation and Dance* 59 (August 1988), p. 43.

5. Benvenuto Cellini, *The Life of Benvenuto Cellini*, trans. John Addington Symonds (New York: Scribner's, 1926), p. 73.

6. 개혁주의 전통의 어떤 신학자들은 오염이라는 말을 부패의 주된 개념이자 이미지로 사용한다. 그렇게 함으로써 이 신학자들은 종교개혁의 신앙고백 문서 특유의 수사적인 표현(이 책 68쪽을 보라)을 이해하고 이를 상세히 다듬어 낸다. 예를 들어 Herman Bavinck, *Our Reasonable Faith*, trans. Henry Zylstra (Grand Rapids: Baker Book House, 1956), p. 243(『개혁교의학 개요』 크리스천다이제스트); Charles Hodge, *Systematic Theology*, 3 vols. (New York: Charles Scribner, 1874), 2:230(『찰스 하지 조직신학 1, 2』 크리스천다이제스트) 그리고 Louis Berkhof, *Systematic Theology*, 4th ed. (Grand Rapids: William B. Eerdmans, 1941), p. 246(『벌코프 조직신학』 크리스천다이제스트)을 보라. 벌코프가 그러하듯, 오염이라는 말을 타락을 뜻하는 주요 개념으로 사용하는 신학자들은 이 말에 '전적 타락'(total depravity, 즉 죄가 인간 삶의 모든 차원에 스며들어 있다는 사실)뿐만 아니라 '전적 무능력'(total inability, 즉 거듭나지 못한 죄인은 자기의 의식을 손상시키되

샬롬이나 샬롬을 계획하시는 하나님을 알거나 사랑할 수 없을 정도로 손상시킨다는 사실)까지 포함시키려고 한다.

7. Mary Douglas, *Purity and Danger: An Analysis of the Concepts of Pollution and Taboo* (New York: Praeger, 1970), p. 51과 Gordon Wenham, *The Book of Leviticus*, New International Commentary on the Old Testament (Grand Rapids: William B. Eerdmans, 1979), pp. 23-32(『NICOT 레위기』 부흥과개혁사)를 보라.

8. 성경 기자들은 야훼와 경쟁하는 상대들의 진기함과 새로움을 강조한다. 신명기 32:17에서 보다시피 이 경쟁자는 미지의 존재들이다. 이들은 근래에 들어온 신출내기 신(神)들이었다.

9. George S. Hendry, "Is Sin Obsolescent?" *Princeton Seminary Bulletin* 6 (1985), p. 260.

10. 예를 들어 시편 24:4를 보면, 마음이 청결한 자는 우상 숭배하지 않는 자로서("뜻을 허탄한 데에 두지 아니하며") 이 특성은 마태복음 5:8에서도 그대로 되울린다("마음이 청결한 자는 복이 있나니 그들이 하나님을 볼 것임이요"). 특히 야고보서 4:8은 이렇게 말한다. "죄인들아, 손을 깨끗이 하라. 두 마음을 품은 자들아, 마음을 성결하게 하라." 오늘날 이 주제에 대해 사려 깊은 통찰을 보여주는 글로는 Clifford Williams, *Singleness of Heart: Restoring the Divided Soul* (Grand Rapids: William B. Eerdmans, 1994)가 있다.

11. Sylvia Fraser, *My Father's House: A Memoir of Incest and Healing* (New York: Ticknor & Fields, 1988), p. 239.

12. John Henry Cardinal Newman, "Secret Faults", in his *Sermons and Discourses, 1825-39*, p. 5.

13. Robert C. Roberts, *The Strengths of a Christian*, Spirituality and the Christian Life series, vol. 2, ed. Richard H. Bell (Philadelphia: Westminster Press, 1984), p. 27.

14. 부패 개념은 구약에 나타난 죄와 죽음을 '아바드'('abad)와 같은 단어를 써서 연결시키는데, 이 '아바드'는 (전도서 7:7에서처럼) 흔히 '부패시키다'로 번역되지만(개역개정에서는 '망하게 하다'로 번역되었다—옮긴이) 이 단어는 '죽음을 초래하다'라는 의미이기도 하다. 신약성경의 '프테이루'(phtheiroo)도 똑같다. 성경에서 죄의 삯을 표현하기 위해 죽음의 이미지를 어떻게 사용하는지를(예를 들어 이사야 1:20, 30에서는 '삼켜지다', '마른'으로 표현된다), 그리고 로마서 6:23에서 "죄의 삯은 사망이요"라고 명시적으로 선언하는 것을 생각해 보라. 『하나님의 도성』 13.1-15를 참조하라. 특히 15장에서

아우구스티누스는 영혼의 죽음이란 하나님에게 버림받는 것으로 이루어진다고 말한다.

15. Athanasius, *On the Incarnation of the Word* 4.5. 아우구스티누스의 『하나님의 도성』 13권도 보라. 13권은 처음부터 끝까지 이런저런 식으로 부패, 무(無), 죽음의 상관관계를 말한다. 더 나아가, 아우구스티누스는 사람이 하나님을 위해 살지 않고 자기 자신을 위해 사는 것은 "무(無)에게 다가가는 것과 다름없다"고 말한다(14.13). 그를 뒤이어 C. S. 루이스는 *The Great Divorce*에서, 선이란 존재의 충만, 악을 상실하는 것을 의미한다고 주장한다. (『천국과 지옥의 이혼』 홍성사) 루이스는 천국과 천국의 거민은 지극히 풍성한 실체로, 지옥과 그 거민은 거의 알아볼 수 없을 정도로 미미한 존재로 묘사한다. "왜냐하면 저주받은 영혼은 거의 아무것도 아니기 때문이다"(p. 123). 따라서 저주받은 한 여인, 그 불평꾼은 그 존재가 점점 흐릿해져 간다. 마침내 여인은 불평꾼에서 그냥 하나의 투덜대는 소리로 존재가 희미해져서 "기계처럼 영원히 돌아간다"(p. 75).

16. Athanasius, *Against the Heathen* 5.2를 보라.

17. George Cadwalader, *Castaways* (Post Mills, Vt.: Chelsea Green, 1988)를 보라.

18. Joyce Johnson, *What Lisa Knew: The Truths and Lies of the Steinberg Case* (New York: G. P. Putnam's, 1990), p. 40.

19. Garry F. Wills, *Under God: Religion and American Politics*, p. 294.

20. Titus Livius, *History of Rome* 1.1. 잠언 8:35-36을 참조하라. "대저 나[지혜]를 얻는 자는 생명을 얻고 여호와께 은총을 얻을 것임이니라. 그러나 나를 잃는 자는 자기의 영혼을 해하는 자라. 나를 미워하는 자는 사망을 사랑하느니라."

4장 부패의 진전

1. The General Council of Trent, fifth session.

2. 실제로 죄는 활력과 점진성 면에서 덕행을 능가할 수 있다. 학개 2:11-13에서 시사하듯이, 어떤 것을 오염시키는 것이 오염을 제거하는 것보다 훨씬 더 쉽다. 수면에 기름을 퍼뜨리는 것이 그 기름을 깨끗이 치우는 것보다 훨씬 더 쉽다.

3. The Second Helvetic Confession, 8. 이 부분은 마태복음 12:33-35를 빗댄 것이다(마 7:17-18 참조). 예레미야 17:9도 보라("만물보다 거짓되고 심히 부패한 것은 마음이라"). 이 구절은 시편 1:3 등에서 낯익은 이미지를 바로 뒤따르고 있다. 그것은 "물가에 심겨

강변에 뿌리를 뻗친 나무"와 같은 어떤 사람의 이미지다. 시편 기자는 이 이미지를 사용해 선의 뿌리 깊음과 풍성함을 보여주며, 예레미야는 이 이미지를 사용해 악의 뿌리 깊음과 생식력을 보여준다.

4. Augustinus, *The City of God* 13.14. (『하나님의 도성』크리스천다이제스트)

5. 알코올 중독도 그냥 간단하게 악으로 보고 있다. 이 책 8장에서 필자는 알코올 중독과 그 외 중독이 죄로 불릴 수 있는지에 대해 문제를 제기한다.

6. Ivan Boszormenyi-Nagy, *Foundations of Contextual Therapy: Collected Papers of Ivan Boszormenyi-Nagy* (New York: Brunner-Mazel, 1987). 필자의 설명은 나지를 소개하는 글에 바탕을 두고 있는데, 이에 대해서는 Robert C. Roberts, *Taking the Word to Heart*, pp. 81-105를 보라.

7. Robert C. Roberts, *Taking the Word to Heart*, pp. 99-103.

8. 위의 책, pp. 86-87.

9. Linda Gordon, *Heroes of Their Own Lives: The Politics and History of Family Violence-Boston, 1880-1960* (New York: Viking, 1988), p. 5를 보라.

10. 위의 책, p. 5.

11. Thomas Friedman, *From Beirut to Jerusalem* (New York: Farrar, Strauss & Giroux, 1989), pp. 143-44. (『베이루트에서 예루살렘까지』21세기북스)

12. 위의 책, p. 144.

13. Gary M. Burge, "Does History Not Echo?" *Reformed Journal* 40 (November 1990), p. 4.

14. James Burtchaell, *The Giving and Taking of Life: Essays Ethical* (Notre Dame, Ind.: University of Notre Dame, 1989), p. 219.

15. 위의 책, p. 220.

16. 위의 책, p. 223.

17. 위의 책, p. 221. William F. May, "Terrorism as Strategy and Ecstasy", *Social Research* (Summer 1974), p. 277-98도 보라.

18. Reinhold Niebuhr, *The Nature and Destiny of Man: A Christian Interpretation*, 2 vols. (New York: Scribner's, 1964), 1:182. (『인간의 본성과 운명 1, 2』종문화사)

19. 위의 책, 1:183-86.

20. Jean Bethke Elshtain, "The Newtape File Ⅱ", *First Things*, April 1993, p. 12를 보라.

21. Augustinus, *The City of God* 14.13. (『하나님의 도성』크리스천다이제스트) 성경 기자들과 마찬가지로 아우구스티누스도 마음을 단순히 감정이나 욕구가 자리하는 곳이 아

니라 인간의 지배 중추로도 생각한다. 자기의 중심에, 핵심에 있는 인간은 그의 근본적인 지향성 가운데 있는 것으로 여겨진다. 마음에서 "생명의 근원이" 난다(잠 4:23). 그래서 성경에서 온전한 상태는 곧 청결한 마음이다(마 5:8). 온전함이 결여된 마음은 "전도된", "만물보다 거짓"된(렘 17:9) 마음이다. 따라서 바울이 우리의 새로운 능력과 사랑과 온전함의 근원을 설명하고자 할 때, 그는 예수 그리스도께서 인간의 생명의 지배 중추에 거처를 정하셨다고 말한다. "그리스도께서 너희 마음에" 계신다(엡 3:17). 그러므로 우리 마음의 지향성에 따라, "마음은 마음이 원하는 걸 원한다"라는 사실은 우리의 수치일 수도 있고 우리의 구원일 수도 있다.

22. Jack Beatty, "A Call to Order: Reflections on the Rhetoric of Evasion", *Atlantic Monthly*, August 1993, p. 18.

23. 이 책 1장에서 죄를 어떻게 정의했는지 기억해 보라. 죄란 어떤 행위자가 있는 악으로서, 이에 대해서는 어떤 사람 혹은 집단이 책임을 져야 한다.

24. William Muehl, *Why Preach? Why Listen?* (Philadelphia: Fortress Press, 1986), p. 65.

25. 심고 거둔다는 이 이야기는 Joseph C. Aldrich에게 일부 신세를 졌다.

26. David F. Wells, *No Place for Truth; or, Whatever Happened to Evangelical Theology?* (Grand Rapids: William B. Eerdmans, 1993), p. 167. (『신학 실종』 부흥과개혁사)

27. 조지 윌(George F. Will)은 매우 혹독한 어조의 한 칼럼에서 "미국이 시궁창으로 빠져드는 현상은 칭찬 때문에 가속화된다"라고 했다. 차마 들어 줄 수 없는 랩 가사, 여성에게 상처를 주고 여성을 욕보이면서 의기양양한 그런 노래가 이 나라에서 가장 명성 높은 신문 편집자들에게서 옹호된다. 래퍼들은 찢고 빨고 토하는 행위를 찬양하는가? 이들은 그런 찬양 의식(儀式)을 묶고 포장해서 청소년들에게 판매하는가? "걱정할 것 없다고 뉴욕 타임즈 사설에서는 말한다. '음악의 역사는 혁신의 역사다. 거칠고 난폭한 표현도 상호 작용과 적응을 거쳐 결국 주류가 되었다.'" 질 벽을 찢는 게 연예계의 "주류"가 되면 "이 나라는 흥미로운 나라가 될 것"이라고 윌은 말한다. George F. Will, "America's Slide into the Sewer", *Newsweek*, 30 July 1990, p. 64.

28. Rick Telander, "Something Must Be Done", *Sports Illustrated*, 2 October 1989, p. 102를 보라.

29. Lewis B. Smedes, *A Pretty Good Person* (San Francisco: Harper & Row, 1990), p. 2를 보라. "아주 선량한 사람들도 자기의 연약한 기질 안에 있는 뭔가 거칠기도 하고 뭔가 온건하기도 한 부패한 모습을 그냥 조마조마하며 참아 낸다."

30. M. Scott Peck, *People of the Lie: The Hope for Healing Human Evil* (New York: Simon

& Schuster, 1983), p. 64. (『거짓의 사람들』 비전과 리더십)

31. Hendrikus Berkhof, *Christian Faith: An Introduction to the Study of the Faith*, trans. Sierd Woudstra (Grand Rapids: William B. Eerdmans, 1979), p. 188.

32. G. C. Berkouwer는 *Sin*, trans. Philip C. Holtrop (Grand Rapids: William B. Eerdmans, 1971), pp. 11-148에서 이런 일련의 회피 양상을 다루면서 이 전통을 요약하고 부연 설명한다.

33. G. C. Berkouwer는 하나님의 거룩하심을 일컬어 "성경의 선험적 추론"(the biblical a priori, *Sin*, pp. 27-66)이라고 하며, 요한일서 1:5를 그에 대한 "표제 구절"(superscription, p. 32)로 설명한다.

34. 이는 절대 부자연스런 과제가 아니며, 반드시 힘든 일만도 아니다. G. C. Berkouwer, *Sin*, pp. 44-66을 보라. 바로의 완악한 마음에 대한 통찰을 얻으려면 Brevard S. Childs, *The Book of Exodus: A Critical, Theological Commentary* (Philadelphia: Westminster Press, 1974), pp. 170-75를 보라. 하나님께서 바로의 마음을 완악하게 하셨는가(출 10:1), 아니면 바로가 스스로 자기 마음을 완악하게 했는가(출 9:34), 아니면 바로의 마음이 그냥 저절로 완악하게 되었는가?(출 9:7) 차일즈는 히브리어 본문이 이 질문에 무심하며 이 구절의 관심사는 다른 데 있다고 관측한다.

35. G. C. Berkouwer, *Sin*, pp. 99-129를 보라.

36. 리처드 마우(Richard J. Mouw)는 *Politics and the Biblical Drama* (Grand Rapids: William B. Eerdmans, 1976), pp. 85-116에서 권력에 대해 짤막하고도 탁월하게 논의한다. Walter Wink의 다음 세 저서도 참고하라. *Naming the Powers: The Language of Power in the New Testament* (Philadelphia: Fortress Press, 1984), *Unmasking the Powers: The Invisible Forces That Determine Human Existence* (Philadelphia: Fortress Press, 1986)(『사탄의 가면을 벗겨라』 한국기독교연구소), *Engaging the Powers: Discernment and Resistance in a World of Domination* (Minneapolis: Fortress Press, 1992)(『사탄의 체제와 예수의 비폭력』 한국기독교연구소).

37. 미국 문학에서 권력의 광포한 위력과 교묘함을 표준적으로 묘사한 광경은 John Steinbeck, *The Grapes of Wrath*, ed. Peter Lisca (New York: Penguin Books, 1976)(선과 악을 심고 거두는 것에 대해 많은 것을 말해 주는 소설)에서 일찌감치 볼 수 있다. 살 길을 찾으려 발버둥 치는 소작농들에게 담보권을 행사하는 은행, "이자를 먹고" "이득을 호흡하는" 그 괴물에게도 나름의 생명은 있으나 언뜻 보기에 책임의 중심인물은 없다. 은행 내부의 어떤 특정한 개인도 가난한 이들을 쥐어짜 그들의 땅에서 내모는 일

에 책임이 없다. 책임이 있다면 그 시대에 있다. 시대의 발전일 뿐이다. 이득을 보려면 그렇게 할 수밖에 없다. 이는 동부에 있는 모(某)은행의 지시다. 그러니 분노한 소작농이 어디다 대고 총질을 할 수 있겠는가? John Steinbeck, *The Grapes of Wrath*, pp. 43, 52. (『분노의 포도』 홍신문화사)

38. Marguerite Schuster, *Power, Pathology, Paradox: Dynamics of Evil and Good* (Grand Rapids: Zondervan, 1987), pp. 140-44를 보라.

39. 이런 와해 현상을 다루는 고전적인 일화로 James Sterngold, *Burning Down the House: How Greed, Deceit, and Bitter Revenge Destroyed E. F. Hutton* (New York: Summit, 1990)을 보라.

40. Hendrikus Berkhof, *Christian Faith: An Introduction to the Study of the Faith*, pp. 208-9.

41. 이는 Reinhold Niebuhr가 *Moral Man and Immoral Society* (New York: Scribner's, 1932)에서 제기하는 핵심 질문의 한 변형이다. (『도덕적 인간과 비도덕적 사회』 대한기독교서회)

5장 기식자

1. Taylor Branch, *Parting the Waters: America in the King Years, 1954-1963* (New York: Simon & Schuster, 1988), p. 159.

2. 위의 책, p. 189.

3. 리처드 러브레이스(Richard Lovelace)는 윌리엄 골딩(William Golding)의 *Lord of the Flies*(『파리 대왕』 민음사)에 대해 이렇게 논평한다. "어린 주인공은 전에 함께 합창단원으로 지냈던 동무들의 손에 죽임당할 위기에 처했으나 법과 질서의 힘 덕분에 목숨을 보전한다. 그 힘은 다름 아니라 전함(戰艦)에서 온 장교로, 전함은 원래 경쟁 국가 사람들을 죽이는 데 쓰이는 배다. 이 사실이 모든 걸 말해 준다. 우리가 서로 죽이지 못하게 막아 주는 바로 그 힘은……궁극적으로 패싸움과 다를 바 없는 국가 간 분쟁에 동원된 시스템의 일부이다"(*Renewal as a Way of Life: A Guidebook for Spiritual Growth* [Downers Grove, Ill.: InterVarsity Press, 1985], p. 115).

4. 그래서 베테랑 마귀 스크루테이프는 초짜 그리스도인을 함정에 빠뜨리는 기술을 견습생 웜우드에게 가르친다. "정말로 그 사람의 영혼이 가난해서 마음의 욕망을 채워 줄 어떤 생각을 품는 순간을 포착하렴. '맹세코 나는 겸손해'라고 말함과 거의 동시

에 교만이, 겸손 가운데 있는 교만이 등장할 거야. 그가 만약 위험을 깨닫고 이 새로운 형태의 교만을 억제하려고 하거든, 이번엔 그런 억제 시도 자체를 자랑스러워하게 만들어. 그런 식으로 네가 원하는 만큼 여러 단계를 거쳐 보렴. 하지만 너무 오래 그렇게 하지는 마. 자칫 그에게 유머와 균형 감각이 생겨서 너를 비웃고 그냥 잠자리에 들어 버릴까 무서우니까." C. S. Lewis, *The Screwtape Letters and Screwtape Proposes a Toast*, rev. ed. (New York: Macmillan, 1982), p. 63. (『스크루테이프의 편지』 홍성사)

5. Augustinus, *Confessions* 2.6.14. (『고백록』 크리스천다이제스트)

6. Lewis B. Smedes, *Shame and Grace: Healing the Shame We Don't Deserve* (San Francisco: HarperCollins, 1993), p. 116.

7. Augustinus, *The City of God* 14.13. (『하나님의 도성』 크리스천다이제스트)

8. Institute for Ecumenical and Cultural Research의 실행 이사 패트릭 헨리(Patrick G. Henry)는 1992년 12월 캘리포니아 패서디나에서 일단의 교수들에게 이런 소견을 밝혀 그들을 불편하게 만들었다.

9. 이런 변화에 대한 표준적 논의로는 Christopher Lasch, *The Culture of Narcissism: American Life in an Age of Diminishing Expectations* (New York: W. W. Norton, 1978), Amitai Etzioni, *An Immodest Agenda: Rebuilding America before the Twenty-first Century* (New York: New Press, 1983), Robert N. Bellah et al., *Habits of the Heart: Individualism and Commitment in American Life* (Berkeley and Los Angeles: University of California Press, 1985)(『미국인의 사고와 관습』 나남)가 있다. 자기만족 움직임이 미국의 신앙과 신학에 끼친 영향을 분석한 글로는 Paul Vitz, *Psychology as Religion: The Cult of Self-Worship*, 2d ed. (Grand Rapids: William B. Eerdmans, 1994)(『신이 된 심리학』 새물결플러스), James Davison Hunter, *Evangelicalism: The Coming Generation* (Chicago: University of Chicago Press, 1987), 특히 pp. 50-75 그리고 David F. Wells, *No Place for Truth; or, Whatever Happened to Evangelical Theology?*, 특히 pp. 137-86(『신학 실종』 부흥과개혁사) 그리고 이 필자들이 인용하는 문헌들을 보라.

10. "Hey, I'm Terrific!" *Newsweek*, 17 February 1992, p. 48.

11. Douglas J. Groothuis, *Unmasking the New Age* (Downers Grove, Ill.: InterVarsity Press, 1986), p. 53과 Russell Chandler, *Understanding the New Age* (Dallas: Word Books, 1988), pp. 175-79를 보라.

12. John Alexander, "Self-Esteem as Salvation", *The Other Side*, March 1988, p. 44.

13. 마들렌느 렝글(Madeleine L'Engle)은 '본래의 상태'(integrity)라는 말의 의미 자체가 바

로 자기중심적인 문화의 피해 중 하나라고 말한다. 즉, 이 말이 "자기중심성을 뜻하는 말로 서서히 변해 오고 있다"는 것이다(*A Circle of Quiet* [New York: Seabury Press, 1979], p. 130). 렝글은 자기의 욕망과 자기의 의무를 뒤섞는 사람들을 염두에 두고 이 말을 한다. 그러므로 어떤 사람이 "이런 행동을 하면 내 고결함을 지킬 수 없다"라고 말한다면 이는 그 행동을 하고 싶지 않다는 말과 거의 다를 바 없을 것이다.

14. David F. Wells, *No Place for Truth; or, Whatever Happened to Evangelical Theology?*, p. 183. (『신학 실종』 부흥과개혁사)

15. 잠언 8:13, 예레미야 50:31, 야고보서 4:6 그리고 아우구스티누스의 『하나님의 도성』 11.15, 14.11-15를 보라.

16. *New York magazine*, 8 June 1992, p. 111.

17. William Manchester, *The Last Lion: William Spencer Churchill-Visions of Glory, 1874-1932* (Boston: Little, Brown, 1983), p. 25.

18. William Manchester, *American Caesar: Douglas MacArthur, 1880-1964* (Boston: Little, Brown, 1978), pp. 3, 145. (『맥아더 1, 2』 미래사)

19. William Manchester, *The Last Lion: William Spencer Churchill-Visions of Glory, 1874-1932*, p. 25.

20. 예를 들어 Naomi R. Goldenberg는 (예의를 갖춰) 전하기를, 페미니스트 마법(feminist witchcraft: 페미니즘을 기치로 내건 여성 중심의 새로운 이교이다―옮긴이)에서 "예배자들은 서로를 여신과 신으로 부르면서" 여신과 자아 사이의 밀접한 유대, 심지어 동일성까지 나타낸다"(*Changing of the Gods: Feminism and the End of Traditional Religions* [Boston: Beacon Press, 1989], p. 89). 수없이 되풀이된 Carol Christ의 승리의 외침에도 주목하라. "나는 나 자신 안에서 하나님을 발견했다. 그리고 나는 그 하나님을 격하게 사랑했다"("Why Women Need the Goddess: Phenomenological, Psychological and Political Reflections", in *Womanspirit Rising: A Feminist Reader in Religion*, ed. Carol Christ and Judith Plaskow [San Francisco: Harper & Row, 1979], p. 277).

21. Stephen Westerholm, *Israel's Law and the Church's Faith* (Grand Rapids: William B. Eerdmans, 1988), p. 160을 보라. 많은 주석가들이 인정하듯, 원죄 교리의 증거 구절인 로마서 5:12-21은 죄의 기원이나 전달보다는 죄의 범위와 그에 대한 하나님의 해결책에 대해 더 많이 말한다. 특히 이 구절은 아담의 원죄와 그 이후의 죄 그리고 아담의 후손의 죽음과의 관계에 대해 설명하지 않는다. 또한 아담 자신이 어떻게 죄인이 되었는지에 대해서도 아무 말을 하지 않는다. 이 구절의 중요성은 다른 데 있다.

바울이 특유의 스타일로(아담을 그리스도의 모형으로 인용하면서) 아담과 죄를 다루는 것은 예수 그리스도 및 은혜의 풍성함을 강조하기 위해서다(롬 5:15-17).

22. Geoffrey W. Bromiley, "Sin", in *The International Standard Bible Encyclopedia*, vol. 4, p. 522.

23. 위의 책, p. 519.

24. C. S. Lewis, *Mere Christianity*, p. 49. (『순전한 기독교』 홍성사)

25. Augustinus, *Confessions* 3.7.12. (『고백록』 크리스천다이제스트)

26. Stephen Vizinczey, *An Innocent Millionaire* (Boston: Atlantic Monthly, 1983), pp. 307-8.

27. C. S. Lewis, *Mere Christianity*, p. 53. (『순전한 기독교』 홍성사)

28. 제프리 카울리(Geoffrey Cowley)는 HIV에 대해 설명하면서, "바이러스는 궁극적으로 기생충이요……유전 정보의 파편일 뿐으로 DNA나 RNA에 암호화되며, 이 파편은 살아 있는 세포에 흡수되어 그 세포 조직을 이용해 자기를 복사한다"라고 했다. 게다가 적을 만날 때 HIV는 죄하고 똑같이 행동한다. "사정거리 밖으로 돌연변이를 일으켜" 심지어 "다른 환경에서 다른 사람의 모습을" 취하기까지 한다("The Future of AIDS", *Newsweek*, 22 March 1993, pp. 48-50).

29. Wallace Stegner, *Crossing to Safety* (New York: Penguin, 1987), pp. 267-68.

30. Ian Fleming, *The Seven Deadly Sins*, ed. Angus Wilson (New York: Morrow, 1962), p. x.

31. C. S. Lewis, *A Preface to Paradise Lost* (New York: Oxford University Press, 1961), p. 94. (『실낙원 서문』 홍성사)

32. 윌리엄 블레이크(William Blake)는 밀턴의 사탄을 단순히 숙련된 솜씨로 묘사된 인물이 아니라 공감이 가는 인물로 찬탄했다. 밀턴의 『실낙원』(*Paradise Lost*)을 해설하는 글인 'Satan Rousing His Legions'에서 블레이크는 사탄을 "벌거벗었고, 도전적이며, 성기가 잔뜩 흥분해 있는 금발의 체격 좋은 색슨족"으로, 또한 아도니스 유형의 건장해 보이는 근육질 군단에 에워싸여 있는 모습으로 묘사했다(Robert Pattison, *The Triumph of Vulgarity: Rock Music in the Mirror of Romanticism* [New York: Oxford University Press, 1987], p. 111).

33. Mary Midgley, *Wickedness: A Philosophical Essay* (London: Routledge & Kegan Paul, 1984), p. 151.

34. Nicholas Wolterstorff, *Until Justice and Peace Embrace*, pp. 8-10을 보라. (『정의와 평화가 입맞출 때까지』 IVP)

6장 가장무도회

1. 예를 들어 Irwin G. Sarason and Barbara R. Sarason, *Abnormal Psychology: The Problem of Maladaptive Behavior*, 6th ed. (Englewood Cliffs, N.J.: Prentice Hall, 1989), pp. 244-46, 257-63를 보라. '반사회적 인격 장애', '소시오패스', '사이코패스'는 흔히 대략적 동의어로 쓰이지만, 반사회적 인격 장애는 소시오패스와 사이코패스보다 더 넓은 의미로 생각하는 것이 도움이 된다(진짜 동의어에 가까운 건 소시오패스와 사이코패스다). 즉, 반사회적 인격 장애는 고질적으로 남을 속이고 부정직하고 불충성한 행위가 특징인 장애인 반면, 사이코패스(혹은 소시오패스)는 사랑할 줄 모르고 대체로 죄의식도 없는 것이 특징인 반사회적 인격 장애다. 허비 클러클리(Hervey Cleckley)는 *The Mask of Sanity*, 5th ed. (St. Louis: C. V. Mosby, 1976)에서 사이코패스가 무엇인지를 고전적으로 서술한다. 중요한 사실은, 클라크가 설명하는 이 장애의 8가지 징후는 "겉보기에 매력 있고 머리도 좋다"는 것으로 시작된다는 점이다.

2. Daniel Akst, *Wonderboy Barry Minkow: The Kid Who Swindled Wall Street* (New York: Scribner's, 1990), pp. 4, 270-71.

3. M. Scott Peck, *People of the Lie: The Hope for Healing Human Evil*, p. 75. (『거짓의 사람들』 비전과 리더십)

4. 위의 책, p. 76.

5. Garry F. Wills, *Under God: Religion and American Politics*, pp. 217-18을 보라.

6. *Abraham Lincoln: Speeches and Writings, 1859-1865*, ed. Don F. Fehrenbacher (Washington: Library of America, 1989), p. 687.

7. William Kilpatrick의 *Why Johnny Can't Tell Right from Wrong*, Edward A. Wynne과 Kevin Ryan의 *Reclaiming Our Schools*를 읽고 쓴 서평인 Charles L. Glenn과 Joshua Glenn의, "Schooling for Virtue"를 보라(in *First Things* August/September 1993, pp. 45-46).

8. Henry Beard and Christopher Cerf, *The Official Politically Correct Dictionary and Handbook* (New York: Villard, 1992), pp. 82, 87.

9. Mary Midgley, *Can't We Make Moral Judgments?* (New York: St. Martin's Press, 1991), p. x. 미즐리는 철학 수업 때 "하지만 어떤 경우든 도덕적 판단을 내리는 건 분명 옳지 않습니다!"라고 말한 한 진지한 학생에게 답하기 위해 이 책을 썼다.

10. *Newsweek*, 7 December 1992, p. 28.

11. Robert Schuller, *Self-Esteem: The New Reformation* (Waco: Word Books, 1982), pp. 14, 99. 슐러는 이해를 돕기 위해 덧붙이기를, 지옥은 "자존심을 잃는 것"이며 "하나

님에게서 멀어지면 자연히 그런 결과가 빚어진다"고 한다. 구원이란 심리학적 자기 학대에서 벗어나 자기 존중으로 가는 것이라는 말도 놀라울 게 없다(p. 99). 구원을 그렇게 자존감과 융합시킴으로써 사람들이 자기중심적인 태도에 굴복하려는 유혹을 받지 않을까 하는 염려를 줄이려고 그는 놀라운 말로 우리를 안심시킨다. 예수님의 경우가 그러했듯 "십자가는 여러분의 자아 여행을 성화시켜 줄 것"이라고(p. 74, 75).

12. 메리 미즐리는 현대 도덕주의자들이 전통적으로 객관주의자의 도덕적 판단이자 기준으로 여겨지는 것을 배격하는 한편, 이 시대의 유행에 뒤지는 그런 죄를 비판할 권리를 계속 유지하는 게 얼마나 힘든 일인지 관측한다(*Can't We Make Moral Judgments?*, 특히 pp. 71-103). 이런 사람들은 흔히 상대주의(대략적으로 말해 관습과 예절 같은 도덕적 판단은 그 판단을 발생시키거나 채용하는 문화에 의해 유효성을 인정받고 그 문화에만 제한받는다는 입장)와 주관주의(대략적으로 말해 도덕적 판단은 그 판단을 발생시키거나 채용하는 특정 개인에 의해 유효성을 인정받고 그 개인에게만 효력이 한정된다는 입장)를 한데 뒤섞어 버린다. 이 두 입장은 서로 충돌해 양립할 수 없고, 각 입장은 그 자체가 현저한 역설을 낳는데도 말이다. 특히 성차별이 진짜 두말 할 것도 없이 잘못이라고 믿는 현대의 도덕주의자는(이 믿음에는 오류가 없다) 그와 동시에 이론적으로 두 가지 입장이 뒤범벅된 상태에 헌신한다. 즉 상대주의적 견지에서 성차별의 죄는 "그들(일부 문화를 말함) 입장에서는 잘못"이라고 하든지 혹은 주관주의적 견지에서 "그 사람(일부 사람을 말함) 입장에서는 잘못"이라고 말해야 하는 것이다. 이런 이론적인 입장을 고려할 때 이 사람이 어떻게 일관성 있게 성차별주의자에게 영향을 끼쳐 잘못을 개선시킬 수 있겠는가? 자기가 속한 문화가 아닌 다른 어떤 문화에서 성차별주의자와 성 평등주의자 사이에 문화 충돌이 일어날 때 이 사람은 그것을 어떻게 이해해야 하는가?(이 사람이 지닌 전제에 따를 때 성차별 문화에서는 성차별주의가 "그들 입장에서 옳고" 성 평등주의 문화에서는 성 평등주의가 "그들 입장에서 옳다") 이때 이 사람은 어느 편을 들 것인가? 게다가 이 문제에 관해 어떤 판단을 내리든, 국외자인 이 사람에게 무슨 자격이 있어 그런 판단을 내린단 말인가?

13. 이런 온건해 보이는 주장들 중에는 이 연구의 범위를 넘어서는 의문과 문제점을 감추고 있는 것도 있다. 그중 한 주장은 눈에 띄게 역설적이다. "우리는 진실을 알고 있다. 그런데 우리는 진실을 모른다." 이런 말이 논리적으로 가능하기는 한가? 이는 이런 종류의 구어체적 주장을 우리가 어떻게 해석하느냐에 달려 있다. 다음 경우를 생각해 보자. 여기 한 아버지가 있다(편의상 그를 스미스라고 하자). 스미스는 자기 딸이 남자들과 섹스를 하고 그때마다 현금과 값비싼 선물을 받는다는 걸 알고 있다. 그가

알고 있는 사실을 a라고 하자. "내 딸은 매춘부다"(a). 하지만 그가 자기 자신에게 자꾸 b라 말하고 있다고 가정하자. "내 딸은 그저 돈 잘 쓰는 남자 친구를 많이 사귀고 그 친구들과 좀 유별난 만남을 갖는 것일 뿐이다"(b). 스미스는 b가 a를 부인하는 것이라고 올바로 알고 있다. 사실 그게 바로 자기 자신에게 b를 설득하는 이유이다. 간단히 말해, 스미스는 a를 알고 있으면서도 자기 자신을 설득해 b를 믿는다. 스미스가 a를 알기도 하고 모르기도 한다는 것은 엄밀히 말해 지금 이 상황을 제대로 묘사하는 말이 아니다. 어떤 주어진 시간 t에서 그것은 정말 불가능하다. 스미스가 t에서 a를 안다는 명제는 동시에 참과 거짓일 수 없다. 그보다는 스미스가 t에 a를 알 뿐만 아니라 b를 믿기도 한다는 게 올바른 분석이다. 다시 말해, 스미스는 자기 딸에 대해 일관성 없는 입장을 갖고 있다. 이런 분석의 토대 및 자기기만 분야의 철학 문헌과 발행물을 소개하는 유익한 글로 Bruce S. Alton, "The Morality of Self-Deception", *Annual of the Society of Christian Ethics* N.S. 5 (1984), pp. 123-55를 보라.

14. Daniel Goleman, *Vital Lies, Simple Truths: The Psychology of Self-Deception* (New York: Simon & Schuster, 1985), p. 95. 자기기만이 의식적이고 의도적인지, 그렇다면 어느 정도나 의식적이고 의도적인지, 그리고 이 문제에 관한 판단이 자기기만의 도덕성과 어떤 관계인가 하는 것이 Bruce S. Alton이 "The Morality of Self-Deception", 특히 p. 136에서 설명하고 있는 철학적 논쟁의 일부분이다.

15. 아니 마피아의 아내들은 혹시 무지 상태를 유지하려고 애쓰는 건 아닐까? 캘빈 반 레켄(Calvin P. Van Reken)이 지적하듯, 자발적 무지는 자기기만에 미치지 못할 뿐만 아니라 자기기만과는 구별된다. 자발적 무지는 진실과 진실에 이르는 길을 의도적으로 회피하는 것을 말한다. 자기기만은(이를테면, 이미 알고 있는 진실의 의미를 축소하거나 그 진실을 노골적으로 부인함으로써) 진실을 조작하는 것이다. 물론 진실을 잘 은폐하거나 부인하면 이는 자발적 무지로 발전할 가능성이 있다.

16. Lewis B. Smedes, *A Pretty Good Person*, p. 74.

17. Stephen Crites, "The Aesthetics of Self-Deception", *Soundings* 62 (1979), p. 111.

18. Martin Buber, *Between Man and Man* (New York: Macmillan, 1965), p. 18. (『사람과 사람 사이』 전망사)

19. Merold Westphal, "Taking Suspicion Seriously: The Religious Uses of Modern Atheism", *Faith and Philosophy* 4 (1987), pp. 26-42; "Taking St. Paul Seriously: Sin as an Epistemological Category", in *Christian Philosophy*, ed. Thomas P. Flint (Notre Dame, Ind.: University of Notre Dame Press, 1990), pp. 200-226; *Suspicion and Faith:*

The Religious Uses of Modern Atheism (Grand Rapids: William B. Eerdmans, 1993).

20. Merold Westphal, "Taking St. Paul Seriously: Sin as an Epistemological Category", pp. 202, 213-14를 보라.

21. 위의 책, p. 214.

22. 로버트 조지(Robert P. George)는 초기 단계의 태아는 표현형(phenotype: 유전자와 환경의 영향에 의해 형성된 생물의 형질이다—옮긴이) 면에서 스네일 다터와 대등하다는 점에 주목했고, 따라서 태아의 생존권을 옹호하는 이들이 스네일 다터를 보호하는 연방법에 호소하는 데 전력을 기울이는 것이 과연 옳으냐고 묻는다("Where Babies Come From", *First Things*, October 1990, p. 12).

23. Geoffrey W. Bromiley, "Sin", in *The International Standard Bible Encyclopedia*, vol. 4, p. 522를 보라.

24. Merold Westphal, *Suspicion and Faith: The Religious Uses of Modern Atheism*, pp. 13, 16-17.

25. *Slavery Defended: The Views of the Old South*, ed. Eric L. McKitrick (Englewood Cliffs, N.J.: Prentice Hall, 1963), Winthrop S. Hudson, *Religion in America: An Historical Account of the Development of American Religious Life* (New York: Scribner's, 1965), pp. 305, 309를 보라.

26. Merold Westphal, "Taking Suspicion Seriously: The Religious Uses of Modern Atheism", pp. 34, 37.

27. Geoffrey W. Bromiley, "Sin", in *The International Standard Bible Encyclopedia*, vol. 4, p. 522.

28. Joseph Butler, "Upon Self-Deceit", in *Fifteen Sermons Preached at the Rolls Chapel and a Dissertation upon the Nature of Virtue*, ed. W. R. Matthews (London: G. Bell, 1914), p. 163.

7장 죄와 어리석음

1. Gerhard von Rad, *Wisdom in Israel*, trans. James D. Martin (Nashville: Abingdon Press, 1984), 특히 pp. 74-176, Raymond C. Van Leeuwen, "Enjoying Creation-within Limits", in *The Midas Trap*, ed. David Neff (Wheaton, Ill.: Victor Books, 1990), pp. 23-40 그리고 "Liminality and Worldview in Proverbs 1–9", *Semeia* 50 (1990), pp. 111-

44를 보라.

2. 잠언 8:22-36에서는 지혜를 창조 세계를 위한 하나님의 청사진으로 그리고 있으며, 지혜를 창조 세계의 중재자로 의인화한다.

3. Gerhard von Rad, *Wisdom in Israel*, p. 67.

4. 위의 책, p. 79.

5. Raymond C. Van Leeuwen은 '잠언'이라는 제목의 미출간 평론 (1991), pp. 1-2에서 이렇게 주장한다.

6. Frederick Buechner, "The Two Loves", in *The Hungering Dark* (New York: Seabury Press, 1981), pp. 85-86.

7. Lewis B. Smedes, *A Pretty Good Person*, p. 123을 보라.

8. 위의 책, p. 124.

9. Edwards, *The Nature of True Virtue* (Ann Arbor: University of Michigan Press, 1960), p. 3.

10. Nicholas Wolterstorff, *Until Justice and Peace Embrace*, p. 13(『정의와 평화가 입맞출 때까지』IVP)과 Edward A. Dowey Jr., *The Knowledge of God in Calvin's Theology* (New York: Columbia University Press, 1952), p. 26을 보라.

11. Lewis B. Smedes, *A Pretty Good Person*, pp. 133-36.

12. Paul and Anne Ehrlich, *Extinction: The Causes and Consequences of the Disappearance of Species* (New York: Random House, 1981), p. 79.

13. C. S. Lewis, *Mere Christianity*, p. 10. (『순전한 기독교』홍성사)

14. 예를 들어 열왕기상 3:5-15, 잠언 2:6, 베드로후서 3:15는 지혜를 선물로 말하는 반면, 잠언 1:2-7(이 책의 프롤로그 격)에서는 지혜를 우리가 가르치고 배워야 할 것으로 말한다. 물론 지혜를 이런 방식들로 보는 게 반드시 양립 불가능하지는 않다. 가르침을 잘 듣는 아이가 세심한 부모에게서 얻는 지혜는 선물로 주어지는 것인 동시에 배우는 것일 수도 있다. 더 나아가, 사람은 지혜의 용량을 크게 타고날 수 있지만 그 용량을 다 채우기 위해서는 힘들게 애써야 한다.

15. Katie Leishman, "Heterosexuals and AIDS: The Second Stage of the Epidemic", *Atlantic Monthly*, February 1987, p. 45를 보라.

16. Robert C. Roberts, "The Transparency of Faith", *Reformed Journal*, June 1979, p. 12.

17. 위의 책, p. 12.

18. George Bernanos, *The Diary of a Country Priest*, trans. Pamela Morris (London: John Lane, 1937), p. 81.

19. C. S. Lewis, *A Preface to Paradise Lost*, p. 95. (『실낙원 서문』 홍성사)

20. Augustinus, *Confessions* 1.1. (『고백록』 크리스천다이제스트)

21. Richard Lovelace, *Renewal as a Way of Life: A Guidebook for Spiritual Growth* (Downers Grove, Ill.: InterVarsity Press, 1985), p. 36. (『온전한 영성』 아가페)

22. Christopher Lasch, *The True and Only Heaven: Progress and Its Critics* (New York: W. W. Norton, 1991), p. 268. 래쉬는 여기서 에머슨의 에세이 '보상'(Compensation)의 중심 테마를 특징짓고 있다.

23. C. S. Lewis, *The Great Divorce*, p. 6. (『천국과 지옥의 이혼』 홍성사)

24. Raymond C. Van Leeuwen, "Liminality and Worldview in Proverbs 1-9", pp. 116-17, 121-22, "Enjoying Creation—within Limits", p. 29를 보라.

25. John Milton, *Paradise Lost* 1.57, 60, 98, 263. (『실낙원 1, 2』 문학동네)

26. Claus Westermann, *What Does the Old Testament Say about God?* ed. Friedemann W. Golka, trans. Julian Grinsted and Friedemann W. Golka (Atlanta: John Knox Press, 1979), p. 57을 보라.

27. Thomas Oden, *Agenda for Theology: After Modernity, What?* (Grand Rapids: Zondervan, 1990), p. 50.

28. 존 리오는 과연 어떤 사람을 피해자라고 일컬을 수 있는지 많은 미국인들이 그 자격을 다양하게 규정한다고 말했다. 예를 들어 AIDS 피해자도 있고, 언론 피해자, 록 뮤직이나 포르노그래피 피해자도 있으며, 왜곡된 양육 환경, 기이한 취향을 가진 사람을 싫어하는 정서, 흡연자에 대한 대중의 적대, 중독, 가부장제, 흑인이나 백인이라는 사실 등으로 인한 피해자, 심지어 숲에서 드럼을 치는 남성 그룹 멤버라는 사실로 인한 피해자도 있다("A 'Victim' Census for Our Time", *U. S. News and World Report*, 23 November 1992, p. 22).

29. C. S. Lewis, *The Lion, the Witch, and the Wardrobe* (New York: Scholastic Books, 1987), p. 123. (『사자와 마녀와 옷장』 시공주니어)

30. John Henry Cardinal Newman, "The Religion of the Day", in *Sermons and Discourses, 1825-39*, p. 137.

8장 중독의 비극

1. Anne Wilson Schaef, *Escape from Intimacy: The Pseudo-Relationship Addictions* (San

Francisco: Harper & Row, 1989), p. 3을 보라.

2. Scott McKenzie, "Addiction as an Unauthentic Form of Spiritual Presence", *Studies in Formative Spirituality* 12 (1991), p. 325.

3. Stanton Peele, *The Meaning of Addiction: Compulsive Experience and Its Interpretation* (Lexington, Mass.: Lexington Books, 1985), p. 2와 Archibald D. Hart, "Addicted to Pleasure", *Christianity Today*, 9 December 1988, p. 40을 보라.

4. 치료 센터에 입원 중인 사람들은 흔히 코카인을 일컬어 그냥 "악마"라고도 한다 (William J. Bennett, "Drugs and the Face of Evil", *First Things*, December 1990, p. 6).

5. Gerald G. May, *Addiction and Grace* (San Francisco: Harper & Row, 1988), p. 3을 보라. (『중독과 은혜』 IVP) *The Song of the Lark* (Cambridge, Mass.: Riverside Press, 1915)에서 윌라 케더(Willa Cather)는 네브라스카의 그 봄날 아침에 대해, "통조림 공장에서 일하는 폴란드인들을 취하게 만드는 갑작스럽고 믿을 수 없는 온화함으로 충만한 그 아침에 대해 이야기한다. 그럴 때 아름다움은 필연적이다. 그리고 공장 마을에서 그 술집 말고는 그 아름다움에 이를 수 있는 곳이 없다. 그곳에서는 위로·소망·사랑이라는 환상을, 무엇이든 가장 갈망하는 것을 몇 시간 동안 살 수 있다"(p. 249).

6. 그럴 때조차도 중독자는 그저 고통이 훨씬 덜한 상태에 만족해야 할 수도 있다. 로저 메이어(Roger E. Meyer)는 알코올이나 기타 약물 남용 이면에 "쾌락주의라는 근본적인 원리"가 자리 잡고 있긴 해도 "가장 고질적인 중독의 특징은 바로 우울, 불안, 호전적 태도가 점점 심해지는 것"이라고 관측한다. 물론 알코올이 중추 신경계를 억제한다는 점을 감안하면 알코올로 인한 불쾌감은 어느 정도 예측이 가능하다 (*Psychopathology and Addictive Disorders*, ed. Roger E. Meyer [New York: Guilford Press, 1986], p. 10).

7. William Lenters, *The Freedom We Crave-Addiction: The Human Condition* (Grand Rapids: William B. Eerdmans, 1985), pp. 15-17을 보라.

8. Anne Wilson Schaef가 *Escape from Intimacy*, pp. 25-26에서 *Alcoholics Anonymous: The Story of How Many Thousands of Men and Women Have Recovered from Alcoholism* (New York: Works Publishing, 1950)의 메시지를 특징지은 내용.

9. M. Scott Peck, *People of the Lie: The Hope for Healing Human Evil*, pp. 182-211을 보라. (『거짓의 사람들』 비전과 리더십)

10. Patrick Carnes, *Out of the Shadows: Understanding Sexual Addiction* (Minneapolis: Compcare, 1983). 이 자료를 비롯해 그 외 중독 관련 문헌을 소개해 주고 이 분야에 대해 전반적인 가르침을 준 내 동료이자 친구 멜빈 휴건(Melvin D. Hugen)에게 감사한다.

11. "쾌락의 가면, 모든 위선을 벗겨 낸 그 가면은 번민이라는 가면"이라고 George Bernanos는 말한다(*The Diary of a Country Priest*, p. 136).

12. Robert C. Roberts의 다음 말을 참조하라. 치료를 중시하는 문화에서 "우리는 자아가 신성불가침이라는 생각을 하게 된다. 과거에 하나님을 부인한다는 건 절대적으로 부적절한 일이었던 것처럼, 이제 자기 자신을 부인한다는 건 절대 옳지 않아 보인다"(*Taking the Word to Heart*, p. 304).

13. Gerald G. May, *Addiction and Grace*, p. 42. (『중독과 은혜』 IVP)

14. 위의 책, p. 42.

15. Patrick Carnes, *Out of the Shadows: Understanding Sexual Addiction*, pp. v-vi.

16. Martin Buber, *Images of Good and Evil*, trans. Michael Bullock (London: Routledge & Kegan Paul, 1952), p. 54.

17. Patrick Carnes, *Out of the Shadows: Understanding Sexual Addiction*, pp. 63-85, 87-113, 140, 159-61.

18. 위의 책, p. ix.

19. 헬라어 파르미콘(Pharmikon)은 'pharmacy', 'pharmaceuticals' 등의 단어가 파생되어 나온 어원으로서, '치료약'이라는 의미도 있고 '독'이라는 의미도 있다. 피로할 때 사람들은 독이기도 한 치료제를 선택한다. 이런 의미에서 제임스 윌리엄스(James G. Williams)는 파르미콘이 약을 조제하기도 하고 약물을 남용하기도 하는 우리 시대 문화에 대한 아주 적절한 비유라고 말한다(*The Bible, Violence, and the Sacred: Liberation from the Myth of Sanctioned Violence* [San Francisco: Harper, 1991], p. 248).

20. 스스로 자초한 고통으로서의 노이로제 증상에 관해서는 O. Hobart Mowrer, "Psychopathology and the Problem of Guilt, Confession, and Expiation", in *Counseling and the Human Predicament: A Study of Sin, Guilt, and Forgiveness*, ed. LeRoy Aden and David G. Benner (Grand Rapids: Baker Book House, 1989), p. 82를 보라.

21. Adrian Van Kaam, "Addiction: Counterfeit of Religious Presence", *Studies in Formative Spirituality* 8 (1987), p. 251.

22. 로렌스 헤이터러(Lawrence J. Hatterer)는 심리학 용어로 이와 비슷한 것을 주장한다. "성격 결함(부정직·상대를 교묘히 다루기·타인을 욕하기·만족을 모르는 탐욕·무책임·허풍 등)은 [중독] 과정을 유발할 수 있거나 혹은 그 과정에서 생겨 나올 수 있다"(*Encyclopedia of Psychology*, ed. Raymond J. Corsini [New York: John Wiley, 1984], s.v. "Addictive Process").

23. Dan Wakefield, *Returning* (Garden City, N.Y.: Doubleday, 1988), p. 200을 보라.

24. Stephen J. Duffy, "Our Hearts of Darkness: Original Sin Revisited", *Theological Studies* 49 (1988), p. 615를 보라.

25. Herbert Fingarette, *Heavy Drinking: The Myth of Alcoholism as a Disease* (Berkeley and Los Angeles: University of California Press, 1988), p. 111과 Stanton Peele, *The Meaning of Addiction: Compulsive Experience and Its Interpretation*, pp. 28-45 를 보라.

26. 필자는 듀언 켈더만(Duane Kelderman) 덕분에 이 점에 대해 명료히 알게 되었다.

27. 12단계와 기독교의 기본 갱신 프로그램이 유사한 것은 우연이 아니다. AA가 태동할 때 프랭크 부크먼(Frank Buchman)의 '옥스퍼드 그룹'(Oxford Group)의 영향을 많이 받았는데, 부크먼은 루터교 목사이자 대학 교목으로서 의식적으로 드와이트 무디의 전도 사역에 관여했고, 변화된 삶으로 이행해 가는 "단계들"에 대해 논했다. "예수께서 구원하신다"는 말을 결과적으로 "뭔가가 구원한다"는 말로 순화해서 표현했고, 절대적인 하나님을 "우리 자신보다 더 큰 어떤 권세"와 "우리가 이해하는 대로의 하나님"으로 대체했으며, 죄책에서 실패로 강조점을 옮겼다. AA는 부크먼이 말하는 이행 '단계'의 의미를 확장하고 일반화해서 일반은총의 12단계로 만들었다. 옥스퍼드 그룹과 AA의 관계에 대한 자세한 내용은 Ernest Kurtz, *AA: The Story* (San Francisco: Harper & Row, 1988), pp. 48-52를 보라.

28. Charlotte Davis Kasl, "The Twelve-Step Controversy", *Ms.*, November-December 1990, p. 30. Charlotte Davis Kasl, *Women, Sex, and Addiction: A Search for Love and Power* (San Francisco: Harper & Row, 1990)와 *Many Roads, One Journey: Moving Beyond the Twelve Steps* (San Francisco: Harper & Row, 1992)도 참고하라.

29. Daniel L. Migliore, *Faith Seeking Understanding* (Grand Rapids: William B. Eerdmans, 1991), pp. 131-33을 보라. (『기독교 조직신학 개론』, 새물결플러스) 창세기 3:16의 불가사의한 저주("너는 남편을 원하고 남편은 너를 다스릴 것이니라")에 대한 지적 논의로는 Mary Stewart Van Leeuwen, *Gender and Grace: Love, Work and Parenting in a Changing World* (Downers Grove, Ill.: InterVarsity Press, 1990), pp. 42-48을 보라. 판 레이우엔은 추론에 입각해 흥미로운 가능성을 제시한다. 아마도 타락은 젠더 관련 면에서 하나님 형상의 주요 차원을 전복시켰으리라는 것이다. 아마도 남자는 적절한 지배권을 죄악 된 위압적 통치로 변질시키는 경향이 있고, 여자는 특유의 사교성을 변질시켜 사회적으로 곤란에 빠지는 경향이 있다. 간단히 말해, 남자는 지배하려는

경향이 있고 여자는 남자가 그렇게 놔두는 경향이 있다는 것이다. 그러므로 남자와 여자 모두 풍성하고도 기꺼운 상호 관계가 필요한데, 예수 그리스도께서는 바로 이 관계를 옹호하고 이 관계의 모범을 보이기 위해 오셨다는 것이다.

30. 대체적으로 말해서 마이너 리그 급의 중독은 적어도 이런 몇 가지 역학을 보여주는 반면, 메이저 리그 급의 중독은 더 많은 또는 더 강력한 형태의 역학을 보여준다.

31. Augustinus, *Confessions* 8.5.10-11. (『고백록』 크리스천다이제스트)

32. William Lenters, *The Freedom We Crave-Addiction: The Human Condition*, p. 4.

33. Patrick McCormick, *Sin as Addiction* (New York: Paulist Press, 1989), p. 152. 매코믹은 중독을 죄의 모형으로 보는 것이 어떤 중요한 장점이 있는지 여러 가지를 나열한다 (pp. 171-74). 그는 대체로 중독에 대해 많은 것을 알고 글을 쓰지만 죄를 중독과 구별하지는 못하고 있다.

34. 리처드 마우가 "The Life of Bondage in the Light of Grace"라는 제목으로 데이비드 네프(David Neff)와 가진 인터뷰. *Christianity Today*, 9 December 1988, p. 41. 에드리언 판 캄(Adrian Van Kaam)은 라틴어 '아디체레'(addicere)가 '맡기다' 혹은 '포기하다'라는 의미를 가지는 것에 주목한다("Addiction", p. 243).

35. Richard J. Mouw, "The Life of Bondage in the Light of Grace", p. 42.

36. C. S. Lewis, *Surprised by Joy: The Shape of My Early Life* (New York: Harcourt, Brace & World, 1955), p. 229. (『예기치 못한 기쁨』 홍성사)

37. Diogenes Allen, *Temptation* (Cambridge: Cowley, 1986), p. 135.

9장 공격

1. Russell Baker, *The Good Times* (New York: William Morrow, 1989), p. 28.

2. Robert Dallek, *Lone Star Rising: Lyndon Johnson and His Times, 1908-1960* (New York: Oxford University Press, 1991), pp. 8, 368.

3. Robert A. Caro, *Means of Ascent*, vol. 2 of *The Years of Lyndon Johnson* (New York: Alfred A. Knopf, 1990), p. xxvi. Lance Morrow, "The Long Shadow of Vietnam", *Time*, 24 February 1992, p. 21도 보라.

4. Robert A. Caro, *The Path to Power*, vol. 1 of *The Years of Lyndon Johnson*, pp. xviii, xx, 156. 케어로는 어쩌면 강박증일 수도 있는 지독한 거짓말 성향이 존슨의 성품의 한 부분이었다고 말한다. 수십 년 동안 그는 진실을 조작해 나갔고(이를테면, 동일한 사

건도 이 사람들 앞에서는 이렇게 설명하고 저 사람들 앞에서는 저렇게 설명하곤 했다), 케어로는 위의 두 권의 책에서 수많은 사례를 제시한다. 로버트 댈럭(Robert Dallek)은 *Lone Star Rising*에서 존슨의 초상을 케어로에 비해 훨씬 더 호의적으로 묘사하고 있는데, 이는 케어로를 비롯해 댈럭이 "비방자들"이라고 부르는 사람들의 말에 균형을 맞출 생각으로 쓴 책이다(케어로의 경우엔 '비방자'라는 호칭이 부당하다). 댈럭은 존슨이 중요한 문제에 대해 진실이 아닌 말을 많이 했다는 것은 인정하지만, 그것을 거짓말이라고 하기보다는 "과장"이나 "정당한 수사(修辭)" 혹은 "정치적인 인기를 얻기 위한 수단"으로 묘사하기를 더 좋아한다(pp. 241, 276, 325).

5. Robert A. Caro, *Means of Ascent*, pp. 210-11, 224-26. 댈럭은 짐짓 이렇게만 말한다. 존슨은 "AFL(American Federation of Labor)을 지지해 준 데 대한 보답으로 스티븐슨이 테프트 하틀리 법 폐지를 지지하겠다고 약속했을 수도 있음을 경고한 것"이라고 말이다(*Lone Star Rising*, p. 314).

6. 존슨의 연설문 작성 담당자가 훗날 고백하기를, 스티븐슨을 거짓으로 고발하는 연설문을 쓰는 게 끔찍했다고 한다. "그게 사실이 아니라는 걸 우리는 알고 있었다. 그리고 나는 내가 쓰고 있는 글이 때로는 수치스럽기까지 했다. 코크는 알다시피 아주 정직한 사람이었다"(Robert A. Caro, *Means of Ascent*, p. 225).

7. Robert A. Caro, *Means of Ascent*, pp. 275-77.

8. 위의 책, p. 278.

9. Henry Stob, "Sin, Salvation, Service" (Grand Rapids: Board of Publications of the Christian Reformed Church, 1984), p. 16. 이 구절을 읽다 보면 독자는 헨리 스터브를 특징짓는 신학적 상상력과 언어의 우아함을 감지하게 된다. 이는 스터브를 연구하는 학생들이 지금도 여전히 소중히 여기는 덕목들이다.

10. 제112문답: 하나님의 뜻은 내가 누구에 대해서도 절대 거짓 증거하지 않고, 누구의 말도 왜곡하지 않으며, 험담하거나 중상하지 않고, 정당한 이유 없이 누군가를 정죄하는 데 가담하지 않는 것입니다. 그보다, 법정이나 다른 어디에서도 나는 모든 종류의 거짓말과 속임수를 피할 것이며……진실을 사랑하고 진실을 거리낌 없이 말하며……내 이웃의 명성을 지키고 진작하기 위해 내가 할 수 있는 일을 할 것입니다.

11. Neil Sheehan, *A Bright Shining Lie: John Paul Vann and America in Vietnam* (New York: Random House, 1988), pp. 153-54.

12. 이 삼각관계 이야기는 실화에 바탕을 두었고 대부분 신문 기사 내용을 따르고 있지만, 이름을 비롯해 세부 내용은 필자가 바꾸었다.

13. 아벨은 자신에게 정말 값비싼 것을, 귀한 양떼 중에서 고르고 고른 것을 바친다. 이에 비해 가인은 평범한 소출을 가져 온다.

14. 가인과 아벨 이야기를 현대적으로 멋지게 각색한 글로 Miguel de Unamuno, "Abel Sanchez", in *Abel Sanchez and Other Stories*, trans. Anthony Kerrigan (Washington: Regnery, Gateway, 1956)을 보라. (『아벨 산체스』 문파랑)

15. 내 동료 에어리 레더(Arie Leder)가 이 패턴의 타당성에 대해 나에게 주의를 환기시켜 주었다.

16. 사무엘상 16:1-13은 사사로운 예식을 통해 다윗이 이스라엘의 다음 왕으로 하나님의 선지자 사무엘에 의해 이미 기름부음을 받았다고 이야기한다.

17. Angus Wilson, "Envy", in *The Seven Deadly Sins*, ed. Angus Wilson (New York: Morrow, 1962), p. 4.

18. Henry Fairlie, *The Seven Deadly Sins Today* (Notre Dame, Ind.: University of Notre Dame Press, 1978), p. 61.

19. William F. May, *A Catalogue of Sins: A Contemporary Examination of Christian Conscience* (New York: Holt, Rinehart & Winston, 1967), p. 80을 보라. 메이는 이렇게 덧붙인다. "시기심 많은 사람은 권력자에게 호소해 온갖 악랄한 수를 다 쓰게 만들고는 오래지 않아 그 권력자에게 별 도움을 주지 않는다."

20. 크리스토프 바스(Christoph Barth)는 다윗이 "자기 백성들의 몸과 영혼에 대해 재산권을 가진 왕처럼 행동했다"고 말한다(*God with Us: A Theological Introduction to the Old Testament*, ed. Geoffrey W. Bromiley [Grand Rapids: William B. Eerdmans, 1991], p. 214).

21. "여호와께서 가인에게 이르시되 네가 분하여 함은 어찌 됨이며……네가 선을 행하면 어찌 낯을 들지 못하겠느냐"(창 4:6-7).

22. 시기와 질투가 오늘날엔 흔히 동의어로 쓰이지만, 이 두 단어는 전통적으로 다른 것을 뜻했다. 시기는 누군가의 좋은 것을 없애 버리고 싶어 하는 것이고, 질투는 자기가 이미 가지고 있는 것을(때로는 정당하게) 보호하고 싶어 하는 것이다. 그러므로 추수의 여왕이 "질투심을 발동시킨 것"은 엄격하게 말해 짐을 가지려는 단호한 열망이지, 경쟁 상대가 짐을 갖는 걸 막으려는 단호한 열망이 아니다. 경쟁 상대가 짐을 가지지 못하게 막으려는 이 열망을 제대로 표현한다면 그건 시기심이다. 하지만 이 경우에서처럼 질투와 시기가 서로 딱 들어맞을 때가 많다. 그래서 사람들이 혼동을 일으키곤 한다.

23. Taylor Branch, *Parting the Waters: America in the King Years, 1954-1963*, p. 14.

24. 솔로몬 쉬멜은 정치적 정황에서 분노를 간파하기는 쉽지만 그 분노가 적개심인지 시기심인지는 말하기 어렵다고 지적하는데, 이는 "사회적으로 혜택을 못 받는 집단이 때로는 특권층에 대한 시기심을 의로운 적개심으로 위장하기도 하고, 또 억압받는 이들이 정당하게 분개할 때 일부 특권층은 이 집단이 자기들을 시기한다고 그릇 고소하기" 때문이기도 하다(*The Seven Deadly Sins: Jewish, Christian, and Classical Reflections on Human Nature* [New York: Free Press, 1992], p. 81). 현대의 사회적·정치적 시기심 그리고 질투·허식·혁명과 관련된 르상티망(ressentiment)의 간략한 역사에 대해서는 Stanford M. Lyman, *The Seven Deadly Sins: Society and Evil* (New York: St. Martin's Press, 1978), 특히 pp. 185-98 그리고 Max Scheler, *Ressentiment*, ed. Lewis A. Coser, trans. William W. Holdheim (New York: Schocken Books, 1972)를 보라.

25. Miguel de Unamuno, "Abel Sanchez", in *Abel Sanchez and Other Stories*, pp. 28-29. (『아벨 산체스』 문파랑)

26. Iago of Cassio in *Othello*, act 5, sc. 1, ll. 18-19.

27. Henry Fairlie, *The Seven Deadly Sins Today*, pp. 63, 65.

28. 위의 책, pp. 63-64.

29. Joseph Epstein, "A Few Kind Words for Envy", *The American Scholar* 58 (1989), p. 492. 방금 언급한 세 가지 사례에서, 시기하는 사람은 물론 질투하는 사람이기도 하다. 이렇게 자신의 탁월함이 드러나는 경우에도 말이다.

30. 견본 구절:

내 원수가 쓴 책이 재고로 남았으니
나는 기쁘다……
이제 무슨 쓸모이랴, 그가 받은 상과 상품
세심한 테크닉에 대한 찬사가.
그의 개성 있는 새 목소리?
다음 주 중반이면 트집 잡혀 사라질 걸.
그의 창작물은 이제 악당들에게나 걸맞으니
지는 해, 아무짝에도 쓸모없는 것, 개와 찌질이들,
활자 세계의 실패작들 같으니……
나는 쾌재라.

Clive James, "The Book of My Enemy Has Been Remaindered", *New York Times*

Book Review, 6 June 1993, p. 12.

31. Walker Percy, *Lost in the Cosmos: The Last Self-Help Book*, p. 57.

32. Edmund Spenser, *The Faerie Queene*, 1.4.30.

33. Ann Belford Ulanov and Barry Ulanov, *Cinderella and Her Sisters: The Envied and the Envying* (Philadelphia: Westminster Press, 1983), pp. 19-24. (『신데렐라와 그 자매들』 한국심리치료연구소)

34. Geoffrey Chaucer, *Canterbury Tales*, ed. and trans. J. U. Nicolson (Garden City, N.Y.: Garden City Publishing, 1934), pp. 573-74. (『켄터베리 이야기 1, 2』 한울)

35. Oliver O'Donovan, *Resurrection and Moral Order: An Outline for Evangelical Ethics* (Grand Rapids: William B. Eerdmans, 1986), p. 74.

10장 도망치기

1. Stanley Milgram, *Obedience to Authority: An Experimental View* (New York: Harper & Row, 1974), pp. 4, 23. (『권위에 대한 복종』 에코리브르)

2. 다수의 비평가들이 이 실험 전체를 두고 당혹스럽다고 말했다. 스탠리 밀그램은 *Obedience to Authority: An Experimental View*(『권위에 대한 복종』 에코리브르)의 부록 '연구 윤리 문제'(Problems of Ethics in Research)에서, 이 실험이 기만적이고 폭력적이며 피험자들에게 트라우마를 남긴다는 비난에 맞서 자신의 실험을 옹호하기를, 대다수 심리학 실험에는 기만의 요소가 있으며 또 있을 수밖에 없다는 점을 지적했다. 또 실험 절차는 겉으로 보기에만 폭력적으로 보일 뿐 사실은 그렇지 않았으며, 실험이 끝난 후 피험자들에게 세심하고 면밀하게 전후 상황을 설명했다고 말했다(예를 들어, 피험자들은 학습자 역할을 했던 배우를 만나 화해하는 시간을 가졌다). 밀그램은 또 덧붙이기를, 만약 피험자들이나 이 실험을 지켜본 관측자들이 우리 인간이 지시만 있으면 잔혹한 행동을 할 수 있다는 것을 알고 스트레스를 겪는다면, 이는 그렇게 나쁜 일만은 아닐 거라고 했다.

3. 실험을 중도에 포기한 사람으로 네덜란드 개혁교회 교인인 32세의 엔지니어 얀 렌살리어는 실험자의 최종 일침("당신에게는 다른 선택이 없습니다")에 분개하여 이렇게 응수했다. "선택이 있습니다……저는 계속 못 합니다……어쩌면 이미 너무 멀리 왔어요." 또 한 사람의 중도 포기자인 한 주류 신학교의 구약학 교수는 150볼트 단계에서 행동을 멈추고 하나님의 권위가 실험자의 권위를 폐했고 하나님의 권위에 비하면 실험자

의 권위는 하찮다고 주장했다. 밀그램은 이 놀라운 도발을 불쾌해하면서 말하기를, 그 교수는 이 상황에서 모든 권위를 아예 거부하지 않고 그저 인간의 권위를 신의 권위로 대체했을 뿐이라고 했다(Stanley Milgram, *Obedience to Authority: An Experimental View*, pp. 47-52). (『권위에 대한 복종』 에코리브르)

4. Stanley Milgram, *Obedience to Authority: An Experimental View*, pp. 34-36. (『권위에 대한 복종』 에코리브르)

5. 위의 책, p. 133.

6. 인본주의자와 그리스도인 모두 합리화(rationalization)가 이런 진술의 특징이라고 말한다. 인본주의자들이 그렇게 말하는 이유는 이 진술이 개인 양심의 자율성에 대한 유기를 반영하기 때문이고, 그리스도인들이 그렇게 말하는 이유는 이 진술이 일종의 우상 숭배, 즉 하나님의 명령과 사람의 명령이 충돌할 때는 언제나 "사람보다 하나님께 순종하는 것이 마땅하니라"(행 5:29)라고 하는 성경의 자명한 이치가 반전된 모습을 반영하기 때문이다. 다른 부류의 사상가들은 인본주의자와 그리스도인의 입장이 무정부적이라고 여긴다. Stanley Milgram, *Obedience to Authority: An Experimental View*, p. 2를 보라. (『권위에 대한 복종』 에코리브르)

7. Gitta Sereny, *Into That Darkness: From Mercy Killing to Mass Murder* (New York: McGraw-Hill, 1974), p. 235.

8. Rudolf Höss, *Commandant of Auschwitz*, trans. Constantine FitzGibbon (Cleveland: World Publishing, 1959), p. 160.

9. James Burtchaell, *Rachel Weeping: The Case against Abortion* (San Francisco: Harper & Row, 1984), p. 160. 버첼은 유대인 대학살극 앞잡이들과 편의에 따른 낙태 행위자들이 취하는 다음 일곱 가지 조치들에 대해 진술하고, 자료를 증명하고, 고찰한다. 이 사람들은 피해자를 인격체가 아닌 것으로 대하고, 죽음을 다른 완곡한 어휘로 표현하고, 다른 사람에게 책임을 돌리고, 악의가 없었다고 주장하고, 점차 무차별적으로 살인을 하고, 그 살인으로 돈을 벌고, 소심한 반대의 목소리를 짓밟는다.

10. Jill Smolowe, "Sex with a Scorecard," *Time*, 5 April 1993, p. 41.

11. Stanley Milgram, *Obedience to Authority: An Experimental View*, pp. 114-15. (『권위에 대한 복종』 에코리브르)

12. C. S. Lewis, *The Problem of Pain* (New York: Macmillan, 1962), p. 62. (『고통의 문제』 홍성사)

13. 쿠바에 있는 피그스만(灣) 침공 계획이 실패한 것, 미군이 진주만 폭격에 신속하

게 대응하지 못한 것, 그리고 사실을 직시하지 못하는 데서 빚어지는 그 외 여러 가지 사소한 재앙들의 이면에는 집단 사고가 자리 잡고 있다. Daniel Goleman, *Vital Lies, Simple Truths: The Psychology of Self-Deception*, pp. 174-89와 Martin Bolt and David G. Myers, *The Human Connection: How People Change People* (Downers Grove, Ill.: InterVarsity Press, 1984), pp. 95-107 그리고 Irving L. Janis, *Victims of Groupthink*, rev. ed. (Boston: Houghton-Mifflin, 1983)를 보라.

14. *New York Times*, 27 March 1964, pp. 1, 38. '타임스' 기사를 필자가 표현을 바꾸어 설명했다.

15. Ronald M. Enroth, *Churches That Abuse* (Grand Rapids: Zondervan, 1992), 특히 pp. 147-65를 보라.

16. Marie M. Fortune, *Is Nothing Sacred? When Sex Invades the Pastoral Relationship*을 읽고 쓴 Melvin D. Hugen의 서평 "Who's Minding the Preacher?", *Reformed Journal*, November 1990, p. 28을 보라.

17. James Sterngold, *Burning Down the House: How Greed, Deceit, and Bitter Revenge Destroyed E. F. Hutton*, p. 154.

18. Russell Banks, *The Sweet Hereafter* (New York: HarperCollins, 1991), p. 91 (『달콤한 내세』 민음사)과 Stephen Greenleaf, *Impact* (New York: William Morrow, 1991)를 보라.

19. William Manchester, *The Last Lion: William Spencer Churchill-Visions of Glory, 1874-1932*, p. 483.

20. Elijah Anderson, *Streetwise: Race, Class, and Change in an Urban Community* (Chicago: University of Chicago, 1990), pp. 103, 112, 114, 132.

21. Stanley Milgram, *Obedience to Authority: An Experimental View*, p. 7. (『권위에 대한 복종』 에코리브르)

22. Lewis B. Smedes, "Forgiving People Who Do Not Care", *Reformed Journal*, April 1983, p. 15를 보라.

23. 앨런 블룸(Allan Bloom)은 이렇게 말한다. "한번은 수업 중에 학생들에게 물었다. 불과 얼마 전만 해도 부모는 말 안 듣고 제멋대로인 딸에게 '두 번 다시 내 집에 발걸음 하지 말'고 말하곤 했는데 어쩌다가 이제는 딸아이가 남자 친구를 집에 데려와 잠을 자도 꾸지람 한 번 제대로 못하게 되었느냐고. 그러자 아주 단정하고 평범해 보이는 젊은 여성이 이렇게 대답했다. '그건 그 일이 별로 대수롭지 않은 일이기 때문이지요.' 그 대답이 모든 것을 말해 준다. 이 냉정함이 바로 성 혁명의 가장 두드러

진 결과 혹은 실상이며, 이 때문에 젊은 세대는 나이든 세대가 보기에 대체적으로 이 해 불가다."(*The Closing of the American Mind: Education and the Crisis of Reason* [New York: Simon & Schuster, 1987], p. 99). (『미국 정신의 종말』 범양사)

24. Rolf Bouma, 1986년에 작성된 '나태'에 관한 미간행 설교문 중에서.

25. C. S. Lewis, *The Screwtape Letters and Screwtape Proposes a Toast*, p. 56. (『스크루테이프의 편지』 홍성사)

26. 한 좋은 예로, Philip Roth, *My Life as a Man* (New York: Holt, Rinehart, & Winston, 1974) Ⅱ부에 등장하는 피터 타노폴(Peter Tarnopol)을 심리해 보라.

27. Judith Martin, "The World's Oldest Virtue", *First Things*, May 1993, p. 22.

28. Quentin J. Schultze et al., *Dancing in the Dark: Youth, Popular Culture, and the Electronic Media* (Grand Rapids: William B. Eerdmans, 1991), pp. 111-45를 보라.

29. Neil Postman, *Amusing Ourselves to Death: Public Discourse in the Age of Show Business* (New York: Penguin, 1986), p. 126을 보라. (『죽도록 즐기기』 굿인포메이션)

30. 위의 책, p. 117.

31. 더 자세한 내용은 페이소스와 세부 묘사가 풍성한 David F. Wells의 저서, *No Place for Truth; or, Whatever Happened to Evangelical Theology?*, 특히 pp. 173-75를 참조하라. (『신학 실종』 부흥과개혁사)

32. John Henry Cardinal Newman, "The Religion of the Day", in *Sermons and Discourses, 1825-39*, p. 136.

33. 메리 미즐리는 사르트르와 니체를 비롯해 객관적인 옳고 그름을 부정하는 "배덕자들"(immoralists)에 대해 말하기를, 이들의 태도는 결국 전통적인 도덕성을 회피하는 것에 지나지 않는다고 한다. 이들이 자신의 입장을 도덕적으로 강력히 권고하는 것에서 증명되듯이, 이들은 도덕의 영역 밖으로 완전히 나가지는 않으며, 나갈 수도 없다(그것은 우주 밖으로 나가려고 애쓰는 것과 마찬가지다). "선과 악을 초월한다는 것"은 "인습적인 도덕성을 초월하는 것"을 과장해서 표현한 것일 뿐이다(*Wickedness: A Philosophical Essay* [London: Routledge & Kegan Paul, 1984], pp. 36, 40-44).

34. C. S. 루이스가 묘사하다시피 지옥에서는 집과 집 사이의 거리가 아주 멀며, 사람들은 계속 서로에게서 멀어진다(*The Great Divorce* [New York: Macmillan, 1946], pp. 18-22). (『천국과 지옥의 이혼』 홍성사) 사르트르의 유명한 표현대로 이들에게는 타인이 곧 지옥이다.

35. Richard Swinburne, "Original Sinfulness", *Neue Zeitschrift für systematische*

Theologie und Religionsphilosophie 27 (1985), pp. 238-39를 보라.

36. Richard C. Erickson, "Reconciling Christian Views of Sin and Human Growth with Humanistic Psychology", *Christian Scholar's Review* 8 (1978), p. 124를 보라.

맺는말

1. Garry F. Wills, *Reagan's America: Innocents at Home* (Garden City, N.Y.: Doubleday, 1987), p. 384. 윌리스는 말하기를, 로널드 레이건은 원죄를 믿지 않았으며 이를 불쾌히 여겼다고 한다.

찾아보기